Eine Chronik des BVS

Bundesverband öffentlich
bestellter und vereidigter sowie
qualifizierter Sachverständiger e.V.

ISBN 978-3-89639-596-2

© Wißner-Verlag Augsburg 2007
Redaktion: Michael Friedrichs
Cover: Sandy Pfaff, Marc Grethen

Bibliografische Information Der Deutschen Bibliothek
Die Deutsche Bibliothek verzeichnet diese Publikation in der
Deutschen Nationalbibliografie; detaillierte bibliografische
Daten sind im Internet über http://dnb.ddb.de abrufbar.
Das Werk und seine Teile sind urheberrechtlich geschützt. Jede
Verwertung in anderen als den gesetzlich zulässigen Fällen
bedarf deshalb der vorherigen schriftlichen Einwilligung des
Verlags.

Dietrich Rollmann
Michael Staudt

„Wir deutschen öffentlich bestellten und vereidigten Sachverständigen …"

Eine Chronik des BVS

Wißner-Verlag Augsburg

Inhalt

Vorwort 9
von Michael Staudt, Berlin/Hollfeld

Eine Chronik des BVS 12

von Dietrich Rollmann, Bonn/Berlin

Was ist ein Sachverständiger? 12
Geschichte des Sachverständigenwesens 12
Die Rezeption des Römischen Rechts in Deutschland 14
Der öffentlich bestellte und vereidigte Sachverständige 16
Die Zahl der Sachverständigen 17
Sachverständigenordnungen 20
Titelschutz der Sachverständigen 22
Von der Sachverständigenvergütung über die Sachverständigenentschädigung – wieder zur Sachverständigenvergütung 22
Sachverständigenvergütung 23
Erste Sachverständigenverbände 25
Sachverständige im Dritten Reich 26
Sachverständige in Bayern nach 1945 28
Die Gründung des LVS Bayern 1949 29
Die Gründung des BVS 1961 in München 29

Präsident Dr. Heinrich Groh sen. 1961-1968 30

Hermann Höcherl beim LVS Bayern 31
Gründung von Landesverbänden 32
Gründung des LVS Nordrhein-Westfalen 33
Vizepräsident Fuchs zieht sich zurück 34

Präsident Sebastian Norkauer 1968-1976 35

CIDADEC und EWG 35
Sachverständigenkongresse 1970 36
Die Zeitschrift „Der öffentlich bestellte und vereidigte Sachverständige" 38
BVS-Jahreshauptversammlung 1974 39
25 Jahre LVS Bayern 39
Schwierigkeiten mit dem ZSEG 1975-77 40
BVS-Jahreshauptversammlung 1976 41

Präsident Richard Vogelsang 1976-1978 43

Eine Anfrage an die Bundesregierung 43
Die Arbeit der Jahre 1976-1978 46
Die Geschäftsstelle: von München über Bonn nach Berlin 47

Auseinandersetzung um die Altersgrenze 48
Die Gründung der GTÜ Gesellschaft für technische
Überwachung 1977 49
BVS-Jahreshauptversammlung 1978 51

Präsident Hans-Jörg Altmeier 1978-1991 52

Prägende Jahre mit Präsident Altmeier 54
Bessere Beziehungen zum Deutschen Industrie- und
Handelstag DIHT 54
Sonderfall Hamburg: Benennung von Sachverständigen
nur von Fall zu Fall 55
Beziehungen zu den Handwerkssachverständigen und dem
Zentralverband des Deutschen Handwerks ZDH 57
Fortbildung der Sachverständigen 58
Der Aufbau von Bundesfachbereichen 59
ZSEG: Der Kampf um Stundensätze 60
Gewerbesteuerpflicht der Sachverständigen? 66
Medizinisch-technische Geräte 67
Bericht der Bundesregierung über die Lage der Freien Berufe ... 70
Gespräch mit Bundeskanzler Helmut Schmidt 70
Öffnung der freiwilligen Kfz-Überwachung nach § 29 StVZO 71
Aufzugsverordnung und Druckbehälterverordnung 82
Deregulierungskommission 85
CIDADEC 88
Siedentopf-Gutachten 88
Kontakte mit Sachverständigen in Ungarn 89
Die Wiedervereinigung Deutschlands 90
Immobilienbewertung in der DDR 91
Kfz-Überwachung in der DDR 93
Unterstützung von Sachverständigen aus dem Osten 93
Öffentliche Bestellung und Vereidigung in den neuen
Bundesländern 95
Zweiter Bericht der Bundesregierung über die Lage der
Freien Berufe 96
BVS-Jahreshauptversammlung 1991 98

Präsident Emil A. Kolb 1991-1998 99

Sachverständige in den neuen Bundesländern 102
Jahreshauptversammlung 1992 und Expertise '92 102
Gesetzesvorhaben in der Zeit von Präsident Kolb 103
Der Deutsche Sachverständigentag DST 109
Akkreditierung und Zertifizierung 110
Zersplitterung und Neuordnung des Sachverständigenwesens 112
Parlamentarische Anfragen in den Länderparlamenten 117

Die Zeitschrift „Der Sachverständige" 118
Der Deutsche Kunstsachverständigentag KST 119
EuroExpert 120
BVS-Jahreshauptversammlung 1998 125

Präsident Michael Heidl 1998-2000 126
Jahreshauptversammlung 1999 und 50-Jahr-Feier des
LVS Bayern 127
Justizvergütungs- und -entschädigungsgesetz JVEG 128
Kleine Anfragen zum Sachverständigenwesen im Bundestag ... 130
Gerätesicherheitsgesetz 132
BVS-Jahreshauptversammlung 2000 134
45 Jahre BVS 1961-2006 135

Meine Ära als BVS-Präsident in den Jahren 2000–2007 136

von Michael Staudt, Hollfeld

Aller Anfang ist schwer 136
Struktur- und Bestandsanalyse 138
Die Knüpfung von nützlichen Verbindungen 139
Die Aktivierungen im Deutschen Sachverständigentag – DST .. 141
Corporate identity 141
Der Kampf ums Geld bei den Gerichten 142
Das Ende der Ära Dietrich Rollmann 143
Der BVS geht „online" 144
Konstanz und Veränderungen im Präsidium 144
Das Verbandsorgan „DER SACHVERSTÄNDIGE" 145
Das BVS-Forschungsinstitut 146
Die Suche nach Verbündeten 147
Der Blick in die Zukunft 149
Neue Plattformen öffnen sich für die öbuv SV 151
Die Aktivitäten bei der GTÜ 153
Ausblick in die Zeit danach 154

DIHK, Kammern und BVS 156

von Rechtsanwalt Dr. Peter Bleutge, Wachtberg

1. Einführung 156
2. Interessensunterschiede aufgrund gesetzlicher Vorgaben . 157
3. Vergangenheit 159
4. Gegenwart 173
5. Zukunft 178
6. Zusammenfassung 185

Der Sachverständige des Handwerks 186
von Rechtsanwalt Hans-Joachim Heck, Königswinter

Die Entwicklung des Sachverständigenwesens im Handwerk ... 186
Aktuelle Rechtsgrundlagen für den Sachverständigen des Handwerks 188
Handwerkskammern und Industrie- und Handelskammern stellen größtes Sachverständigenkontingent 190
Mustersachverständigenordnung (MSVO) des Deutschen Handwerkskammertages (DHKT) 191
Was kennzeichnet den Sachverständigen des Handwerks? 192
Aus- und Fortbildung straff geregelt 195
Zusammenarbeit mit dem BVS 197
Blick in die Zukunft 198

Das Institut für Sachverständigenwesen und der BVS 200
von Rechtsanwältin Katharina Bleutge, Institut für Sachverständigenwesen IfS

Bausachverständigenlehrgänge von Dr.-Ing. Hans Eberhard Aurnhammer, Stuttgart 208
von Prof. Dr. jur. Carl Soergel, Vors. Richter am Oberlandesgericht a.D. Stuttgart

Die Partnerschaftsgesellschaft 212

Die erste wirkliche Rechtsform für den Zusammenschluss freiberuflicher Sachverständiger 212

von RA Wolfgang Jacobs, Geschäftsführer des Bundesverbandes öffentlich bestellter und vereidigter sowie qualifizierter Sachverständiger – BVS, Berlin

Kurze Geschichte des Deutschen Sachverständigentages DST 218
von Dietrich Rollmann und Wolfgang Jacobs

Sachverständige klagen über die Zersplitterung ihrer Branche

DST-Präsident: Der Verbraucher kann sich kaum noch orientieren / Für ein Berufsgesetz

hal. BONN, 13. März. Die 25 000 Sachverständigen in Deutschland sind unzufrieden mit ihrer Situation. Das ist beim 5. Deutschen Sachverständigentag (DST) in Bonn deutlich geworden. Vor allem klagen die Sachverständigen über die Zersplitterung ihrer Branche und empfinden sich als zu wenig anerkannt. Der DST-Präsident, Emil Kolb, stellte bedauernd fest, daß es für die Verbraucher zunehmend schwieriger geworden sei, sich in der Vielfalt und dem Artenreichtum der deutschen Sachverständigen-Landschaft zu orientieren, die nach wie vor leider nicht durch ein Berufsgesetz geregelt sei. Die Bundesländer ließen bei der Bezeichnung und Schaffung neuer Sachverständigentypen ihre Phantasie spielen und schadeten damit der einheitlichen Entwicklung dieser Branche.

Kolb beklagt weiter, daß es nicht gelungen sei, das System der öffentlichen Bestellung und Vereidigung auf die Ebene der Europäischen Union zu übertragen. In nahezu jedem Staat bestünden eigenständige Sachverständigen-Strukturen, von denen nur ganz wenige auf einer gesetzlichen Regelung beruhten. Die Bemühungen, hier eine Vereinheitlichung herbeizuführen, müßten vorangetrieben werden. Wenn die Gesetzgeber auf nationaler und europäischer Ebene nicht in der Lage seien, Begriffe wie die Akkreditierung und Zertifizierung von Sachverständigen oder aber auch den Begriff des Sachverständigen selbst gesetzlich zu schützen, würden sich die Sachverständigenorganisationen in den Mitgliedsländern zusammenschließen und auf andere Weise dafür sorgen müssen, daß zertifizierte Sachverständige überall in der EU über eine hohe Qualifikation, persönliche Integrität und berufliche Unabhängigkeit verfüge.

Der Generalsekretär des DST, Dietrich Rollmann, kritisierte, daß der politische Wille fehle, den Sachverständigen zu helfen. Es gebe ein Richtergesetz und auf Rechtsanwaltordnung. Nur bei den Sachverständigen gehe alles drunter und drüber. Die seit mehreren Jahren erhobene Forderung nach einem Sachverständigengesetz mit dem Ziel der Vereinheitlichung des Sachverständigenwesens sei nicht aufgegriffen worden. Auch fehle es an einer vernünftigen Sachverständigenvergütung. Wo es eine auskömmliche Richterbesoldung und eine angemessene Gebührenregelung für Rechtsanwälte gebe, könne man die Sachverständigen nicht mehr mit einem Trinkgeld stehenlassen. Für unzumutbar hält Rollmann auch den Referentenentwurf des Bundesjustizministeriums zur Verschärfung des Haftungsrechts. Es gehe nicht an, die Haftung des Gerichtssachverständigen zu erhöhen, was auch höhere Haftpflichtversicherungsbeiträge bedeute, ohne gleichzeitig eine höhere Sachverständigenentschädigung vorzusehen. Der Staatssekretär im Bundeswirtschaftsministerium, Klaus Bünger, sprach sich für eine weitere Deregulierung des Sachverständigenwesens aus. Es habe sich bei der Deregulierung der Kraftfahrzeugüberwachung gezeigt, daß die Effizienz zugenommen habe, ohne daß dies dem Sicherheitsstandard geschadet habe. Er warf dem Bundesrat vor, auch im Sachverständigenwesen Bemühungen um eine Liberalisierung abgewürgt zu haben. Zu oft erschalle in Deutschland der Ruf nach Reglementierung, Wettbewerbsbeschränkung und staatlicher Hoheit, wenn es um Verantwortung und Sicherheit gehe. Für einen effektiven Verbraucherschutz sei Wettbewerb das beste Mittel. Bünger räumte ein, daß die derzeitige Zersplitterung und mangelnde Transparenz ein Problem sei. Die Bundesregierung wolle mit den Sachverständigen zusammenarbeiten, um zu einem Mindestmaß an Regulierung zu kommen. Das dürfte aber nicht an Verbandsegoismen scheitern. Zum Haftungsrecht sagte Bünger, das Risiko der Prozeßbeteiligten solle nicht auf die Sachverständigen überwälzt werden. Er forderte die Sachverständigen dazu auf, sich mehr als bisher im Ausland zu engagieren. Diesem Ziel solle das Aktionsprogramm Dienstleistungswirtschaft 2000, durch das die außenwirtschaftliche Position der Branche gestärkt werden solle.

Manche Zeitungsartikel wirken über lange Zeit aktuell.

Vorwort

von Michael Staudt, Berlin/Hollfeld

Mehr als 45 Jahre ist es her, dass der Bundesverband der öffentlich bestellten und vereidigten Sachverständigen am 27. November 1961 gegründet wurde. Anlass genug, um die Geschichte aufzuschreiben und über die wesentlichen Ereignisse in dieser Zeit zu berichten.

Vorreiter des Bundesverbandes war der Landesverband Bayern, er wurde am 23. Juli 1949 gegründet, denn dort hat es zuallererst nach dem 2. Weltkrieg ein geordnetes und notwendiges Sachverständigenwesen gegeben. In der Aufbauzeit der Bundesrepublik Deutschland wurden in vielen Bereichen, vorwiegend im Bauwesen, Sachverständige benötigt, sodass diese berufliche Tätigkeit von vielen als eine Möglichkeit des Broterwerbs angesehen wurde und damit eine Marktnische beruflich ausgefüllt werden konnte.

Sehr schnell hatte man erkannt, dass man zwar dem Grunde nach Einzelkämpfer ist, aber Verbindungen braucht, um sich in der Wirtschaft und Gesellschaft etablieren zu können. Ausbildung, Fortbildung und der Einsatz für den Berufstand waren notwendig, um den hohen Anforderungen, die nach wie vor an öffentlich bestellte und vereidigte Sachverständige gestellt werden, gerecht werden zu können.

Der Kampf um die Anerkennung des öffentlich bestellten und vereidigten Sachverständigen und die Sicherung des Berufsstandes in Abhängigkeit von den Bestallungskörperschaften, wie den Industrie- und Handelskammern, den Handwerkskammern und den Architekten- und Ingenieurekammern, spiegelt sich in der bewegten Geschichte des Bundesverbandes öffentlich bestellter und vereidigter sowie qualifizierter Sachverständiger BVS wieder.

Auseinandersetzungen im Inneren wie im Äußeren, besonders jedoch die Besetzung der einzelnen Ämter und die Streitigkeiten in den eigenen Reihen, haben sich mit allen Facetten auch im BVS abgespielt.

Der BVS hat sich in alle Richtungen bemüht, um dem Sachverständigenwesen in Deutschland erst auf die Sprünge zu helfen und dann dem Einzelnen eine Hilfe und Stütze bei seiner täglichen Arbeit zu sein. Dabei war es nötig, die Fühler in alle Richtungen auszustrecken, sowohl im Inland zu allen relevanten Institutionen, die mit dem Sachverständigenwesen mehr oder weniger viel zu tun hatten, des Weiteren aber auch über die deutschen Grenzen hinweg, denn die europäischen Entwicklungen von der EWG bis zur EU haben im Laufe der Zeit einen sehr fühlbaren Einfluss auf das deutsche Sachverständigenwesen genommen. Daher sind und waren die Verantwortlichen im Verband immer gehalten, die Veränderungen kritisch zu beobachten.

So haben in den Reihen des Bundesverbandes der Freien Berufe BFB die Verantwortlichen seit Jahren darum gerungen, den nur in Deutschland existierenden Stand der Freien Berufe zu erhalten und zu sichern. Der Kampf ist noch nicht gewonnen, es wird behauptet, er ginge nun erst richtig los. Hier werden auch in Zukunft die Verantwortlichen des BVS einen wesentlichen Teil ihrer Aufgaben in der Bewältigung der weltweiten Einflüsse haben, die auf das Sachverständigenwesen tagtäglich Einfluss nehmen.

Den Verantwortlichen im Verband ist es im Laufe der Zeit gelungen, mit kräftiger Unterstützung des Instituts für Sachverständigenwesen IfS einen europäischen Verband zu gründen, es ist *EuroExpert*. Mit dessen Hilfe war es möglich, gewisse europäische Standards zu setzen, so den *Code of Practice,* die *Association Standards* oder die *Report Standards*.

Auf diese wichtigsten Merkmale der qualifizierten Sachverständigen haben sich die jeweils führenden Verbände von Frankreich, Spanien, Portugal, England, Österreich, Tschechien, Ungarn und Deutschland geeinigt.

Wenngleich in anderen Ländern, außer Österreich, eine öffentliche Bestallung wie in Deutschland nicht existiert, so bleibt dennoch die Notwendigkeit, auch im Rahmen von Zertifizierungsverfahren diese Anforderungen zum Kriterium für Sachverständige zu machen. Nur mit überdurchschnittlichem Fachwissen, einer hohen persönlichen Kompetenz, der Unabhängigkeit und der Objektivität verpflichtet, können Sachverständige das leisten, was von ihnen erwartet wird. Das trifft insbesondere für die Justiz zu, die tagtäglich auf die Mitwirkung von Sachverständigen bei Verfahren angewiesen ist und deren Dienste und Leistungen abfordert.

Nach einer bewegten Vorgeschichte trat ab 1985 im BVS eine gewisse Konsolidierungsphase ein, begonnen mit dem Präsidenten Hans-Jörg Altmeier, der zusammen mit dem politischen Bevollmächtigten, Dietrich Rollmann, den Verband in das Bewusstsein der Öffentlichkeit gebracht hat und die politischen Weichen stellte, die notwendig waren, um den Berufsstand zu sichern und den Mitgliedern auf Dauer Umsätze und Einkommen zu sichern. Diese positive Entwicklung des BVS hat sich auch unter den Präsidenten Emil A. Kolb und Michael Heidl fortgesetzt. Der BVS ist heute Deutschlands größter und namhaftester Sachverständigenverband, er ist kompetenter Gesprächspartner für die Politik, die Bestallungskörperschaften, die berufsständischen Verbände und für die Wirtschaft.

Dieses Buch und dessen Inhalt soll allen Interessierten einen Überblick über die stürmische Entwicklung und Geschichte des Verbandes geben und damit aufzeigen, welch streitbares Völkchen sich hinter den öffentlich Bestellten verbirgt. Den nachfolgenden Generationen möge diese Chronik ein wenig Hilfestellung bei ihrem zukünftigen mühevollen Weg der Sachverständigentätigkeit sein.

Wie viele andere Berufe auch, ist das Sachverständigenwesen einem steten Wandel ausgesetzt, der insbesondere durch die weltweiten wirtschaftlichen Entwicklungen hervorgerufen wird und die der Einzelne von uns nur selten beeinflussen kann. Globalisierung ist das Schlagwort unserer Zeit und die Politik wetteifert darum, wer damit am besten umgehen und den Folgen in der Zukunft möglichst erfolgreich begegnen kann.

Zu danken habe ich an dieser Stelle allen, die an diesem umfangreichen Buch mitgearbeitet haben, stellvertretend sei hier dieser Dank Dietrich Rollmann ausgesprochen.

Berlin, im März 2007

Michael Staudt
Präsident des BVS

Eine Chronik des BVS

von Dietrich Rollmann, Bonn/Berlin

Was ist ein Sachverständiger?

Es gibt viele Antworten. Machen wir uns hier die Definition von EuroExpert, der *European Organisation for Expert Associations*, zu eigen: Der Sachverständige ist

> „eine unabhängige integre Person, die auf einem oder mehreren bestimmten Gebieten über besondere Sachkunde sowie Erfahrung verfügt. Der Sachverständige trifft aufgrund eines Auftrages allgemeingültige Aussagen über einen ihm vorgelegten oder von ihm festgestellten Sachverhalt. Er besitzt ebenfalls die Fähigkeit, die Beurteilung dieses Sachverhalts in Wort und Schrift nachvollziehbar darzustellen."

Sachverständige sind unentbehrlich im Rechts- und Wirtschaftsleben, als Gutachter, Schiedsrichter und Ratgeber. „Bau-, Haftpflicht- oder Autoschaden, Kranker oder Simulant: Sachverständige urteilen über nahezu alle Ansprüche geschädigter Verbraucher", schreibt das Magazin Focus.[1]

Geschichte des Sachverständigenwesens

Die Geschichte des Sachverständigenwesens ist so alt wie die Geschichte des Rechts. In seinem Referat auf dem „Sachverständigen-Forum" der LVS Baden-Württemberg und Bayern 1985 in Griesbach bei Passau hat der sozialliberale Bundesjustizminister Hans A. Engelhard darauf hingewiesen, dass „bereits aus der Zeit von Hammurabi, der etwa 2000 Jahre vor Christus König von Babylon war, Dokumente vorliegen, welche die Tätigkeit des Mediziners als Sachverständigen am Gericht regeln" – Codex Hammurabi.

---

1   Focus 12/1995, S. 244.

Über das alte Griechenland berichtet das „Handwörterbuch zur Deutschen Rechtsgeschichte",[2] dass sich „in Papyri Hinweise auf die Tätigkeit von Sachverständigen finden, etwa zur Begutachtung ungeklärter Todesfälle in Strafverfahren … Auch andere Fachleute, wie Handwerker, Priester, Zunftvorstände wurden bei unterschiedlichsten Gelegenheiten beigezogen, etwa bei einem Hauseinsturz, beim Sturz eines Sklaven vom Dach, bei einem Einbruch, nach einem Baumfrevel oder zur Verwendbarkeit von Opfertieren. Die Sachverständigen waren regelmäßig aufgrund ihrer öffentlichen Stellung als Priester, Zunftvorstand oder Bezirksarzt vereidigt."

Im Corpus Iuris Civilis des Imperium Romanum sind ebenfalls „Hinweise auf die Zuziehung von Sachverständigen" vorhanden. „Wenngleich dort die einheitliche Bezeichnung nicht geläufig ist, ergeben sich doch aus der Aufgabenstellung von arbiter, vir bonus, mensor machinarius oder tabularius deren Sachverständigeneigenschaften", heißt es im genannten „Handwörterbuch". Die Digeste 25.4 „nennt im Zusammenhang mit dem Einsatz einer Hebamme im Falle einer Kindesvertauschung die Qualifikationsmerkmale für Sachverständige: probatae et artis et fidei (Erfahrung, Sachkunde und Gewissenhaftigkeit)".

Professor Dr. Hermann Dilcher von der Ruhr-Universität Bochum hielt 1975 vor der Deutschen Richterakademie einen Vortrag „Der Beweis durch Sachverständige in der Geschichte". Zitat: „Das römische Recht enthält genaue Vorschriften über die Frage, welche prozessualen Streitpunkte der Richter durch Sachverständige klären lassen muss und welche Arten von Sachverständigen ihm hierfür zur Verfügung stehen.

- Im Strafprozess wegen Urkundenfälschung ist dies … der Schriftsachverständige,

- für die Beurteilung von Wunden … der Arzt.

- Schriftsachverständige und Ärzte bilden so die ältesten Gruppen gerichtlicher Sachverständiger überhaupt.

- Im Zivilprozess über Grenzstreitigkeiten sind … Landvermesser als Sachverständige beizuziehen,

---

[2] Adalbert Erler, Ekkehard Kaufmann, Dieter Werkmüller (Hrsg.), Handwörterbuch zur Deutschen Rechtsgeschichte, Erich Schmidt Verlag 1990, S. 1251.

- ein Architekt zur Beurteilung des Wertes von Bauwerken.

Schließlich ist die Frage einer vorliegenden Schwangerschaft im Erbschaftsstreit ... durch drei Hebammen zu beurteilen".[3]

Die Rezeption des Römischen Rechts in Deutschland

Das römische Recht trat im 14. und 15. Jahrhundert in Deutschland an die Stelle des bis dahin geltenden germanisch-deutschen Rechts, das keine Sachverständigen gekannt hatte. So geht die Geschichte des modernen Sachverständigenwesens bis in das Mittelalter und die frühe Neuzeit, in die alte deutsche Stadt zurück.

Nach einem Bericht des Gervasius von Canterbury von 1185 „wurden artifices aus Frankreich und England eingeladen, um einen Rat für die Wiederherstellung der 1174 abgebrannten Kirche von Canterbury zu geben ... Auch als Gutachter in Baustreitigkeiten wurden sie herangezogen, wie im 15. Jahrhundert in Straßburg, wo der Werkmeister der Straßburger Münsterhütte für diese Tätigkeit von der Stadt zusätzlich bezahlt wurde. Auch bediente sich die Bauherrschaft des Straßburger Münsters auswärtiger Gutachter, als ihr Werkmeister ... gestorben war und ein Nachfolger bestimmt werden musste".[4]

Im Strafverfahren des Stadtrates spielte der „Sachverständigenbeweis" eine wichtige Rolle. Im Zivilbereich „wurden Sachverständige zunächst von Gilden und Zünften bestellt, um bestimmte Prüfaufgaben zu erledigen. Sie kontrollierten zum Schutz der Allgemeinheit vor minderwertiger Arbeit und zur Wahrung der Berufsehre die Qualität von Dienstleistungen und Waren. Zur Unterstützung des Handelsverkehrs stellten teilweise die kaufmännischen Gilden und teilweise die von ihnen beherrschten Stadtverwaltungen Makler, Wäger und andere Vertrauenspersonen als 'Handelsfunktionäre' an. Die Qualitätskontrolle

---

3 Hermann Dilcher, Der Beweis durch Sachverständige in der Geschichte, DS 2/75, 38-40.
4 Günter Binding, Baubetrieb im Mittelalter, Wissenschaftliche Buchgesellschaft, Darmstadt 1993, S. 266.

auf dem Gebiet der Gütererzeugung lag bei den 'Schaumeistern'".[5]

Im mittelalterlichen Köln wurden schon Frauen als Taxatoren und Gerichtskäufer, also als Sachverständige in Pfandangelegenheiten, berufen.[6]

„Um Maß- und Gerichtsbetrügereien mit entsprechenden steuerlichen Unterschleifen und Wettbewerbsverzerrungen vorzubeugen, wurden vereidigte Eichmeister, Messmeister und Wägemeister eingesetzt, die unmittelbar auch von der Kaufmannschaft in Anspruch genommen werden konnten ... Für das Messen und Wiegen gab es Weizenmesser und Wollwieger".[7] Von 1549 bis 1802 wurde in Schwäbisch-Hall durch vereidigte Salzmesser eine Salzsteuer erhoben.

Aus dem damals selbständigen Altona wird berichtet, dass „anno 1799 Schifferalte wie auch Schiffsbaumeister, Reeper, Segelmacher und Schmiedemeister als Taxatoren für Seeschäden angestellt und von der Obrigkeit unter Eid genommen wurden".[8] Die Gesellschaft für Reichskammergerichtsforschung schreibt 2006, dass es „in Prozessen am Reichskammergericht Sachverständigengutachten gibt. Allerdings ist der Aspekt bis jetzt noch gänzlich unerforscht."[9] Das Reichkammergericht in Speyer und später in Wetzlar war von 1495 bis zur Auflösung des Heiligen Römischen Reiches Deutscher Nation 1806 das höchste deutsche Gericht.

An diesem Gericht war der junge Johann Wolfgang von Goethe Referendar.

Nach § 38 I 9 der Preußischen Allgemeinen Gerichtsordnung AGO von 1793 muss der Richter von Amts wegen Sachverständige beiziehen, „wenn es auf Tatsachen ankommt, deren zuverlässige Beurteilung nähere Kenntnis

---

5 Prof. Dr. Rolf Stober, Der öffentlich bestellte Sachverständige zwischen beruflicher Bindung und Deregulierung, Carl Heymanns Verlag Köln-Berlin-Bonn-München, 1991, S. 60.
6 Eberhard Isenmann, Die deutsche Stadt im Mittelalter, Verlag Eugen Ulmer, Stuttgart 1988, S. 298.
7 Karl-Heinz Mittelsteiner, Hrsg., Illustrierte Geschichte des steuerberatenden Berufes, Dr. Peter Deubner Verlag, Köln 1984, S. 100.
8 Jens Jacob Eschels, Das abenteuerliche Leben des Jens Jacob Eschels aus Nieblum auf Föhr, hrsg. von Ulla Leipe, Hamburg 1966.
9 Schreiben an den Verfasser.

und Übung in einer gewissen Kunst oder Wissenschaft voraussetzt ..."[10]

Im „Hamburgischen Adress-Buch von 1842" finden sich – fein aufgegliedert – Beeidigte „Dolmetscher und Übersetzer", „Steinkohlen-Messer und -Träger", „Taxatoren von Mobilien, Prätiosen, Gold und Silber", „Segel-Taxatoren" sowie „Wein- und Thran-Royer".

Das „Brockhaus Conversations-Lexikon" von 1847 referiert, dass weithin „für viele Kategorien wiederkehrender Fälle dieser Art vom Staate oder von den Ortsobrigkeiten besondere Taxatoren bestellt sind". Die hamburgische Commerz-Deputation erließ 1853 das „Regulativ betreffend die Messung fremder Nutzhölzer", in dem die Bestellung „sachverständiger Messer" geregelt ist, „die als solche speciell beeidigt werden". Das „Komitee für den Bremer Baumwollhandel" ernannte ab 1872 „zwei Klassierer als vereidigte Sachverständige, die auf eine gewissenhafte und unparteiische Abschätzung und Klassifizierung verpflichtet wurden".[11] Besonders in den Hansestädten war also das Sachverständigenwesen breit ausgebildet.

Der öffentlich bestellte und vereidigte Sachverständige

Durch die Gewerbeordnung des Norddeutschen Bundes von 1869, die 1871 durch das Deutsche Kaiserreich (1871-1918) übernommen wurde, sowie die Strafprozessordnung und die Zivilprozessordnung des Deutschen Reichs von 1877 wurden erstmals gesetzliche Grundlagen für das Sachverständigenwesen in ganz Deutschland gelegt.

Nach § 36 der Gewerbeordnung in seiner heutigen Fassung sind „Personen, die als Sachverständige tätig sind oder tätig werden wollen", „für bestimmte Sachgebiete öffentlich zu bestellen, sofern für diese Sachgebiete ein Bedarf an Sachverständigenleistungen besteht, sie hierfür besondere Sachkunde nachweisen und keine Bedenken gegen ihre Eignung bestehen. Sie sind darauf zu vereidigen, dass sie ihre Sachverständigenaufgaben unabhängig, weisungsfrei, persönlich, gewissenhaft und unparteiisch

---

10 zit. nach Hermann Dilcher, DS 2/75, S. 39.
11 Ekkehard Grüttner, Bremer Baumwollbörse – einst und jetzt, in: Aus der Geschichte der Baumwolle, zusammengestellt von Michael Ropers, Bonn 1990.

erfüllen und ihre Gutachten entsprechend erstatten werden."

Die für die öffentliche Bestellung und Vereidigung von Sachverständigen zuständigen Landesregierungen haben dieses Recht vornehmlich auf die Industrie- und Handelskammern sowie die Handwerkskammern übertragen. In Bayern z. B. – so berichtet Alexander Kindler – „wurde durch die königliche allerhöchste Verordnung vom 25. Februar 1908 den Handelskammern die Befugnis verliehen, Gewerbetreibende der in § 36 der Reichsgewerbeordnung bezeichneten Art ... öffentlich zu bestellen und zu vereidigen".[12]

Die Zahl der Sachverständigen

In etwa 450 Bereichen des wirtschaftlichen Lebens sind heute rund 17 000 Sachverständige öffentlich bestellt und vereidigt. Die Industrie- und Handelskammern haben 8 000, die Handwerkskammern 7 000 Sachverständige berufen. Andere Institutionen wie Landwirtschaftskammern, Architektenkammern, Ingenieurkammern und Bezirksregierungen haben ca. 2 000 Sachverständige bestellt. Darunter finden sich einige Exoten, etwa Michael Lampadius, der als Sachverständiger für Herzschrittmacher öffentlich bestellt und vereidigt ist. 50 Experten sind als Teppichsachverständige vornehmlich für Orientteppiche verzeichnet.

Ca. 2500 von diesen rund 17 000 öffentlich bestellten und vereidigten Sachverständigen sind über seine zwölf Landesverbände Mitglieder des Bundesverbandes der öffentlich bestellten und vereidigten sowie qualifizierten Sachverständigen BVS. Zwölf korporative Mitgliedsverbände unterstützen die Schlagkraft des BVS.

Der langjährigste korporative Mitgliedsverband des BVS ist der HLBS, der Hauptverband der landwirtschaftlichen Buchstellen und Sachverständigen. Der HLBS wurde 1922 als „Reichsverband landwirtschaftlicher Privat-Buchstellen e. V." gegründet und ist damit der älteste deutsche Sachverständigenverband überhaupt mit heute etwa

---

12 Alexander Kindler, in: 50 Jahre Landesverband Bayern öffentlich bestellter und vereidigter sowie qualifizierter Sachverständiger, München 1999, S. 12.

1400 Mitgliedern. Selbst das Dritte Reich überlebte er als „Reichsverband für das landwirtschaftliche Buchführungs-, Betreuungs- und Schätzungswesen e. V. – angegliedert dem Reichsnährstand", um dann ab 1948 als „Hauptverband für landwirtschaftliche Buchführung und Betreuung e. V." in Erscheinung zu treten.

Im Jahre 2006 sind „Korporative Mitglieder des BVS":

- Bund der Hausratexperten BdH;
- Bundesverband der Sachverständigen für Medizinprodukte BSM;
- Bundesverband der Sachverständigen für orientalische, handgeknüpfte Teppiche und Flachgewebe BSOT;
- Bundesverband der vereidigten Sachverständigen für Raum und Ausstattung BSR;
- Bund Technischer Experten BTE;
- Bundesverband Freiberuflicher Forstsachverständiger BvFF;
- Fachgruppe Elektronik und EDV;
- Hauptverband der Landwirtschaftlichen Buchstellen und Sachverständigen HLBS;
- Landesverband öffentlich bestellter und vereidigter Sachverständiger LBVS (Brandenburg);
- Sachverständigenrat des Bundesverbandes des deutschen Möbel-, Küchen- und Einrichtungsfachhandels BVDM;
- Team Deutscher Maschinenexperten TDM.

„Die Zahl der selbständig tätigen freien Sachverständigen wurde für 1992 auf etwa 10 000 geschätzt".[13] Der Dritte „Bericht der Bundesregierung über die Lage der Freien Berufe" von 2002 weist in den alten Bundesländern 10 500, in den neuen Bundesländern 1800 selbständige Sachverständige aus.[14] Jedermann kann sich Sachverständiger nennen.

---

13 Willi Oberlander, Das Sachverständigenwesen in Deutschland, Deutsches Institut für Freie Berufe in Nürnberg, S. 1.
14 Bundesministerium für Wirtschaft und Technologie, Dokumentation Nr. 509, Juni 2002, S. 6.

> Ein Arbeitsfeld von zunehmender Bedeutung für die Sachverständigen ist der Umweltschutz. Die Reinhaltung der vier klassischen Elemente – Luft und Erde, Feuer und Wasser – ist eine immer wichtigere Aufgabe unserer Gegenwart und Zukunft.
>
> Goethe warnt in seinem „Zauberlehrling" vor der Entfesselung der Elemente: „Herr, die Not ist groß! / Die ich rief, die Geister, / Werd ich nun nicht los."
>
> Schiller: „Vier Elemente, / Innig gesellt, / Bilden das Leben, / Bauen die Welt." („Punschlied")

Die wichtigsten Bereiche, in denen Sachverständige tätig sind, sind die Bewertung von Grundstücken, die Begutachtung von Baumängeln und die Schätzung von Kraftfahrzeugschäden. Die Sachverständigen in diesen Bereichen sind meist haupt-, in anderen Bereichen häufig nur nebenberuflich tätig. Ärztliche Sachverständige mit öffentlicher Bestellung und Vereidigung gibt es kaum.

Die „IfS-Informationen" des Instituts für Sachverständigenwesen[15] haben zusammengestellt, wo gesetzliche Zuständigkeiten für öffentlich bestellte und vereidigte Sachverständige bestehen:

1. Zivilprozessordnung (§ 404 Abs. 2 ZPO), Strafprozessordnung (§ 73 Abs. 2 StPO),
2. Mieterhöhungsverlangen nach § 558 a BGB,
3. Fertigstellungsbescheinigungen nach § 641 a BGB,
4. Prüfungen nach § 29 a Abs. 1 Bundesimmissionsschutzgesetz,
5. Bescheinigungen nach § 6 der Altfahrzeugverordnung,
6. Prüfungen nach § 5 Nr. 1 und Nr. 3 der Telekommunikations-Kundenschutzverordnung (TKV),
7. NRW: Verordnung über Sachverständige für Bodenschutz und Altlasten,
8. Bescheinigungen nach Anhang I zu § 6 der Verpackungs-Verordnung,
9. Zertifizierungen nach § 11 des Elektro- und Elektronikschrottgesetzes,
10. Ermittlung von Emissionen nach § 5 des Treibhausgas-Emissionshandelsgesetzes,

---

15 IfS-Informationen 1/2006.

11. Gutachten nach § 2 Abs. 8 der Landwirtschafts-Altschuldenverordnung,
12. Kontrolluntersuchungen nach § 4 der Verordnung über die Verbrauchsbeihilfe für Olivenöl und die Einfuhr von bestimmten Ölen,
13. Überprüfungen nach § 7 Abs. 1 der Fünften Verordnung zur Änderung der Spielverordnung.

Nach dem durch die Novellierung der Gewerbeordnung von 1994 reformierten § 36 ist „die Stellung des hauptberuflichen Sachverständigen" zu regeln. „Der Gesetzgeber hat damit die Bedeutung dieses Berufsstandes in hohem Maße anerkannt", urteilt Oberlander.[16] Nach wie vor fehlt es aber an der geforderten Regelung, weil die Kammern von der Ermächtigung in § 36 GewO in diesem Punkt keinen Gebrauch gemacht haben.

Sachverständigenordnungen

Die Kammern haben auf der Rechtsgrundlage von „Muster-Sachverständigenordnungen" ihrer Spitzenkörperschaften „Sachverständigenordnungen" geschaffen, nach denen sie Sachverständige – nach Prüfung ihrer „besonderen Sachkunde" und ihrer „persönlichen Eignung" durch „Sachverständigenausschüsse" – öffentlich bestellen und vereidigen.

Die auf der neuesten Muster-Sachverständigenordnung des DIHT (nun DIHK: Deutscher Industrie- und Handelskammertag) von 2001 beruhenden „Sachverständigenordnungen" der Industrie- und Handelskammern bestimmen, dass als Sachverständiger nur öffentlich bestellt werden kann, wer das 30. Lebensjahr vollendet und das 62. Lebensjahr noch nicht vollendet hat.

Das einstige Erfordernis der „Bedürfnisprüfung" ist aufgrund eines Beschlusses des Bundesverfassungsgerichts von 25. 3. 1992 (1 BvR 298/96) entfallen. Der „Leitsatz" der Entscheidung: „Die öffentliche Bestellung von Sachverständigen nach § 36 GewO darf zwar von der fachlichen und persönlichen Eignung des Bewerbers sowie von einem allgemeinen Bedürfnis an entsprechendem Sachverstand auf einem bestimmten Fachgebiet, nicht aber von der Zahl der bereits vorhandenen Sachverständigen abhängig

---

16 Willi Oberlander, a. a. O.

gemacht werden. Eine solche konkrete Bedürfnisprüfung verstößt gegen Art. 12 Abs. 1 GG."

Das Bundeswirtschaftsministerium und der Deutsche Industrie- und Handelskammertag leiten daraus ab, dass jeder Bewerber bestellt werden muss, sobald eine Kammer ein bestimmtes Gebiet für bestellungsfähig erklärt hat. Der BVS schlussfolgert aus dieser Entscheidung, dass der Sachverständige als Beruf anerkannt ist.

Die öffentliche Bestellung erfolgt befristet im allgemeinen für einen Zeitraum von drei bis fünf Jahren. Eine erneute Bestellung ist jedoch möglich. Die letztmalige Bestellung kann mit dem 68. Lebensjahr erfolgen. Sie erlischt endgültig mit dem 71. Lebensjahr, weil die Kammern eine einmalige Verlängerung von drei Jahren praktizieren. Das Bundesverfassungsgericht hat im Dezember 1990 entschieden: „Die satzungsgemäße Einführung einer generellen Höchstaltersgrenze verstößt nicht gegen Verfassungsrecht" („Leitsatz" des Bundesverfassungsgerichts vom 4. Mai 1983).

1999 bringt die CDU/CSU-Abgeordnete Frau Ursula Heinen die Altersgrenze von Sachverständigen in die Fragestunde des Bundestages. Die Parlamentarische Staatssekretärin beim Bundesminister für Familie, Senioren, Frauen und Jugend, Frau Dr. Edith Niehuis, erklärt, dass „die Bundesregierung nicht die Absicht hat, auf die Setzung von Altersgrenzen zu verzichten".[17] 2006 greift ein im Auftrage der Senioren-Union der CDU/CSU erstattetes Rechtsgutachten des Göttinger Staatsrechtslehrers Professor Thomas Mann die Altersgrenzen in manchen Berufen – darunter auch bei den Sachverständigen – an.

Über die Grenze des 71. Lebensjahrs hinaus arbeiten viele weiterhin als Sachverständige, ohne dann noch den Titel „öffentlich bestellter und vereidigter Sachverständiger" führen zu dürfen. Für diese „Altmitglieder" hat der BVS den „Beauftragten für Seniorenfragen" geschaffen und mit Klaus Baréz kompetent besetzt.

---

17 Bundestagsdrucksache 14/577.

Titelschutz der Sachverständigen

Der Titel „Öffentlich bestellter Sachverständiger" – nicht aber die Sachverständigenbezeichnung als solche – ist gesetzlich geschützt. Das Strafgesetzbuch stellt den Missbrauch dieses Titels unter Strafe. Die Gerichte sollen im Rahmen des „Sachverständigenbeweises" andere als öffentlich bestellte Sachverständige nur dann auswählen, wenn besondere Umstände es erfordern.

Diese Sachverständigen sind also gegenüber den anderen Sachverständigen, die nicht öffentlich bestellt sind, „privilegiert".[18] Den Privilegien steht allerdings nach den Prozessordnungen die Pflicht gegenüber, für Gerichte und Verwaltungsbehörden auf Anforderung tätig zu werden und Gutachten zu erstatten.

Viele qualifizierte freie Sachverständige lehnten ihre öffentliche Bestellung ab, weil die damit verbundenen Pflichten der Gutachtenerstattung für Gerichte und Behörden lange Zeit nicht angemessen honoriert, sondern nach dem Zeugen- und Sachverständigen-Entschädigungsgesetz ZSEG nur unangemessen entschädigt wurden. Mit privaten Auftraggebern hingegen konnten die Honorare immer frei vereinbart werden. So hatten die Gerichte oftmals schon Schwierigkeiten, gute Sachverständige zu finden.

Von der Sachverständigenvergütung über die Sachverständigenentschädigung – wieder zur Sachverständigenvergütung

Die Verbände der Sachverständigen und die Bestellkörperschaften, an der Spitze der BVS, der Deutsche Industrie- und Handelskammertag DIHK und der Zentralverband des Deutschen Handwerks ZDH, haben in den vergangenen Jahrzehnten nicht nur immer für eine Verbesserung der Sachverständigenentschädigung nach dem ZSEG plädiert, sondern auch für den Übergang von der zunehmend als Unrecht empfundenen bloßen „Sachverständigenentschädigung" zur „Sachverständigenvergütung" gekämpft.

In ihrem Dritten „Bericht über die Lage der Freien Berufe" von 2002 führt die Bundesregierung aus: „Bei den von den Gerichten in Anspruch genommenen Sachverständi-

---

18 Stober, a. a. O., S. 21.

gen zeichnen sich Veränderungen ab. Die Konferenz der Kostenrechtsreferenten der Landesjustizverwaltungen und des Bundesministeriums der Justiz schlägt in ihrem Dritten Zwischenbericht über die Vorbereitung einer Gesamtreform des Justizkostenrechts vom 17. Dezember 2001 u. a. vor, das Gesetz über die Entschädigung von Zeugen und Sachverständigen in einem Justizvergütungs- und -entschädigungsgesetz JVEG zusammenzufassen und die Terminologie in der Weise zu ändern, dass Sachverständige, Dolmetscher und Übersetzer nicht mehr entschädigt werden, sondern eine Vergütung für ihre Leistung erhalten. Die Bundesregierung verschließt sich den Forderungen grundsätzlich nicht und beabsichtigt, noch in dieser Legislaturperiode einen Referentenentwurf des JVEG zu erstellen".[19]

Wenn allerdings das 2004 nach vielen Eingaben und Vorsprachen der Sachverständigenverbände und der Bestellungskörperschaften aufgrund eines Regierungsentwurfs im Parlament beratene und verabschiedete Justizvergütungs- und -entschädigungsgesetz JVEG nur eine Änderung der *Terminologie* gebracht haben sollte, wird das weder die öffentlich bestellten und vereidigten Sachverständigen zufrieden stellen noch den Gerichten helfen, genügend geeignete Sachverständige zu finden.

Sachverständigenvergütung

Wurde mit der Gewerbeordnung von 1869 die Institution des öffentlich bestellten und vereidigten Sachverständigen geschaffen, so erhielten mit der Kaiserlichen Gebührenordnung von 1878 die Zeugen und die Sachverständigen ihr erstes Gebührengesetz. „Wir Wilhelm, von Gottes Gnaden, Deutscher Kaiser, König von Preußen etc., verordnen im Namen des Reichs, nach erfolgter Zustimmung des Bundesraths und des Reichstags, was folgt" – mit diesen Worten beginnt das Gesetz. „In den vor die ordentlichen Gerichte gehörigen Rechtssachen, auf welche die Civilprozessordnung, die Strafprozessordnung oder die Konkursordnung Anwendung findet, erhalten die Zeugen und Sachverständigen Gebühren", heißt es in § 1. Nach § 2 erhält der Zeuge eine „Entschädigung für die erforderliche Zeitversäumnis", nach § 3 der Sachverständige

---

19 Bundesministerium für Wirtschaft und Technologie, a. a. O., S. 26.

aber eine „Vergütung nach Maßgabe der erforderlichen Zeitversäumnis".

Die Novelle von 1914 hält an dem „Vergütungsprinzip" fest: „Der Sachverständige erfüllt nicht wie der Zeuge eine allgemeine Bürgerpflicht, sondern handelt auch bei Erstattung des ihm vom Gericht aufgetragenen Gutachtens in Ausübung seiner Berufstätigkeit. Daher darf er grundsätzlich auf eine gleiche Vergütung Anspruch erheben, wie wenn die Leistung außerhalb eines gerichtlichen Verfahrens einem Privaten gemacht würde".[20]

Auch das Gesetz über die Gebühren der Zeugen und Sachverständigen von 1925 der Weimarer Republik (1918-1933) kennt nur das „Vergütungsprinzip". Erst mit der „Dritten Notverordnung" des Reichspräsidenten von Hindenburg „zur Sicherung von Wirtschaft und Finanzen und zur Bekämpfung politischer Ausschreitungen vom 6. Oktober 1931" wird für die Sachverständigen für lange Zeit vom „Vergütungsprinzip" zum „Entschädigungsprinzip" übergegangen.

Dr. Peter Bleutge, der jahrzehntelange Sachverständigenreferent des DIHT, urteilt über das „Entschädigungsprinzip": „Der Gesetzgeber bringt damit zum Ausdruck, dass hier keine leistungsgerechte Vergütung für eine geistige Leistung erfolgen soll, sondern dass für die Erledigung einer Bürgerpflicht, die zum Wohl der Allgemeinheit von jedermann zu erbringen ist, lediglich ein nicht kostendeckender finanzieller Ausgleich, eben eine Entschädigung gewährt wird. Vom Zeugen und Sachverständigen wird also die Hinnahme finanzieller Einbußen zugunsten einer kostengünstigen Rechtspflege erwartet, was beim Zeugen gerechtfertigt sein mag, was aber beim Sachverständigen modernen Zuschnitts antiquiert sein dürfte. Vom heutigen Sachverständigen wird eine hochqualifizierte Leistung verlangt, zumal vom Ergebnis seines Gutachtens in zahlreichen Fällen Verurteilung oder Freispruch eines Angeklagten bzw. Sieg oder Niederlage eines Klägers abhängt".[21]

---

20 Zit. nach Dr. Hans-Eberhard Aurnhammer, DS 10/78, S. 286; vgl. auch Aurnhammer, „Das heutige ZuSEG beruht auf der Dritten Notverordnung vom 6. Okt. 1931", DS 2/74, S. 40.
21 Peter Bleutge, ZSEG 1987, Kommentar, Essen 1987, S. 23/24.

Erst mit dem Justizvergütungs- und -entschädigungsgesetz JVEG von 2004 wird dem Entschädigungsprinzip" wenigstens formell ein Ende bereitet: „Sachverständige, Dolmetscher und Übersetzer erhalten als Vergütung 1. ein Honorar für ihre Leistungen, 2. Fahrtkostenersatz, 3. Entschädigung für Aufwand sowie 4. Ersatz für sonstige und für besondere Aufwendungen". Die Höhe des Honorars richtet sich nach Honorargruppen und liegt zwischen 50 und 95 € pro Stunde. „Der Kampf um dieses Gesetz dauerte mehr als 8 Jahre", resümiert BVS-Präsident Michael Staudt.[22]

Stritten sich früher die Sachverständigen mit den Kostenbeamten der Gerichte um die Höhe der Entschädigungssätze, so führen heute „die Meinungsverschiedenheiten und Unsicherheiten über die Einordnung der jeweiligen Sachverständigenleistung in die in der Anlage 1 zu § 9 JVEG aufgeführten Sachgebiete und Honorargruppen zu einer Anzahl von Gerichtsentscheidungen", schreibt Justizamtsrat Norbert Bund im *Sachverständigen*.[23]

2006 teilt das Bundesjustizministerium BMJ allen Sachverständigenorganisationen mit, dass nunmehr eine „erste Überprüfung des JVEG erfolgen soll. Insbesondere die Vergütung nach festen, den verschiednen Sachgebieten zugeordneten Sätzen ist ein Novum, für das es kein Vorbild gegeben hat ... Nunmehr soll ... geprüft werden, ob sich zwischenzeitlich die Notwendigkeit einer Korrektur ergeben hat".[24]

Erste Sachverständigenverbände

Die frühesten Nachweise für ein Verbandsleben von Sachverständigen finden sich in der Weimarer Republik. Wilhelm Klocke berichtet von einem „Reichsverband der Freien Technischen Berufe Deutschlands",[25] in dem der BTE Mitglied war. Kindler spricht von einem „im Jahre 1929 in Frankfurt/Main ins Leben gerufenen Reichsverband der Sachverständigen der freien technischen Berufe Deutschlands ... In Bayern bestand eine Vereinigung gerichtlich

---

22 DS 5/04, S. 113.
23 DS 9/06, S. 264.
24 Schreiben des BMJ vom 21. 8. 2006.
25 Wilhelm Klocke, Rückblick auf sieben Jahrzehnte der Geschichte des BTE Bund Technischer Experten, Grünwald/München, 1994, S. 17.

beeidigter technischer Sachverständiger, sie ist um das Jahr 1930 mit dem Sitz in München gegründet worden".[26] Dr. Heinrich Groh jr. schreibt 2006 von einer „Vereinigung gerichtlich vereidigter Schätzer für Grund- und Bauwerte in München, die sich 1932 bereits ortsübliche Gebührensätze gab".

In den zwanziger Jahren rollt in Deutschland die erste Motorisierungswelle. 1928 begründet der Ingenieur Otto Wexler eines der ersten Kfz-Sachverständigenbüros. 1930 wird er als Kfz-Sachverständiger von der Industrie- und Handelskammer zu Essen öffentlich bestellt und vereidigt. 1953 übernimmt Herbert Busch das Sachverständigenbüro Essen, 1960 lässt sich Jochen W. Schmidt mit Sachverständigenbüros in Moers und Düsseldorf nieder. 1968 fusionieren die Büros zur „Ingenieurgemeinschaft Fahrzeugtechnik und Maschinen". Aus dieser „Ingenieurgemeinschaft" sind für das Kfz-Sachverständigenwesen in Deutschland wichtige Persönlichkeiten hervorgegangen: Jochen W. Schmidt, der maßgeblich an der Öffnung der Kfz-Überwachung für freie Kfz-Sachverständige beteiligt war, Peter Engels, der Vizepräsident und Leiter des Kfz-Bundesfachbereiches des BVS wurde. Schmidt und Engels spielen später in der GTÜ Gesellschaft für Technische Überwachung, die die Kfz-Überwachung durch freie Kfz-Sachverständige organisiert, eine führende Rolle.

Sachverständige im Dritten Reich

Der Sommer 2006 führt Dietrich Rollmann in das Bundesarchiv nach Berlin-Dahlem, um den Sachverständigen im Dritten Reich nachzuspüren. Unter dem Stichwort „Sachverständige" steht im Schlagwortverzeichnis nichts. Auch das „Findbuch" des Berliner Reichswirtschaftsministeriums weist nichts aus. Aber es existierte ja im Dritten Reich noch die Reichswirtschaftskammer des Ministeriums in der Neuen Wilhelmstr. 9-11, und da wird Rollmann fündig.

Rollmann stößt auf einen Reichsbund vereidigter Sachverständiger in Düsseldorf, auf einen Reichsverband der Sachverständigen Deutschlands, auf eine „Reichsfachschaft für das Sachverständigenwesen in der Deutschen Rechtsfront" in Berlin NW 40, Roonstr. 1, mit den Reichsfachschaftslei-

---

26 Kindler, a. a. O., S. 16.

tern Römer und Grevemeyer sowie dem Organ „Der Sachverständige" im Deutschen Rechtsverlag.

Hier entdeckt Rollmann ein Schreiben der „Reichsfachschaft" von 1934 mit der Unterschrift von Grevemeyer, mit dem dem Reichswirtschaftsminister der neununddreißig Paragraphen umfassende „Entwurf eines Gesetzes über eine Reichssachverständigenordnung" übersandt wird. „Eine beschleunigte einheitliche Regelung des Sachverständigenwesens ist dringend erwünscht", heißt es in dem Schreiben. „Sachverständigentätigkeit ist das Erstatten von Gutachten", sagt der Entwurf. In dem beiliegenden Entwurf einer „Ersten Durchführungsverordnung zu dem Gesetz über eine Reichssachverständigenordnung" ist vorgesehen, dass die „Reichsfachschaft" die „Eigenschaft einer Körperschaft des öffentlichen Rechts erhält" und die Bezeichnung „Sachverständigenschaft" führt. Alle Sachverständigen, die Mitglieder der „Reichsfachschaft" sind, sollen „als für das Gebiet des Deutschen Reiches öffentlich bestellt gelten".

Die Industrie- und Handelskammern werden in einer „Arbeitsgemeinschaft in der Reichswirtschaftskammer" zusammengeschlossen und überleben relativ unbeschädigt das Dritte Reich. Die Institution der öffentlich bestellten und vereidigten Sachverständigen bleibt erhalten, die „Bestellungsvoraussetzungen" werden 1937 neu gefasst. Der Reichswirtschaftsminister und der Reichsverkehrsminister *„ordnen an"*:

„Die Industrie- und Handelskammern sind berechtigt, Gewerbetreibende auf den Gebieten der Industrie, des Handels, des Immobilienwesens, des Banken- und Börsenwesens, der Energiewirtschaft, des Verkehrswesens und für diese Gebiete tätige Gewerbetreibende als Sachverständige zu beeidigen und öffentlich anzustellen".[27]

1940 arbeiten der Reichswirtschaftsminister und der Reichsverkehrsminister an „Prüfungsbestimmungen zum Nachweis der Sachkunde für die Sachverständigen des Kraftfahrzeug- und Verkehrswesens": „Wer öffentlich bestellt und vereidigt werden will, ... muss den Nachweis einer abgeschlossenen technischen Schulbildung (Hochschule oder Technikum) oder einer gleich hoch zu be-

---

27 Deutscher Reichsanzeiger Nr. 132 vom 12. Juni 1937.

wertenden praktischen Erfahrung im Fahrzeugbau erbringen".

Natürlich war auch das Sachverständigenwesen von der Judenvernichtung nicht verschont. In einem Erlass des Reichswirtschaftsministers von 1938 an die Industrie- und Handelskammern heißt es: „Durch die von mir 1937 genehmigten Vorschriften ist bereits bestimmt, dass Juden künftig nicht mehr als Sachverständige bei den Industrie- und Handelskammern angestellt werden können. Es erscheint untragbar, dass in Zukunft noch Juden besondere Vertrauensstellen gegenüber Staat und Wirtschaft innehaben. Ich ersuche daher, die Löschung dieser jüdischen Sachverständigen unverzüglich zu veranlassen".

Es scheint, dass das Kapitel „Das Dritte Reich und die Sachverständigen" der Aufarbeitung bedarf.

Sachverständige in Bayern nach 1945

„Um den Bedarf an Sachverständigen nach 1945, während der Militärregierung, für die Gerichte sicherzustellen", schreibt Alexander Kindler, „gingen die Präsidenten verschiedener bayerischer Land- und Amtsgerichte in den Jahren 1947-1950 dazu über, selbst Listen von Personen aufzustellen, welche sich zur Übernahme von Gutachtenaufträgen bewarben und für geeignet befunden wurden; diese erhielten Bescheinigungen, aus denen hervorging, dass mit der Eintragung in die gerichtliche Sachverständigenliste lediglich die Berechtigung verbunden ist, die Bezeichnung 'öffentlich bestellter Sachverständiger für ...' zu führen".[28]

Als erstes und einziges deutsches Land schafft Bayern 1950 ein „Gesetz über öffentlich bestellte und beeidigte Sachverständige". Artikel 1: „Sachverständige können für einen Zweig der gewerblichen Wirtschaft, der Land- und Forstwirtschaft oder für ein sonstiges Fachgebiet öffentlich bestellt und beeidigt werden".

Das Bayerische Staatsministerium für Wirtschaft und Verkehr überträgt die Zuständigkeit für die öffentliche Bestellung und Vereidigung von Sachverständigen auf die Industrie- und Handelskammern.

---

28 Kindler, a. a. O., S. 14.

Die Gründung des LVS Bayern 1949

Aufgrund einer Empfehlung der Industrie- und Handelskammer für München-Oberbayern kommt es am 23. Juli 1949 zur Gründung des Landesverbandes Bayern öffentlich bestellter und vereidigter Sachverständiger e. V. mit zunächst 23 Mitgliedern. Der Münchener Architekt Franz Seraph Baumann wird erster Präsident des LVS. Von den Präsidenten der folgenden Jahre werden Dr. Heinrich Groh sen. und Sebastian Norkauer von besonderer Bedeutung für den BVS.

Dr. Groh wird der Gründer und erste Präsident des BVS, Norkauer tritt seine Nachfolge an. Auch später werden bayerische Vorsitzende zu Präsidenten des BVS gewählt: Emil A. Kolb, Michael Heidl und Michael Staudt.

Die Gründung des BVS 1961 in München

Am 27. November 1961 gründen die LVS-Mitglieder Dr. Heinrich Groh sen., Günther von Rudno, Otto Scholl, Heinrich Remlein, Hermann Würth, Eduard Wild, Paul von Zahoransky, Otto Waechter, Paul Fuchs und Ludwig Müller „in der Rechtsform eines eingetragenen Vereins den 'Bundesverband der Sachverständigen'" BVS mit Sitz in München.

„Zweck des BVS ist die Zusammenfassung aller geeigneten Sachverständigen und ihrer Verbände in einer Dachorganisation für die Bundesrepublik Deutschland und die Wahrung und Förderung des Gedankens der qualifizierten Sachverständigen sowie die berufsständische Interessenvertretung im In- und Ausland", heißt es im Gründungsdokument.

Gründungspräsident Dr. Heinrich Groh sen. (Bildmitte; Foto von 1979)

Präsident Dr. Heinrich Groh sen.
1961-1968

Zum Vorstand werden die Herren Dr. Heinrich Groh sen., Hermann Würth und Paul Fuchs bestimmt. Dr. Groh ist Diplom-Landwirt, Würth Handwerkskammertagspräsident und Fuchs Unternehmensberater. In der Gründungszeit wird Dr. Groh zum „Grandseigneur" des BVS. Nicht Geltungssucht treibt ihn, sondern der Wunsch, das Sachverständigenwesen in Deutschland wieder aufzubauen. „Wir verlieren in ihm einen Pionier des Sachverständigenwesens", schreibt Hans-Otto Kar zu seinem Tode im Jahre 1983.[29]

„Eines der größten Probleme war die Finanzierung des BVS, da er nur aus Teilbeträgen der allgemeinen Mitgliedsbeiträge, die die Sachverständigen an ihre Landesverbände zahlten, finanziert werden konnte", schreibt der damalige BVS-Schatzmeister Dr. Heinrich Groh jr. im Jahre 2006. „Der Verband wurde ehrenamtlich geführt und die zuteil gewordene juristische Hilfe hielt sich in Grenzen". Die Syndizi des BVS waren Rechtsanwälte: in den ersten Jahren Dr. Heinrich Werner, ihm folgten Dr. Max Utz und – seit 1971 – Dr. Wolf Grill. Der Vergütung der Sachverständigen wird sich Dr. Grill immer wieder in besonderer Weise annehmen.

---

29 DS 5/83, S. 102.

Auf der ersten ordentlichen Mitgliederversammlung des BVS 1962, bei der acht Mitglieder anwesend sind, wird der Vorstand wiedergewählt. Syndikus Dr. Werner erklärt: „Der BVS soll zunächst dem LVS Bayern unterstellt werden ... Mit der Gründung des BVS soll der LVS nicht ausgeschaltet, sondern gefördert werden ... Wir haben den BVS gegründet, damit die Leitung nicht in den norddeutschen Raum verzieht ... Es ist in der Satzung bereits verankert, dass der LVS in dieser Organisation unbedingt beherrschend sein soll, sein ganzes Ideengut soll maßgebend sein".

Auf der zweiten Mitgliederversammlung 1963, an der sieben Mitglieder teilnehmen, berichtet Syndikus Dr. Werner, dass an außerbayerische Sachverständige „1200 Werbeschreiben für den BVS herausgegangen sind, weitere 1200 sollen nächste Woche folgen". Dr. Werner: „Um die Vorherrschaft der Bayern im BVS zu stärken, müssen wir noch einmal eindringlich im LVS für die Mitgliedschaft im BVS werben, damit wir nicht in Schwierigkeiten bei Abstimmungen kommen". Es wird ein Mitglieds-Ausweis erstellt, der durch den Präsidenten des BVS und des LVS unterzeichnet wird.

Hermann Höcherl beim LVS Bayern

Bei der Mitgliederversammlung 1965 in Regensburg hält der CDU/CSU-Bundesinnenminister Hermann Höcherl einen weit gespannten Vortrag „Sachverständige – unentbehrliche Helfer": „Wir stehen erst am Anfang des ganzen Sachverständigenwesens. Der Bundesverband, den Sie gegründet haben, scheint mir das Mittel zu sein, durch das Sie Ihr Ziel – eine gesetzliche Regelung des Sachverständigenwesens auch im übrigen Bundesgebiet – am besten verfolgen können. Ob ein solches Gesetz vom Bund erlassen werden kann, bedarf wegen der schwierigen Kompetenzfragen noch eingehender verfassungsrechtlicher Prüfung ... Aber heute reicht es nicht aus, derartige Regelungen nur in einem Land zu treffen; wir müssen über ein Land hinaus in den europäischen Raum gehen, mit dem uns wirtschaftlich schon so viel verbindet".

Ab 1967 gibt der LVS Bayern im Augsburger Perlach-Verlag einen „nach Bedarf" erscheinenden Informationsdienst heraus: *Der Sachverständige*, den Vorläufer der ab 1974 erscheinenden Zeitschrift *Der Sachverständige – Offizielles Organ des BVS*. Der Vorstand will damit „ein kräftigeres und innigeres Verbindungsmittel zwischen der Verbandsleitung und seinen Mitgliedern, zu welchen Kollegen auch außerhalb Bayerns zählen, schaffen. Mit der Konsolidierung des Sachverständigenwesens auf Bundesebene wird dies in verstärktem Maße der Fall werden", verspricht LVS- und BVS-Präsident Dr. Groh den „sehr geehrten Herren Kollegen".

Gründung von Landesverbänden

In Nr. 1/67 des Sachverständigen schreibt BVS-Vizepräsident Paul Fuchs, der mit dem organisatorischen Aufbau des BVS beauftragt ist, über die Gründung von Landesverbänden: „Mit einer beschränkten Zahl zwischen 100 und 200 Mitgliedern im gesamten Bundesgebiet zeigte es sich bald, dass die gesetzten Aufgaben und die gesteckten Ziele nur durch Schaffung von Landesorganisationen, mit dem Bundesverband als Dachorganisation, Aussicht auf durchschlagenden Erfolg versprachen ... Nachdem der Landesverband Bayern in seiner Jahreshauptversammlung 1966 die finanzielle Förderung des Bundesverbandes beschlossen und einen Sonderbeitrag für den Bundesverband zugestanden hatte, waren gewisse materielle Voraussetzungen für den organisatorischen Aufbau des Bundesverbandes geschaffen."

BVS-Schatzmeister Dr. Heinrich Groh jr. spricht von „Sponsoring, um die Gründung der übrigen Landesverbände im Bundesgebiet zu fördern".[30]

Fuchs berichtet dann über die Gründung von Landesverbänden in Berlin, Baden-Württemberg (1966) und Rheinland-Pfalz (1967) sowie über Bestrebungen zur Gründung von Landesverbänden in fast allen restlichen Bundesländern.

„Mit Freude darf festgestellt werden, dass sich in allen Bundesländern, mit einer Ausnahme, Landesverbände gegründet haben", kann BVS-Präsident Dr. Groh ein Jahr später berichten. „Diese Feststellung beinhaltet eine Genugtuung und birgt die Hoffnung auf einen gedeihlichen

---

30 Schreiben von Dr. Heinrich Groh an den Verfasser vom 17. Mai 2006.

Ausbau und damit eine Konsolidierung des Sachverständigenwesens".[31]

Aus der Entstehungsgeschichte des BVS ergibt sich also, dass dieser nicht als Zentralverband, sondern als Dachverband von Landesverbänden aufgebaut wurde.

Gründung des LVS Nordrhein-Westfalen

Über die Gründung des LVS Nordrhein-Westfalen hat der langjährige Landesvorsitzende Olaf Galke eine Dokumentation erstellt.[32] Demnach nahm BVS-Vizepräsident Fuchs umfangreiche Kontakte mit Sachverständigen in Nordrhein-Westfalen auf und lud schließlich am 14. März 1968 nach Düsseldorf zur Gründung des LVS Nordrhein-Westfalen ein, der nach Bayern zum stärksten Landesverband des BVS werden sollte.

12 Sachverständige waren anwesend. Der Dipl.-Ing. Georg Stehr aus Dortmund wurde zum Vorsitzenden gewählt. „Der Landesverband verstand sich zunächst als ein gesellschaftlicher Verein", schreibt der Kfz-Sachverständige Fritz Schaumann in seiner „Entstehungsgeschichte" des Landesverbandes. Bald aber klopft die Berufspolitik an die Tür, und der Landesverband kommt nicht umhin, sich um die Stellung der Sachverständigen zu kümmern.

1988 bringt die FDP-Fraktion des Landtages eine Große Anfrage ein, in der sich die FDP nach der Meinung der Landesregierung zu dem Anliegen erkundigt, „die freiberufliche Tätigkeit mehr in das Aufgabenfeld der technischen Sicherheit einzubeziehen, um die breite Palette des Sachverständigenangebots in zweckmäßiger Weise zu nutzen". „Das Anliegen wird grundsätzlich positiv bewertet", antwortet die Landesregierung und weist auf verschiedene Gesetze und Antworten hin, in denen sich „ein breites Betätigungsfeld für die freiberuflichen Sachverständigen bietet". Allerdings heißt es weiter: „Ein uneingeschränkter Wettbewerb unterschiedlicher Prüf-Sachverständiger, wie ihn die Verbände freier Sachverständiger fordern, könnte zu einem gefährlichen Absinken des erreichten Sicherheitsniveaus der Anlagen führen. Dies ist nicht zu verantworten".

---

31 ebenda.
32 Schreiben von Olaf Galke an den Verfasser vom 17. Mai 2006.

Der Landesverband nimmt sich auch der „Entschädigung" der Sachverständigen nach dem ZSEG an. Auf der 25-Jahr-Feier des Verbandes 1993 spricht Landesvorsitzender Galke den anwesenden nordrhein-westfälischen Justizminister Dr. Rolf Krumsiek direkt an.

Krumsiek erwidert: „Ihre für die Rechtsprechung unentbehrlichen Leistungen erfordern eine angemessene Honorierung. Die Entschädigungssätze des ZSEG sind seit 1987 und damit seit mehr als sechs Jahren unverändert geblieben. Dieser Tatsache kann und will sich niemand verschließen ... Der Entwurf des Bundesjustizministeriums sieht u. a. eine Erhöhung des Entschädigungsrahmens auf 50 bis 100 DM vor ... Ich persönlich werde mich dafür einsetzen, dass die angestrebte Anhebung der Entschädigung im Interesse der gerichtlichen Sachverständigen alsbald verwirklicht werden kann."[33]

Vizepräsident Fuchs zieht sich zurück

Von dem „Büro des Vizepräsidenten Paul Fuchs" gehen viele Initiativen aus – insbesondere für die Gründung von Landesverbänden. Fuchs selbst ist Unternehmensberater und Sachverständiger in Augsburg. Nach der Gründung des Landesverbandes Nordrhein-Westfalen jedoch „verschwand der Initiator, Herr Fuchs, von der Bildfläche", schreibt Fritz Schaumann, „es stellte sich heraus, dass er politisch belastet war und ihm der Prozess gemacht werden sollte".

Im Landesarchiv von Nordrhein-Westfalen, wo sich frühe Aktenbestände des BVS befinden, stößt Rollmann auf eine Meldung der Augsburger Allgemeinen vom Dezember 1970 mit der Überschrift „Augsburger Rechtsbeistand unter Verdacht von NS-Verbrechen: Wegen des Verdachts der Beteiligung an NS-Gewaltverbrechen ermittelt die Münchner Staatsanwaltschaft z. Zt. gegen den Augsburger Rechtsbeistand Paul F. ... Die Pressestelle des OLG München wollte Informationen nicht bestätigen, nach denen sich der Rechtsbeistand in Haft befinden soll".

1969 erklärt Fuchs: „Ich sehe die Voraussetzung einer Zusammenarbeit nicht mehr für gegeben an und werde mich daher aus der Arbeit des BVS zurückziehen". Er legt

---

33 DS 6/93, S. 28/29.

sein Amt als BVS-Vizepräsident nieder. „Präsident Norkauer richtet den Dank des BVS an den ausscheidenden Vizepräsidenten Fuchs für seine Tatkraft und Leistung in der Gründung der einzelnen Landesverbände und im Aufbau des BVS. Es sei zum großen Teil sein Werk, dass der BVS zustande gekommen ist", heißt es im Protokoll der Jahreshauptversammlung 1969.

Präsident Sebastian Norkauer 1968-1976

Im Jahre 1968 legt Präsident Dr. Groh sen. „aus gesundheitlichen Gründen", von Widrigkeiten im Verband zermürbt, sein Amt nieder. Die BVS-Jahreshauptversammlung 1968 wählt den Münchener Architekten Sebastian Norkauer zum neuen Präsidenten. Vizepräsidenten werden Paul Fuchs, Claus Scheuber und Kurt Wittkowski. Mit seiner obligaten Fliege bietet Norkauer das Bild eines kultivierten Architekten. Elegant wird er das Schiff des BVS durch die Klippen der Zeit steuern.

Die Jahreshauptversammlung ernennt Dr. Groh zum Ehrenpräsidenten des BVS: „Diese Ernennung erfolgt auf Grund der Verdienste, die Sie sich um die Gründung dieses Verbandes erworben haben. Sie sind ja der Initiator und der Gründer unseres Verbandes und haben schon sehr frühzeitig darauf hingewiesen, dass wir unsere Interessen nur durch einen solchen Zusammenschluss wahrnehmen können".[34]

CIDADEC und EWG

Dr. Groh wird außerdem Vertreter bei der internationalen Sachverständigenvereinigung CIDADEC (*Conféderation Internationale des Associations d'Experts et de Conseils*), der 1969 der BVS beitritt, der aber schon „ca. 120 bayerische Mitglieder seit 1954 als Vertretung des Landesverbandes Bayern angehören". Außerdem soll Dr. Groh den BVS bei der Europäischen Wirtschaftsgemeinschaft EWG in Brüssel vertreten. „Sie haben bisher schon diese Verhandlungen mit großem Geschick geführt und damit unserem Ver-

---

34 Schreiben des BVS an Dr. Heinrich Groh vom 31. Mai 1968.

band auf internationaler Ebene ein bedeutendes Ansehen verschafft", befindet der BVS.[35]

Auch hier tritt Sebastian Norkauer seine Nachfolge an. Er wird „Präsident des Verbindungsausschusses der CIDADEC zur EG". Später wird Hans-Jörg Altmeier den BVS in der CIDADEC vertreten und vorerst deren Vizepräsident werden. Die CIDADEC ist zwar als einzige Sachverständigenorganisation beim Wirtschafts- und Sozialrat der UNO akkreditiert, verliert jedoch im Laufe der Jahrzehnte an Wirksamkeit und Bedeutung.

Niemals gelingt es, das System der öffentlich Bestellung und Vereidigung der Sachverständigen durch die Kammern auf der europäischen Ebene durchzusetzen, „obwohl das deutsche System eines der besten der Welt ist", wie Präsident Emil A. Kolb 1996 in der „Welt" schreibt. „Die 'Richtlinien' und 'Empfehlungen' der EU beruhen auf dem britischen System der Akkreditierung von Zertifizierungsstellen und der Zertifizierung von Sachverständigen".[36]

Sachverständigenkongresse 1970

Zusammen mit der Jahreshauptversammlung veranstaltet der BVS einen ersten Sachverständigen-Kongress im Mai 1970 in Berlin. Dr. Ulrich Zuschke von der Generaldirektion Binnenmarkt und Rechtsangleichung der EWG spricht über den „Entwurf eines Sachverständigen-Rahmengesetzes für die EWG", den der BVS inzwischen erarbeitet und vorgelegt hat. Dr. Eugen Sagé, Leo Splett und Armand Theisen sprechen über die Stellung der Sachverständigen in Frankreich, Österreich und Luxemburg. Felix O. de Boom, Vizepräsident der CIDADEC, beleuchtet „Die Stellung des Sachverständigen aus internationaler Sicht". Ein zweiter Sachverständigen-Kongress findet im Herbst 1970 in Baden-Baden statt.

Bei der BVS-Jahreshauptversammlung 1971 berichtet Norkauer über Gespräche in Bonn mit dem Bundeswirtschaftsministerium und dem Deutschen Industrie- und Handelstag DIHT über das angestrebte Sachverständigengesetz, die negativ verlaufen seien. Nach der ZSEG-Novelle von 1969 strebe der BVS nun eine Trennung der „Zeugenent-

---

35 ebenda.
36 Die Welt, 17. Januar 1996.

schädigung" von der „Sachverständigenentschädigung" im ZSEG an, was jedoch vom Bundesjustizministerium abgelehnt werde.

1973 wird der BVS Mitglied des Bundesverbandes der Freien Berufe BFB. Der spätere Schatzmeister August Burkei ist eine Zeit lang Mitglied des BFB-Präsidiums.

Diese frühen Jahre des BVS sind gekennzeichnet durch Spannungen und Streitereien im Verband. Präsidiumsmitglieder treten zurück, Landesverbände treten aus und wieder ein, Beiträge werden nicht bezahlt und dann doch entrichtet, böse Worte fallen, sogar Gerichte werden bemüht. Präsident Norkauer mahnt 1973: „Ich sehe nicht den Zweck des Verbandes in der Selbstzerfleischung oder in Auseinandersetzungen einzelner Kollegen untereinander. Hierdurch wird nur unnütz Zeit und Energie verschwendet. Ich glaube, man sollte unsere Arbeit unter dem Gesichtspunkt sehen, dass, wenn wir zusammenhalten und jeder seinen Teil Arbeit trägt, wir nach außen hin viel mehr erreichen könnten, als wenn wir mit nutzloser Eifersüchtelei im Innern uns gegenseitig Schwierigkeiten bereiten."[37]

Es hilft nicht viel. Ein Beispiel aus der Präsidentenzeit von Richard Vogelsang: „Wegen unüberbrückbarer Meinungsverschiedenheiten mit dem Präsidium wegen Aufgaben, Rechten und Pflichten des Schatzmeisters und der akuten Bedrohung meiner Person durch den Präsidenten ... lege ich hiermit mein Amt als Vizepräsident und Schatzmeister nieder", telegrafiert Harry Conradi bald nach seiner Wahl 1976.

Er stellt gegen Präsident Vogelsang einen „Misstrauensantrag: Unfähigkeit zur demokratischen Verbandsführung".[38]

---

37 Protokoll des „Handlungsausschusses" des BVS vom 28. November 1973.
38 Schreiben vom 10. Juli 1976 und Telegramm vom 12. Juli 1976 von Harry Conradi an den BVS.

Die Zeitschrift „Der öffentlich bestellte und vereidigte Sachverständige"

Im April 1974 erscheint im Münchener Verlag Neuer Merkur im grünen Gewand Heft 1 der Zeitschrift „Der öffentlich bestellte und vereidigte Sachverständige – Offizielles Organ des Bundesverbandes der öffentlich bestellten und vereidigten Sachverständigen (BVS) e. V. und seiner Landesverbände". Chefredakteur ist der Verleger Edgar Bissinger, Leiter des Redaktionsbeirats ist der damalige BVS-Vizepräsident Richard Vogelsang. Bundeswirtschaftsminister Dr. Hans Friderichs, Bundesjustizminister Dr. Gerhard Jahn und DIHT-Präsident Wolff von Amerongen steuern Grußworte bei.

Präsident Norkauer nennt die Gründe für die Herausgabe einer eigenen Zeitschrift: „Wir wollen die Möglichkeit schaffen, alle Interessenten nicht nur über die Probleme unseres Verbandes und die Darlegung unserer berufsständischen Anliegen zu unterrichten, sondern auch fachliche Probleme zur Diskussion stellen, Erfahrungen austauschen und vor allem auch Probleme der Gerichtspraxis und der Rechtsprechung erörtern".

Inzwischen besteht die Zeitschrift mehr als dreißig Jahre, hat den Kampf des BVS für die Sachverständigen publizistisch immer unterstützt. Häufig hat sie den Verleger gewechselt, was ihr nicht immer gut bekommen ist. 1984 – zum Beginn des zweiten Jahrzehnts des 'Der öffentlich bestellte und vereidigte Sachverständige' – stellt Präsident Altmeier fest, dass das Blatt „heute als Fachzeitschrift und als Sprachrohr der öffentlich bestellten und vereidigten Sachverständigen nicht mehr wegzudenken und unentbehrlich geworden ist".[39]

Seit 2004 wird diese Zeitschrift nun beim C. H. Beck-Verlag in Frankfurt erstellt und hat sich damit in die Publikationen eingereiht, die sich mit rechtlichen Dingen im Zusammenhang mit dem Sachverständigenwesen beschäftigen.

---

39   DS 1-2/84, S. 4.

BVS-Jahreshauptversammlung 1974

Präsident Norkauer berichtet über Gespräche mit dem Bundesjustizministerium wegen der Novellierung des ZSEG, über Verhandlungen mit dem Bundeswirtschaftsministerium wegen eines Sachverständigengesetzes: „Das Justizministerium ist bereit, ein Sachverständigengesetz zu erlassen, wenn hier Einigkeit mit dem Wirtschaftsministerium besteht". Aber damals wie heute gilt: Das Bundeswirtschaftsministerium ist gegen ein Sachverständigengesetz.

Der Präsident des Oberlandesgerichts Braunschweig, Rudolf Wassermann, spricht über „Anforderungen an den Sachverständigen im sozialen Rechtsstaat": „Der Sachverständige wird im künftigen Gerichtsverfahren eine noch größere Rolle spielen als bisher. Für diese Machtverlagerung sind die zunehmende Komplizierung der Gerichtssachen und die gestiegenen Gerechtigkeitserwartungen in der Gesellschaft verantwortlich. Neben einer besseren Qualifikation ist die eindeutige Festlegung der Verantwortlichkeit für ein Gutachten und eine rechtskundliche Schulung der Sachverständigen notwendig".

25 Jahre LVS Bayern

Der älteste Mitgliedsverband des BVS, der LVS Bayern, feiert 1974 in München unter der Präsidentschaft von Günter Heyn repräsentativ sein 25jähriges Bestehen. Präsident Norkauer dankt in seiner Rede dem LVS für seine „Initiative" zur Gründung des BVS. Der (später ermordete) Generalbundesanwalt Siegfried Buback betont in einem schriftlichen Grußwort, dass „zu keiner Zeit der Staatsanwalt bei der Erfüllung seiner Aufgaben mehr auf die Hilfe versierter Sachverständiger angewiesen war als heute".

Der bayerische Justizminister Dr. Philip Held hält die Festrede: „Die Bedeutung des Sachverständigen für alle Bereiche des öffentlichen Lebens ist in dem Vierteljahrhundert seit der Gründung des Verbandes außerordentlich gewachsen. Die Entwicklung der Naturwissenschaften und der Technik, die Vervielfachung des menschlichen Wissens und die dadurch bedingte zunehmende Spezialisierung erfordern in Politik, in Wirtschaft und Verwaltung, aber auch in Gesetzgebung und Rechtsprechung immer mehr fachkundige Hilfe des Sachverständigen."

Held erinnert an die bayerische Gerichtsordnung von 1753, „der Codex iuris bavarici erwähnt im Kapitel 12 § 3 den Sachverständigen". Held kommt zu dem Ergebnis: „Die Verantwortung des Sachverständigen ist nicht geringer als die des Richters."

Schwierigkeiten mit dem ZSEG 1975-77

Der Regierungsentwurf einer ZSEG-Novelle und der BVS-Wunsch nach einem Sachverständigengesetz stehen im Mittelpunkt der BVS-Gespräche in Bonn und der Beratungen in den BVS-Gremien seit 1975.

Die ZSEG-Novelle bereitet Schwierigkeiten. Syndikus Dr. Grill: „Nachdem mit dem Bundesjustizministerium ein zwar nicht ausreichender, aber immerhin lindernd wirkender Gesetzentwurf erarbeitet werden konnte, hat sich der Bundesfinanzminister dem Vorhaben dadurch in den Weg gestellt, dass er das Bundesministerium für Justiz aufforderte nachzuweisen, wie die Länderhaushalte die durch die Erhöhung der Sachverständigenentschädigung entstehenden Mehrkosten decken würden".[40]

Schließlich können die Bedenken des Bundesfinanzministers überwunden werden. Die von der Bundesregierung vorgeschlagene Erhöhung des Stundensatzes auf 20 DM bis 50 DM findet im Ersten Durchgang jedoch nicht die Zustimmung des Bundesrates, er hält eine Erhöhung auf 15 DM bis 45 DM für ausreichend.

Bei Auseinandersetzungen um die Erhöhung der Stundensätze zeigt sich auch in Zukunft immer wieder, dass das Bundesjustizministerium entgegenkommend ist, die Länder aber Schwierigkeiten machen, weil sie nach ihren Berechnungen jeweils zu 50 Prozent die Kosten der Sachverständigenentschädigung tragen müssen.

Zur Novellierung des ZSEG und der Erhöhung der Stundensätze beschließt der BVS-Beirat, dass „alle Landesverbände erneut ggf. erstmalig an ihre Landesministerien (Justiz, Wirtschaft und Finanzen) herantreten sollen". Dieser Beschluss wird allerdings nur von einem Teil der Landesverbände befolgt. Der Kontakt von vielen Landes-

---

40 DS 7-8/75, S. 198.

verbänden zu ihren Landesregierungen und Landtagen ist zu schwach.

Die ZSEG-Novelle wird jedoch letztlich – nach einem Verfahren vor dem Vermittlungsausschuss zwischen Bundestag und Bundesrat – vom Bundestag verabschiedet und findet im Zweiten Durchgang auch die Zustimmung des Bundesrats. Sie tritt am 1. Januar 1977 in Kraft.

Bei dem gewünschten Sachverständigengesetz hält das Bundeswirtschaftsministerium eher die Zuständigkeit des Bundes als der Länder für gegeben. Der BVS-Beirat beschließt, dass „ein Gesetzentwurf mit Begründung auszuarbeiten ist". Ein solcher Gesetzentwurf ist allerdings in den Akten nicht zu finden.

Präsident Norkauer bemüht sich bei den Kammern um die Mitwirkung von geeigneten Sachverständigen „in den bestehenden oder teilweise noch zu bildenden Sachverständigenausschüssen der Industrie- und Handelskammern, um unsere nicht unbedeutenden Erfahrungen auf dem Gebiet der Sachverständigen-Anforderungen und -Leistungen in den Betrachtungskreis der Beurteilung bei öffentlichen Bestellungen und Vereidigungen einbringen zu können."

Bei der Jahreshauptversammlung 1975 richtet der LVS Nordrhein-Westfalen unter seinem Vorsitzenden Richard Vogelsang in der Godesberger Stadthalle einen Sachverständigenkongress aus, der mit Kundgebung, Plenarsitzungen und Fachtagungen ein reichhaltiges Programm bietet. „Das Sachverständigenwesen wird sich vor der breiten Öffentlichkeit am Sitz unserer Bundesregierung manifestieren", schreibt Vogelsang in der Einladung. Vogelsang und Norkauer sprechen auf der Kundgebung. „Die Sachverständigen als vierte Kraft" neben Justiz, den Bestellkörperschaften und der Versicherungswirtschaft, fordert Vogelsang. „Es ist wichtig, dass die Grundlage der Bestellung und die Tätigkeit des Sachverständigen gesetzlich geregelt werden", verlangt Norkauer.

BVS-Jahreshauptversammlung 1976

Von Präsident Norkauer wechselt die Stabführung 1976 zu Präsident Vogelsang. Die Delegierten der Landesverbände versammeln sich zur Jahreshauptversammlung auf der malerischen Burg Gutenfels bei Kaub am Rhein. Präsident Norkauer gibt seinen Rechenschaftsbericht ab und kandidiert nicht wieder für das Amt des Präsidenten. Ihm wird Entlastung erteilt und Dank für seine achtjährige Arbeit ausgesprochen. „Der scheidende Präsident", so heißt es später im *Sachverständigen*, „hat in ungewöhnlichem Maße seine Berufs- und Freizeit geopfert, um der Sache der öffentlich bestellten und vereidigten Sachverständigen zu dienen".[41]

In die Amtszeit von Präsident Norkauer fallen die ZSEG-Novellen von 1969 und von 1977, die den Präsidenten stark in Anspruch genommen haben.

Für das Amt des Präsidenten kandidieren Dr. Heinrich Groh jr. und Richard Vogelsang. Während Dr. Groh jr. als Sohn des Gründungspräsidenten sowie als langjähriger Vizepräsident und Schatzmeister des BVS den Delegierten wohlbekannt ist, ist Richard Vogelsang, graduierter Ingenieur und Sachverständiger „für kaufmännische, technische und Bewertungsfragen von textilen Flächengebilden" in Krefeld, noch relativ unbekannt. Sein Versprechen, den BVS in eine neue Ära zu führen, entspricht jedoch der Stimmung der Versammlung. Bei der Wahl bekommt Dr. Groh 17 Stimmen, Vogelsang wird mit 23 Stimmen neuer Präsident des BVS.

Vizepräsidenten werden die Diplom-Ingenieure Bernhard Schmeling aus Bayern und Hans Volze, der hessische Landesvorsitzende. Das Amt des Schatzmeisters übernimmt der schon genannte Harry Conradi. In den Jahren von Präsident Altmeier wird sich Volze der Anpassung der Honorarordnung für Architekten und Ingenieure HOAI an die wirtschaftliche Entwicklung besonders annehmen.

---

41   DS 7-8/76, S. 197.

Präsident Richard Vogelsang im Gespräch (Foto von 1978)

Präsident Richard Vogelsang 1976-1978

Präsident Vogelsang („der unselige Krieg sah mich als Frontoffizier") legt sein Programm dar: „Darstellung als Interessenvertreter aller öffentlich bestellter und vereidigter Sachverständiger – Offenheit als kompetenter Gesprächspartner für alle wirtschaftlichen und politischen Stellen – Wahrung und Verbesserung des Ansehens der öffentlich bestellten und vereidigten Sachverständigen. Dazu sind erforderlich: Vergrößerung des Mitgliederstandes – Erhaltung des Niveaus der Zeitschrift – Ausdehnung der Gespräche und Kontakte mit Behörden, Gerichten und Kammern – Wirkung im politischen Bereich bei allen Parteien in Bund und Ländern – Nutzung der Medienwirkung von Fernsehen, Rundfunk und Presse – Intensivierung der Sachverständigenbildung – Die verstärkte Präsenz des Verbandes in Bonn ist dazu unerlässlich."

Eine Anfrage an die Bundesregierung

Präsident Vogelsang hat Kontakt mit dem SPD-Bundestagsabgeordneten Dr. Karl-Heinz Stienen, der später fraktionslos wird. 1975 richtet Stienen eine umfangreiche Anfrage an die Bundesregierung, in der er sich nach Stellung, Qualität, Unabhängigkeit und Honorierung der Sachverständigen erkundigt. Das besondere Augenmerk richtet Stienen in seinen Fragen auf die Rolle der Versicherungen. Zu dieser Zeit regiert in Bonn die sozialliberale Koalition unter Bundeskanzler Helmut Schmidt.[42]

SPD-Bundesfinanzminister Dr. Hans Apel antwortet, dass „es richtig ist, dass Versicherungsunternehmen häufig mit einem bestimmten freiberuflichen Sachverständigen zusammenarbeiten, weil sie einen guten Eindruck von dessen fachlicher Qualifikation gewonnen haben … In derartigen Fällen wird jedoch von Seiten des Bundesaufsichtsamtes für Versicherungswesen BAV darauf geachtet, dass zur Wahrung der Belange des Geschädigten das Abhängigkeitsverhältnis offengelegt wird. Zu diesem Thema ist es bisher nur vereinzelt zu Beschwerden gekommen …"[43]

FDP-Bundeswirtschaftsminister Dr. Hans Friderichs weist darauf hin, dass aufgrund der Sachverständigenordnungen der Industrie- und Handelskammern sowie der Handwerkskammern „das Verfahren bei der Bestellung und Vereidigung von Sachverständigen weitgehend vereinheitlicht sein wird."[44]

Zur Frage der Qualifikation der Sachverständigen bestreitet der Minister, dass sich „konkrete Anhaltspunkte dafür ergeben haben, dass Sachverständige ohne eingehende Prüfung ihres Fachwissens bestellt werden". Zur Frage der Unabhängigkeit von Sachverständigen führt der Minister aus, dass man die Gefahr der Abhängigkeit „nicht dadurch verringern kann, dass man Bestellung und Überwachung des Sachverständigen von den Selbstverwaltungskörperschaften der Wirtschaft auf Organe der unmittelbaren Staatsverwaltung überträgt … Selbstverständlich geht es nicht an, dass Versicherungen als Mitglieder der Industrie- und Handelskammern unsachgemäßen Einfluss auf die Bestellung von Sachverständigen nehmen. Der DIHT hat mir jedoch versichert, dass dies in keiner Weise möglich sei."

Zur Frage der Fortbildung erinnert der Minister daran, dass jeder Sachverständige verpflichtet ist, sich „auf dem Sachgebiet, für das er öffentlich bestellt und vereidigt ist, fortzubilden". Eine zentrale Institution für Fortbildung lehnt der Minister ab.[45]

---

42 DS 3/76, S. 68/69.
43 DS 9/76, S. 237/238.
44 DS 10/76, S. 268/269.
45 ebenda.

Stienen schreibt noch einmal an den Bundesfinanzminister, scheidet aber mit dem Ablauf der Legislaturperiode im Dezember 1976 aus dem Deutschen Bundestag aus.

1977/78 steht das Sachverständigenwesen auf der Tagesordnung der Fragestunde des Parlaments. Der SPD-Abgeordnete Adolf Scheu erkundigt sich nach einem „Berufs-, mindestens jedoch einem Titelschutz" für öffentlich bestellte und vereidigte Sachverständige. Der Parlamentarische Staatssekretär beim Bundeswirtschaftsminister Martin Grüner erwidert, dass der „Missbrauch der Bezeichnung 'öffentlich bestellter Sachverständiger' bereits durch das Strafgesetzbuch StGB unter Strafe gestellt ist ... Eine weitergehende Regelung des Berufsrechts der Sachverständigen hält die Bundesregierung nicht für erforderlich ..."

Die SPD-Abgeordnete Frau Dr. Anke Martiny-Glotz fragt die Bundesregierung, ob sie „in Zukunft neben den Sachverständigen des TÜV den öffentlich bestellten und vereidigten Sachverständigen stärkere Zuständigkeiten einräumen wird, z. B. bei der Verordnung zur Änderung der Dampfkesselverordnung, Druckgasverordnung, Aufzugsverordnung, Verordnung über elektrische Anlagen usw., um einer Monopolisierung der TÜV im Interesse eines möglichst wirksamen Verbraucherschutzes entgegenzuwirken?" Die Themen des späteren Gerätesicherheitsgesetzes kündigen sich an. Der Parlamentarische Staatssekretär beim Bundesminister für Arbeit und Sozialordnung, Hermann Buschfort, verteidigt das Prüfmonopol der Technischen Überwachungsvereine: „An dem bestehenden System sollte im Interesse eines wirksamen Verbraucherschutzes nichts geändert werden".[46]

Der BVS feiert die ZSEG-Novelle von 1977 als seinen Erfolg, nimmt aber Anstoß an der Abrechnungspraxis der Kostenbeamten der Gerichte. Schon wenige Wochen nach dem Inkrafttreten des Gesetzes beklagt sich Präsident Vogelsang bei Bundesjustizminister Dr. Hans-Jochen Vogel, wird aber abschlägig beschieden: „Klagen darüber, dass das ZSEG nicht im Sinne der neuen Bestimmungen gehandhabt werde, sind mir von anderer Seite noch nicht zugegangen. Wenn im Einzelfall ein Sachverständiger der Auffassung ist, keine dem Gesetz entsprechende Entschä-

---

46 Bundestagsprotokolle vom 25. November 1977 und 19. April 1978.

digung erhalten zu haben, wird es sich empfehlen, den Antrag auf gerichtliche Festsetzung der Entschädigung zu stellen und gegebenenfalls auch von dem Rechtsmittel der Beschwerde Gebrauch zu machen …".[47]

Die Arbeit der Jahre 1976-1978

Richard Vogelsang ist ein politischer Präsident, die Berufspolitik liegt ihm am Herzen, aber es fehlt ihm am richtigen Maß. In Statur, Gesichtszügen und Umgangsformen erinnert Vogelsang an einen großen Korsen, viele nennen ihn den „kleinen Napoleon". Die großen Erwartungen, die der BVS in den neuen Präsidenten gesetzt hat, erfüllen sich allerdings nicht. Zwar lässt der Präsident es nicht an Aktivitäten fehlen, führt Gespräche, schreibt Briefe, reist herum, aber Ergebnisse sind selten. Der BVS beklagt die Unsicherheit des Sachverständigenwesens, kommt aber in der Frage eines Sachverständigengesetzes keinen Schritt weiter. Vogelsang fordert eine „Kammer der Sachverständigen", stößt hier aber auf die eisige Ablehnung des DIHT.

Vogelsang will die Fortbildung der Sachverständigen verstärken, aber die von ihm gegründete Technische Akademie Wuppertal kommt nicht richtig auf die Beine. Der BVS verlangt eine Beschränkung der Sachverständigenbestellung auf die Industrie- und Handelskammern, die Handwerkskammern und die Landwirtschaftskammern, versucht und erreicht aber in den dafür zuständigen Ländern nichts. Man wendet sich gegen die „freien" Sachverständigen, kann aber wegen der grundgesetzlich verankerten „Berufsfreiheit" deren Anwachsen nicht verhindern. Man zieht gegen die „Prüfmonopole" der amtlich anerkannten Überwachungsorganisationen zu Felde, kann sie aber nicht brechen.

Im Verband selbst gibt es mit Landesverbänden und Fachgruppen Probleme in der Zusammenarbeit. Zudem ergibt sich eine Eintrübung des Verhältnisses zum wichtigsten Partner des BVS, dem DIHT, in dem die für die Sachverständigenbestellung zuständigen regionalen Industrie- und Handelskammern zusammengeschlossen sind.

---

47 DS 4/77, S. 100.

Die Geschäftsstelle: von München über Bonn nach Berlin

1977 wird Realität, was der BVS lange Jahre diskutiert hat: die Vertretung in Bonn. „Der Bundesverband öffentlich bestellter und vereidigter Sachverständiger hat ab 1. Oktober 1977 einen Bevollmächtigten in der Bundeshauptstadt. Dietrich-Wilhelm Rollmann, 17 Jahre Mitglied des Deutschen Bundestages, wird Bevollmächtigter des Verbandes in Bonn".[1] 1978 folgt der Umzug der Geschäftsstelle von München nach Bonn in die Godesberger Allee 54 – in ein kleines Zimmer beim Bundesverband der Freien Berufe im Hartmannbund-Haus, einem Bürogebäude aus den sechziger Jahren. Dietrich Rollmann wird für die nächsten Jahrzehnte faktisch Geschäftsführer des BVS, ohne in dieses Amt formell jemals berufen zu sein. 1978 wird Frau Ingrid Flehmig für 20 Jahre Sekretärin des BVS. In ihrer unnachahmlichen Mischung von Damenhaftigkeit und Tüchtigkeit verkörpert sie die Jahrzehnte der BVS-Geschäftsstelle in Bonn. Beim Abschiedsempfang für Frau Flehmig wird noch einmal das Ausmaß der Wertschätzung deutlich, das ihr im BVS entgegengebracht worden ist. Frau Flehmig scheidet 1998 aus ihrem, Dietrich Rollmann 2002 aus seinem Amt. Er wird Ehrenmitglied des BVS. Präsident Staudt nimmt die Sachverständigenpolitik nun selbst in die Hand.

Das Bonn jener Jahre ist nicht mehr und noch nicht wieder jener „Wartesaal für Berlin", als das es John le Carré („Der Spion, der aus der Kälte kam") in seinem Bonn-Roman „Eine kleine Stadt in Deutschland" bezeichnet hat. Bonn hat sich gut mit seiner Rolle als „provisorische Bundeshauptstadt" abgefunden. Viele ersehnen weiterhin die Wiedervereinigung Deutschlands, aber kaum einer glaubt noch an sie in baldiger Zukunft.

Die Geschäftstelle des BVS liegt an der Allee, die Bonn vom kurfürstlich-erzbischöflichen Schloss am Koblenzer Tor bis zu den wilhelminischen Villen von Bad Godesberg durchzieht – an den Ämtern, Ministerien und Botschaften vorbei. Von hier aus wird jetzt Politik für den BVS gemacht.

1993 bekommt der BVS mit Rechtsanwalt Wolfgang Jacobs erstmalig einen hauptamtlichen Geschäftsführer. In den folgenden Jahren werden Rollmann und Jacobs manche politisch-parlamentarische Schlacht gemeinsam schlagen.

1998 gehen 20 Jahre BVS in Bonn zu Ende. Mit der Übersiedelung von Regierung und Parlament in die Bundeshauptstadt Berlin zieht auch die BVS-Geschäftsstelle nach Berlin in die Lindenstr. 76 um – in das „Expert-Center", aus dem – gedacht als gemeinsames Hauptquartier von Sachverständigenorganisationen – leider nichts werden sollte. Das Bild der Geschäftsstelle wird dort durch Frau Saskia Rummer präsentiert. 2006 erarbeitet sie eine beachtenswerte „Vorstellung" des BVS.

---
1   DS 9/77, S. 248.

Als Rechtsanwalt Dr. Peter Bleutge, der über Jahrzehnte die Sachverständigenpolitik des DIHT prägt, im „Sachverständigen" einen Beitrag „Der öffentlich bestellte und vereidigte Sachverständige – Funktion und Inhalt seiner Berufung" schreibt,[48] wird sein Beitrag durch „Anmerkungen" des von Vogelsang geleiteten Redaktionsbeirates „korrigiert": Der Verfasser „hebt zu sehr die Pflichten des Sachverständigen, nicht jedoch seine Rechte hervor ... Der BVS fordert die Bestellungsbehörden auf, nicht nur Pflichten und Überwachungsfunktion im Zusammenhang mit den Sachverständigen zu sehen, sondern deren Rechte und die Verbesserung ihrer Rechtsstellung im gerichtlichen und außergerichtlichen Bereich zu verbessern [sic] und nachhaltig nach außen zu vertreten."[49]

Auseinandersetzung um die Altersgrenze

Die Altersgrenze – bis zu welchem Alter können Sachverständige letztmalig öffentlich bestellt werden? Mit welchem Alter erlischt endgültig die Bestellung? Über diese Frage entwickelt sich 1977 eine Kontroverse zwischen dem BVS und dem DIHT. Syndikus Dr. Grill moniert in einem Schreiben an den DIHT, dass nach der Mustersachverständigenordnung des DIHT von 1973 die Industrie- und Handelskammern andere Altersgrenzen festgesetzt haben als andere Bestellungskörperschaften, und sieht darin eine „Ungleichbehandlung".[50]

Der DIHT erwidert: „Wir halten die Altersgrenze für öffentlich bestellte Sachverständige nach wie vor für notwendig, um in der Öffentlichkeit das Vertrauen in die besondere Qualität der Sachverständigen und ihrer Gutachten zu festigen. Die Einführung der Altersgrenze dient dem Zweck, die mit der Bestellung zum vereidigten Sach-verständigen verbundene Qualifikation denjenigen Personen vorzubehalten, die auch von ihrem Alter her offensichtlich in der Lage sind, allen Anforderungen zu genügen."[51]

Der DIHT lehnt eine neue Befassung mit dieser Frage ab. Das Präsidium des BVS ist damit nicht zufrieden und hofft, „dass jede einzelne Industrie- und Handelskammer un-

---

48 DS 4/77, S. 101 ff.
49 DS 4/77, S. 106.
50 DS 7-8/77, S. 196.
51 DS 7-8/77, S. 196-197.

serem im Interesse der vereidigten Sachverständigen vorgetragenen berechtigten Hinweis Rechnung trägt".[52]

Ende 1977 veröffentlicht Präsident Vogelsang in der Zeitschrift einen „Rückblick und Ausblick über Entwicklungstendenzen im Sachverständigenwesen", in dem wiederum höchst kritisch mit dem DIHT umgegangen wird: „Eine Heilung von Versäumnissen können wir seitens des DIHT leider nicht erkennen, da seine Initiativen in den meisten Fällen in eine falsche Richtung geführt haben. Die Gegenansicht zum dringend erforderlichen Titelschutz der Sachverständigen, die aus einer bestimmten Stelle des DIHT schon seit Jahren feststellbar ist, liegt scheinbar in den differierenden Interessen, die diese Institution zu vertreten hat".[53]

Es ist eine wortreiche, aber magere Bilanz, die Präsident Vogelsang auf der Jahreshauptversammlung des BVS 1977 vorlegen kann, sie wird ihm jedoch abgenommen. „Die Delegiertenversammlung schloss mit einem Dank für die bisherige Arbeit des Präsidiums. Die Landesverbände versprachen ihre volle Unterstützung zur Durchsetzung der Ziele des BVS".[54] Auf der Versammlung wird Hans-Jörg Altmeier, der Vorsitzende des LVS Rheinland-Pfalz, zum weiteren Vizepräsidenten gewählt. Armin Welter wird Schatzmeister für den zurückgetretenen Harry Conradi.

Die Gründung der GTÜ Gesellschaft für technische Überwachung 1977

In der Sitzung des Verbandsbeirats im Oktober in München berichtet der Vorstand, „dass eine GTÜ GmbH (Gesellschaft für technische Überwachung in Gründung) vorbereitet und unterzeichnet sei. Die Stellung des TÜV könne nur durch eine starke Gegenorganisation geschwächt werden, was in Teilbereichen durch die GTÜ möglich wird". Der Beirat fasst den „einstimmigen Beschluss, die Gründung der GTÜ zu genehmigen". Damit ist die Grundlage für die große Organisation freiberuflicher Kfz-Sachverständiger gelegt, die die GTÜ heute ist.

---

52 DS 7-8/77, S. 197-198.
53 DS 12/77, S. 344-346.
54 DS 6-7/77, S. 165.

In den achtziger Jahren bauen die Verbände der freiberuflichen Kfz-Sachverständigen – der Bundesverband öffentlich bestellter und vereidigter sowie qualifizierter Sachverständiger BVS, der Bundesverband der freiberuflichen und unabhängigen Sachverständigen für das Kraftfahrzeugwesen BVSK und die Arbeitsgemeinschaft der DAT-Vertragspartner AGS-DAT – die GTÜ zu einer von ihnen gemeinsam getragenen Gesellschaft aus und übernehmen je zu einem Drittel das Gesellschaftskapital von DM 51 000. Zum Geschäftsführer wird Dr. Henner Hörl bestellt. Mit ihm beginnt der Aufstieg der GTÜ. In einem Interview mit der Zeitschrift „der freie beruf" erklärt Dr. Hörl: „Die GTÜ ist als Überwachungsorganisation der freien Sachverständigen gegründet worden, um für die freien Sachverständigen die Überwachung von Kraftfahrzeugen zu organisieren".[55]

Die GTÜ schließt Partnerschaftsverträge mit Kfz-Sachverständigen, die zu Prüfingenieuren fortgebildet werden. Im Namen und auf Rechnung der GTÜ nehmen diese Sachverständigen dann die Kfz-Überwachung nach § 29 StVZO vor.

Was gehört heute zum Leistungsspektrum der GTÜ? Die Vornahme von Hauptuntersuchungen und von Abgassonderuntersuchungen, die Bestätigung über die Ordnungsmäßigkeit von An- und Einbaumaßnahmen in Kraftfahrzeugen, Gutachten über Unfallschäden und den Wert von Kraftfahrzeugen, Baubegleitende Qualitätsüberwachung BQÜ bei der Planung und Erstellung von Bauvorhaben, die durch den persönlichen Einsatz des Präsidenten Michael Staudt in der GTÜ im Jahre 2001 etabliert wurde.

Helge-Lorenz Ubbelohde, Leiter des BVS-Bundesfachbereichs Bauwesen, der bei der BQÜ eine wichtige Rolle spielt, bezeichnet es als Ziel der BQÜ, „die am Bau Beteiligten im Hinblick auf ein Höchstmaß an Qualität zu organisieren und während des Baugeschehens sich abzeichnende Mängel unmittelbar zu korrigieren".

Nach mühevollen Diskussionen öffnet sich die GTÜ über den Kfz-Bereich hinaus für weitere Fachbereiche. In der Gegenwart dehnt die GTÜ mit ihrem Geschäftsführer Rainer de Biasi die Tätigkeit der GTÜ auf die Prüfung über-

---

55 der freie beruf 6/81, S. 27.

wachungsbedürftiger Anlagen nach dem Geräte- und Produktsicherheitsgesetz aus.

BVS-Jahreshauptversammlung 1978

Im Laufe des Jahres macht sich in den Landesverbänden Unmut über die Amtsführung von Präsident Vogelsang breit. „Die Landesverbände schwebten in einem absoluten Informationstief … Für die Belange der einzelnen LVS fehlte es Präsident Vogelsang an jeglichem Verständnis und Fingerspitzengefühl, wobei er auf abweichende Meinungen – wenn überhaupt – mit persönlichen Diffamierungen oder nebulösen Drohungen antwortet …", heißt es in einem Positionspapier des LVS Bayern. „Monate-lange Versuche, Herrn Vogelsang zu einer demokratischeren und durchschaubareren Verbandsführung und einer verbindlicheren Politik nach außen umzustimmen, waren gescheitert". Der LVS Bayern beklagt, dass „das Verhältnis zum DIHT und den meisten regionalen Industrie- und Handelskammern am absoluten Gefrierpunkt angelangt ist." [56]

So nimmt es denn kein Wunder, dass der LVS Baden-Württemberg für die Jahreshauptversammlung 1978 den Antrag stellt: „Der amtierende Präsident des BVS möge zurücktreten, bzw. abgewählt werden". In der Begründung des Antrages heißt es: „Der Präsident hat eine unerträgliche Konfrontation mit dem DIHT herbeigeführt mit der direkten Folge, dass die bisher harmonische Zusammenarbeit mit den Industrie- und Handelskammern in Baden-Württemberg nachhaltig gestört worden ist. Die Arbeit von Jahren droht zusammenzubrechen". Der Antrag findet die Unterstützung mehrerer Landesverbände.

Es ist eine spannungsgeladene Atmosphäre, in der sich die Delegierten der Landesverbände am 26. Mai 1978 in Malente/Holstein zur Jahreshauptversammlung treffen. Zum ersten Mal in der Geschichte des BVS steht ein Antrag auf Abwahl des Präsidenten auf der Tagesordnung einer Jahreshauptversammlung. Keiner, der dabei war, wird diesen Tag jemals vergessen.

Der Rechenschaftsbericht des Präsidenten findet kaum Aufmerksamkeit. Alles Interesse ist auf den Antrag auf Abwahl des Präsidenten gerichtet. Anhänger und Widersacher des

---

56   BVS-Vorstandsreport vom 9. August 1978.

Präsidenten melden sich zu Wort. Argumente werden gewechselt, Emotionen kochen hoch. Schließlich findet der Antrag von Baden-Württemberg mit 22 Stimmen gegen 20 Stimmen eine knappe Mehrheit: Präsident Vogelsang ist abgewählt. Aus Solidarität mit dem Präsidenten erklären Vizepräsident Schmeling und Schatzmeister Welter ihren Rücktritt.

Unter den Delegierten macht sich Ratlosigkeit breit. Wie soll es weitergehen? Eine Neuwahl des Präsidiums steht nicht auf der Tagesordnung. Syndikus Dr. Grill plädiert für einen gerichtlich eingesetzten „Notvorstand". Dietrich Rollmann stellte fest: „Mit einem ‚Notvorstand' brauchen wir in Bonn gar nicht erst anzutreten, Vizepräsident Altmeier soll die Führung übernehmen." Schließlich verständigt sich der BVS-Beirat auf eine Neuwahl des Präsidiums.

Präsident Hans-Jörg Altmeier 1978-1991

Hans-Jörg Altmeier („ich will es doch gar nicht machen") wird von der Jahreshauptversammlung mit 24 Ja-Stimmen bei 3 Neinstimmen und 11 Enthaltungen zum neuen Präsidenten gewählt. Vizepräsidenten werden Klaus Baréz, der Landesvorsitzende von Baden-Württemberg, und Klaus Gassner, der Landesvorsitzende von Niedersachsen-Bremen. Gassner wird Schatzmeister eines „Schatzes", den es vorerst gar nicht gibt. Baréz übernimmt die Zuständigkeit für die Zeitschrift „Der Sachverständige" und behält sie bis 1990. Ihm vor allem ist das Überleben der Zeitschrift in dieser Zeit zu danken. „Ich sehe nur noch grün, grün, grün", ruft Frau Baréz erbittert aus, als wieder einmal Mengen von grünen Sachverständigenzeitschriften die häusliche Wohnung überschwemmen.

„Der in Malente neu gewählte Vorstand des BVS bietet alle Gewähr, die früheren Fehler auszugleichen und eine zielbewusste Politik im Sinne der aktuellen Interessen der öffentlich bestellten Sachverständigen zu gewährleisten", verkündet das neue Präsidium.

Vogelsang respektiert seine Abwahl nicht. „Um zielstrebig die berufspolitischen Belange zu vertreten", gründet er mit dem von ihm noch geführten LVS Nordrhein-West-

Allgemeine Geschäftsbedingungen für Gutachten beim Kartellamt angemeldet

Auf Wunsch des BVS entwirft Dr. Bleutge 1978 „Allgemeine Geschäftsbedingungen für die Erstattung von Gutachten durch öffentlich bestellte und vereidigte Sachverständige nebst entsprechendem Vertragsmuster". Sie werden von Vorstand und Beirat beraten, beschlossen und beim Bundeskartellamt angemeldet. Mit der Bekanntmachung 18/81 vom 10. Februar 1981 des Bundeskartellamtes tritt die Anmeldung in Kraft. Diese Allgemeinen Geschäftsbedingungen behalten ihre Gültigkeit bis zum 31. 12. 2001.

Soweit davon Gebrauch gemacht wird, vereinfachen diese „Allgemeinen Geschäftsbedingungen" die Beziehungen zwischen den Sachverständigen und ihren privaten Auftraggebern und stellen sie auf eine einwandfreie Rechtsgrundlage.

Rechtsanwalt Dr. Harald Volze, der Syndikus des LVS Hessen, legt 1991 das „Muster eines Schiedsgutachtervertrages" vor.[1] Die Rolle des Sachverständigen als Schiedsrichter wird immer bedeutungsvoller. „Vereinbaren die Parteien für den Fall eines Konfliktes eine Schiedsgerichtsbarkeit", schreibt Elisabeth Jackisch im Sachverständigen,[2] „so hat dies den Vorteil, dass unter Mitwirkung von Sachverständigen und Juristen schnell und preisgünstig eine vollstreckbare Entscheidung getroffen werden kann". Das Schiedsgericht des Waren-Vereins der Hamburger Börse besteht seit mehr als 100 Jahren.

1995 lässt Dr. Volze das „Muster eines Vertrages einer Partnerschaftsgesellschaft" folgen.[3] Die Rechtsform der Partnerschaftsgesellschaft wird für die gemeinschaftliche Berufsausübung auch von Sachverständigen immer wichtiger. Es bedurfte massiver Überzeugungsarbeit durch Herrn Rollmann und Herrn Jacobs bei den zuständigen parlamentarischen Gremien und Institutionen, diese ausschließlich Freiberuflern zugängige Gesellschaftsform auch für Sachverständige zu öffnen.

---

1 DS 1-2/91.
2 DS 10/06, S. 292.
3 DS 3/95.

falen, dem LVS Schleswig-Holstein und dem LVS Berlin im Juni 1978 innerhalb des BVS den „Berufsverband der öffentlich bestellten und vereidigten Sachverständigen" und wird dessen Präsident.

Das neue BVS-Präsidium sieht in dieser Neugründung eine „Spaltung". Es bedarf der harten Arbeit über Jahre, um mit dieser „Spaltung" fertig zu werden, die Gerichtsklagen von Vogelsang abzuwehren und den Berufsverband wieder zum Verschwinden zu bringen. 1979 tritt Vogelsang als Vorsitzender des LVS Nordrhein-Westfalen zurück, im gleichen Jahr erklärt der BVS-Beirat die Mitgliedschaft im „Berufsverband" als „verbandsschädigendes Verhalten" und Vogelsang wird aus dem BVS ausgeschlossen.

Mit dem Ende von Vogelsang sind die Sturm- und Drangjahre im BVS vorbei. Von nun an werden Personen und Organe des BVS pfleglicher miteinander umgehen.

Prägende Jahre mit Präsident Altmeier

Hans-Jörg Altmeier ist ein Sohn des rheinischen Bürgertums, sein Vater war ein anerkannter Landschaftsmaler, sein Onkel der langjährige CDU-Ministerpräsident von Rheinland-Pfalz Peter Altmeier. Die Industrie- und Handelskammer Koblenz hat Altmeier zum Sachverständigen „für Betriebsunterbrechungen und die Bewertung von Unternehmen" bestellt. Er ist nicht ein Mann rascher Entschlüsse, sondern ein Freund bedächtigen Vorgehens. Er ist kein großer Redner, aber ihn zeichnet viel trockener Humor aus. Vorgänge, für die die Geschäftsstelle nicht zuständig ist, gehen zur Entscheidung durch den Präsidenten nach Koblenz, aber wenn sie dort nicht erledigt werden, wird in der Geschäftstelle über sie befunden. In Altmeiers Jahren betritt der BVS die politische Bühne in Bonn.

Bessere Beziehungen zum Deutschen Industrie- und Handelstag DIHT

Zunächst geht es um die Verbesserung des Verhältnisses zum DIHT, die dem neuen Präsidium ein besonderes Anliegen ist. Präsident Hans-Jörg Altmeier sucht den DIHT-Hauptgeschäftsführer Paul Broicher auf. DIHT-Sachverständigenreferent Dr. Peter Bleutge trifft mit dem BVS-Bevollmächtigten Dietrich Rollmann zusammen und ver-

Sonderfall Hamburg: Benennung von Sachverständigen nur von Fall zu Fall

Die Freie und Hansestadt Hamburg ist lange Jahre ein weißer Fleck auf der Landkarte des BVS: Es gibt keinen Landesverband. Die öffentliche Bestellung und Vereidigung von Sachverständigen – außer auf den Gebieten des Außenhandels und des Hafens – wird von der Hamburger Handelskammer nicht praktiziert.

Die Kammer „benennt" Sachverständige nur von Fall zu Fall. Viele Hamburger Sachverständige ließen sich von auswärtigen Kammern, der Handwerkskammer oder der Architektenkammer Hamburg öffentlich bestellen und vereidigen. Von der Hamburger Handwerkskammer sind 150 Sachverständige berufen. Hamburger Sachverständige beklagten sich, dass sie bei auswärtigen Gerichten benachteiligt sind, weil sie von der Hamburger Handelskammer nicht „bestellt", sondern nur „benannt" sind.

Schon im Herbst 1978 werden die Präsidenten Altmeier und Gassner bei der Handelskammer vorstellig, um diesen Zustand zu ändern. Ohne Erfolg.

Auf Beschluss des BVS-Beirats und im Beisein der beiden Präsidenten gründen im Frühjahr 1979 vierzehn Hamburger Sachverständige um die Diamantenexpertin Frau Elisabeth Strack den LVS Hamburg. Zum Vorsitzenden wird der Architekt Kurt H. A. Dunkelberg gewählt, Elisabeth Strack wird Stellvertreterin. Als später Harald Lange den Hamburger Landesverband führt, geht aus der Fusion der LVS Hamburg/Schleswig-Holstein hervor. Lange wird Landesvorsitzender. Die von ihm ausgerichtete Jahreshauptversammlung 2006 ist ein Glanzpunkt in der Geschichte des BVS.

Elisabeth Strack: Erfolge in der Männerwelt des BVS

Neben der Berliner Betriebsbewertungssachverständigen und Landesvorsitzenden Frau Cornelia Kretzer ist Elisabeth Strack die Frau, die es in der Männerwelt des BVS am weitesten bringt. Sie ist nicht nur stellvertretende Vorsitzende in Hamburg, sie ist auch stellvertretende Vorsitzende der BVS-Fachgruppe Kunst, Antiquitäten, Juwelen, die von Knut Günther geleitet wird. Frau Strack wird 1999 Mitglied des Präsidiums des Deutschen Kunstsachverständigentages KST. Ihr „Perlen"-Buch ist ein Standardwerk geworden. Mit den „Strack-Gemmologie-Seminaren" tut sie das Ihre zur Fortbildung der Edelsteinsachverständigen.

Auf der Jahreshauptversammlung 1991 kandidiert sie für die Nachfolge von Altmeier zum Präsidenten des BVS. Sie unterliegt der Übermacht der großen Landesverbände, die Emil A. Kolb auf den Schild heben, wird aber 1994 Vizepräsidentin des BVS.

1995 teilt die Hamburger Kammer mit, dass sie sich „schrittweise der sonst in der Bundesrepublik geübten Praxis anpassen wird … Wir werden im Herbst dieses Jahres beginnen, den sehr weiten Bereich des Bau- und Ingenieurwesens für öffentliche Bestellungen vorzubereiten".

1999 beschließt die Hamburger Kammer eine neue Sachverständigenordnung. BVS-Präsident Michael Heidl hofft, „dass die Handelskammer Hamburg die damit verbundenen Möglichkeiten nutzt, um mehr als bisher Sachverständige öffentlich zu bestellen und zu vereidigen".

> **Das Sachverständigenverzeichnis der Handelskammer von 2006**
>
> Ein Verzeichnis der öffentlich bestellten und vereidigten Sachverständigen ist dieses Werk nicht. Es steht alles durcheinander: öffentlich bestellte und vereidigte Sachverständige der Hamburger Kammer und von auswärtigen Kammern, „benannte" Sachverständige der Hamburger Kammer, im übrigen: Sachverständigenbüros, Gutachtergemeinschaften, Ingenieure, Architekten, Firmenchefs, die irgendwann einmal Gutachten abgegeben haben.

tritt in der Folgezeit den DIHT auf vielen Veranstaltungen des BVS. Bleutge und Rollmann vereinbaren einen ständigen Informationsaustausch und eine enge Zusammenarbeit in der Berufspolitik. In der Zeitschrift übernimmt Bleutge die Rubrik „Der DIHT berichtet".

Das Präsidium nimmt 1979 an einer Sitzung des Arbeitskreises Sachverständigenwesen des DIHT teil: „Die Zusammenkunft mit den Sachverständigenreferenten der Industrie- und Handelskammern ergab ein größeres Maß an Übereinstimmung als wir es erwartet hatten", schreibt Dietrich Rollmann.[57] „Wir werden in Zukunft mit den Kammern enger zusammenarbeiten als bisher: bei der Bestellung und Fortbildung, bei der Vergütung und Sicherung der Sachverständigen."

1979 gibt der DIHT den Delegierten der Jahreshauptversammlung in seinen Räumen einen Empfang, bei dem der stellvertretende Hauptgeschäftsführer des DIHT, Dr. Junge, erklärt: Zwischen BVS und DIHT „besteht kein Gegeneinander, sondern gute Zusammenarbeit, keine Doppelarbeit, sondern Arbeitsteilung, wobei wechselseitige Anregungen der gemeinsamen Sache zugute kommen."

Die Kontroversen gehören der Vergangenheit an. In den nächsten Jahrzehnten entwickelt sich eine enge Zusammenarbeit zwischen BVS und DIHT, die für den BVS immer mit dem Namen Dr. Peter Bleutge verbunden sein wird.

---

57 DS 4/80, S. 100.

BVS-Präsident Hans-Jörg Altmeier im Gespräch mit Bundespräsident Walter Scheel 1979 ...

... und mit Bundespräsident Richard von Weizsäcker 1989

Beziehungen zu den Handwerkssachverständigen und dem Zentralverband des Deutschen Handwerks ZDH

Das Verhältnis zwischen dem BVS und dem ZDH ist weniger durch Kontroversen als vielmehr durch Nebeneinander gekennzeichnet. Obwohl die Handwerkskammern fast genau so viele Sachverständige öffentlich bestellt und vereidigt haben wie die Industrie- und Handelskammern, gibt es nur wenige Handwerkskammer-Sachverständige im BVS, auf der Führungsebene des BVS sind sie kaum zu finden.

Die Handwerkssachverständigen fühlen sich gut durch ihre Kammern und Innungen vertreten. Und sie üben ihr Amt meist nur im Nebenberuf aus.

Der BVS führt Gespräche mit H. J. Aberle, Geschäftsführer im ZDH und dort für das Sachverständigenwesen zuständig, und mit dem ZDH-Sachverständigenreferenten Hans-Joachim Heck, mit dem sich dauerhaft vorzügliche Kontakte entwickeln.

Der BVS bekundet nachdrücklich sein Interesse am ZDH, den Handwerkskammern und den von ihnen bestellten Sachverständigen. Auch an einer Sitzung der Sachverständigenreferenten der Handwerkskammern nehmen Altmeier und Rollmann teil. Im Bereich der Berufspolitik ergibt sich eine ähnlich gute Zusammenarbeit mit dem ZDH wie mit dem DIHT.

Das Logo des IfS für öffentlich bestellte Sachverständige.

Fortbildung der Sachverständigen

„Der Sachverständige hat sich ständig über den jeweiligen Stand der Technik und die neueren Erkenntnisse auf seinem Sachgebiet zu unterrichten", heißt es in den „Richtlinien" zur Mustersachverständigenordnung des DIHT.

Zur Zeit des Amtsantritts von Präsident Altmeier spielt bei der Fortbildung der Sachverständigen die einstige Technische und nunmehrige Sachverständigen-Akademie GmbH Wuppertal, die vom BVS und vom LVS Nordrhein-Westfalen ins Leben gerufen worden war, eine wichtige Rolle. An ihre Stelle tritt bald das 1974 gegründete Institut für Sachverständigenwesen IfS, das von Kammern und Sachverständigenverbänden getragen wird und 1999 bereits 180 Organisationen umfasst.

Das IfS hat sich unter seinem Geschäftsführenden Vorstandsmitglied Bernhard Floter bald zum bedeutendsten Aus- und Fortbildungsträger im Sachverständigenwesen entwickelt. 1999 schafft das IfS ein „Logo" für öffentlich bestellte Sachverständige. Der BVS ist Mitglied des IfS und ständiges Vorstandsmitglied.

Die BVS-Landesverbände veranstalten mit Erfolg „Expertisen", „Foren", „Seminare", „Symposien", „Workshops" und „Fachtagungen". Und sie treiben eine eifrige Fachgruppenarbeit. Die jährlich stattfindenden „Dingolfinger

Bausachverständigentage" sind eine Gemeinschaftsveranstaltung des BVS und des LVS Bayern. Der vom LVS Thüringen mitgetragene „Thüringer Sachverständigentag" ist zu einem festen Begriff geworden.

Der BVS hat beim Amtsantritt von Präsident Altmeier nur zwei Fachgruppen: die Fachgruppe Kfz unter schnell wechselnden Vorsitzenden und die Fachgruppe Bau unter der bewährten Leitung von Dr.-Ing. Hans Eberhard Aurnhammer.

Auf der Jahreshauptversammlung 1979 wird als dritter Vizepräsident Karl Birkner, der Präsident des LVS Bayern, in das Präsidium gewählt. Birkner bekommt den Auftrag, neue Fachgruppen ins Leben zu rufen.

Mit Energie unterzieht er sich dieser Aufgabe und wird von Altmeier unterstützt: „Wichtig ist die Fachgruppenarbeit, sie muss unbedingt weiter intensiviert werden".[58] In wenigen Jahren vervielfacht sich die Zahl der Fachgruppen.

Der Aufbau von Bundesfachbereichen

In der Amtszeit von Präsident Kolb „beginnt 1991/92 die Diskussion über eine Strukturänderung der Bundesfachgruppen" in Bundesfachbereiche, berichtet Olaf Galke in seiner „Chronik der Fachbereiche des BVS". Die Errichtung von Bundesfachbereichen ist sehr umstritten, zumal sie nur durch eine Beitragserhöhung finanziert werden kann. Sie kann nur durchgesetzt werden, indem Kolb auf der Jahreshauptversammlung die „Vertrauensfrage" stellt.

Im Oktober 1993 beschließt der BVS-Vorstand eine Geschäftsordnung für die Landes- und Bundesfachbereiche.

Die Jahreshauptversammlung 1994 fasst den § 14 der BVS-Satzung neu: „Beim BVS können Fachbereiche gebildet werden, deren Aufgabe es ist, die die betreffenden Fachbereiche berührenden Sachverständigenfragen herauszustellen und Vorschläge und Wege für deren Lösung und Bearbeitung zu suchen". Die Bundesfachgruppen werden im Jahre 2001 in Bundesfachbereiche umgewandelt und bekommen einen eigenen Etat im Rahmen des BVS-Haushalts. Die Leiter der wichtigsten Bundesfachbereiche werden satzungsgemäß Vizepräsidenten des BVS.

---

58 Protokoll der Jahreshauptversammlung 1986, S. 3.

Vizepräsident Hans-Peter Gentgen betreut im Jahre 2006 schon zwölf „Bundesfachbereiche", nämlich: Architekten- und Ingenieurhonorare; Bauwesen; Betriebswirtschaft; Elektronik und EDV; Gebäudetechnik; Grundstückwertermittlung; Kraftfahrzeugwesen; Kunst, Antiquitäten, Juwelen; Maschinen, Anlagen und Betriebseinrichtungen; Schriften, Farben, Druck, Papier; Umwelt/Naturwissenschaften.

Die Umwandlung von Bundesfachgruppen in Bundesfachbereiche, die Umbenennung von Fachgruppenvorsitzenden in BVS-Vizepräsidenten hat zumindest die Bedeutung dieser Personen deutlicher herausgestellt. Es gibt eine weitere tragende Säule des Verbandes, neben den LVSen und den korporierten Verbänden im BVS.

ZSEG: Der Kampf um Stundensätze

Als Präsident Altmeier 1978 sein Amt antritt, ist die ZSEG-Novelle 1977 gerade ein gutes Jahr alt. Da diese Novelle aber als unzureichend empfunden wird, sinnt der BVS auf eine abermalige Novellierung. Den Auftakt bildet ein Artikel „Die Entschädigung des Berufssachverständigen durch die Gerichte" von Dr. Hans-Eberhard Aurnhammer im *Sachverständigen*, in dem er die Lage aufzeigt und fordert, „dass jetzt schon der DIHT zusammen mit dem BVS die erforderlichen Weichen stellen muss".[59]

1979: „Das Präsidium ist der Meinung, dass die Reform des ZSEG bei den weiteren Gesprächen und Verhandlungen in Bonn vorrangig behandelt werden sollte".[60] Mit dem Bundesjustizministerium BMJ finden erste Gespräche statt.

Im Juni 1980 veröffentlicht der DIHT einunddreißig Seiten umfassende, wohlbegründete „Vorschläge zur Novellierung des Gesetzes über die Entschädigung von Zeugen und Sachverständigen". Auch BVS und ZDH verlangen in Eingaben an das BMJ „eine Anpassung der Gebührensätze im ZSEG" an die allgemeine Entwicklung der Löhne und Gehälter.[61]

---

59 DS 10/78, S. 286 ff..
60 Protokoll der Präsidiumsbesprechung vom 23. Juni 1979.
61 DS 3/82, S. 5.

Der DIHT fordert in seinen „Vorschlägen" eine Erhöhung des mittleren Stundensatzes von z. Zt. 35 DM um 35 % auf 50 DM sowie grundsätzlich den Übergang vom „Entschädigungsprinzip" zum „Vergütungsprinzip".[62]

Im Februar 1982 findet ein „Interministerielles Gespräch" im BMJ statt und erzielt Einvernehmen über eine Erhöhung der Stundensätze bei der Novellierung des ZSEG um 30 Prozent. In Beantwortung einer Kleinen Anfrage der Fraktionen der CDU/CSU und der FDP „zur Lage der Freien Berufe" erklärt die Bundesregierung, dass sich „der bisherige Entschädigungsrahmen für hauptberufliche Sachverständige als nicht mehr zeitgemäß erwiesen hat".[63] Die Bundesregierung hält jedoch am „Entschädigungsprinzip" fest.

In der Fragestunde des Bundestages erklärt der Parlamentarische Staatssekretär beim Bundesjustizminister, Dr. Hans de With: „Die Bundesregierung ist der Auffassung, dass Sachverständige, die im Dienst der Rechtspflege tätig sind, eine angemessene Entschädigung für ihre Leistungen erhalten sollen ... Es wird zur Zeit geprüft, ob und in welchem Umfang gesetzgeberische Maßnahmen zu ergreifen sind."

Inzwischen hat die Ministerpräsidentenkonferenz der Länder im Oktober 1981 an die Bundesregierung appelliert, „zunächst für die Dauer eines Jahres nur in unabweisbaren Ausnahmefällen neue Gesetze einzubringen, die zusätzliche Ausgaben für Länder und Gemeinden nach sich ziehen".[64] Ist aber eine abermalige Novellierung des ZSEG mit einer Erhöhung der Stundensätze ein „unabweisbarer Ausnahmefall"? Darum geht es nun in den Kontakten des BVS mit Bund und Ländern.

Präsident Altmeier schreibt sofort an die Ministerpräsidenten der Bundesländer: „Ich ersuche Sie dringend, den Standpunkt zu vertreten, dass die Anhebung der Stundensätze der Sachverständigen unabweisbar ist, da die in der Regel mit dem sogenannten Mittelwert von DM 35.- pro Std. angesetzten 'Entschädigungen' insbesondere für die freiberuflich tätigen Sachverständigen zu existenz-

---

62 BVS-Rundschreiben Nr. 7/80.
63 Bundestagsdrucksachen 9/2358 und 2385.
64 Ergebnisprotokoll der Ministerpräsidentenkonferenz vom 29.-31. Oktober 1981.

gefährdenden Einkommenseinbußen führen ... Die Ergebnisse der Umfrage des DIHT ... machen deutlich, dass eine Anhebung der Stunden- und Kostensätze um mindestens 35-40 % unabweisbar ist ... Niemand wird in diesem Lande noch zugemutet, zu den Stundensätzen von 1977 zu arbeiten. Das muss auch für die Sachverständigen gelten ... Der BVS bittet Sie deshalb – sehr geehrter Herr Ministerpräsident – sich gegenüber der Bundesregierung für eine mindestens 35-40 %ige Erhöhung der Stundensätze der Sachverständigen auszusprechen".

1984 erstellt der BVS mithilfe von Dr. Bleutge den „Entwurf eines Gesetzes zur Änderung des Gesetzes über die Entschädigung von Zeugen und Sachverständigen", in dem eine Erhöhung der Sachverständigenentschädigung um durchschnittlich 50 % vorgesehen ist.

Nach eingehenden Gesprächen bringen 1984 der SPD-Abgeordnete Ludwig Stiegler und die SPD-Bundestagsfraktion im Bundestag den Antrag ein: „Die Bundesregierung wird aufgefordert, das ZSEG zu ändern und die Höhe der Entschädigungssätze im ZSEG an die wirtschaftliche Entwicklung seit 1977 anzupassen".[65] Nach Beratung im Rechtsausschuss nimmt das Plenum des Bundestages den Antrag in fast unveränderter Form einstimmig an.

Der für das ZSEG zuständige Bundesjustizminister Dr. Engelhard bekundet in der Bundestagsdebatte im März 1985 seine Sympathie für die Sachverständigen: „Da die Entschädigungssätze seit 1977 nicht mehr erhöht worden sind, besteht bei den Sachverständigen ein ganz erheblicher Nachholbedarf". Wenige Wochen später legt er einen „Diskussionsentwurf" zur Änderung des ZSEG vor.

1985 beginnt Präsident Altmeier eine Korrespondenz mit dem Parlamentarischen Staatssekretär beim Bundesfinanzminister, Dr. Hansjörg Häfele, und führt mit ihm ein Gespräch. Es geht um die Finanzierbarkeit einer Anhebung der Stundensätze der Sachverständigen. Altmeier setzt sich kritisch mit der Meinung des Staatssekretärs auseinander, dass das geltende ZSEG den gerichtlich tätigen Sachverständigen „ein beachtliches Einkommen" von DM 12 000 bei 160 Arbeitsstunden monatlich ermögliche. „Wir möchten Sie dringend bitten, Ihren Standpunkt nochmals zu überdenken", schreibt Altmeier. Schließlich

---

65 Bundestagsdrucksache 10/1919.

sprechen sich nicht nur Staatssekretär Dr. Häfele, sondern auch sein Chef, Bundesfinanzminister Dr. Gerhard Stoltenberg, für die überfällige Anhebung der Entschädigungssätze der Sachverständigen aus.

Die Vorsprachen des BVS bei Justizministern der Länder führen auf der Justizministerkonferenz zu dem Beschluss, dass die Minister „die Verbesserung der Entschädigung von Zeugen und Sachverständigen unterstützen".

Präsident Altmeier schreibt auch an Bundeskanzler Dr. Helmut Kohl. Der Chef des Bundeskanzleramtes, Bundesminister Dr. Wolfgang Schäuble, antwortet im November 1985: „Die Bundesregierung hält die Forderung der Sachverständigen grundsätzlich für berechtigt. Sie wird daher einen Gesetzentwurf so zeitig vorlegen, dass er noch in dieser Legislaturperiode beraten werden kann."[66] Beraten? Der BVS möchte, dass der Gesetzentwurf noch in der laufenden Legislaturperiode des Bundestages verabschiedet wird.

Altmeier erklärt auf der Jahreshauptversammlung 1986: „Das Präsidium hat sich als Schwerpunkt die Realisierung der Novellierung des ZSEG gesetzt."

Im Dezember 1985 beschließt die Bundesregierung den „Entwurf eines Gesetzes zur Änderung von Kostengesetzen" und leitet ihn Bundesrat und Bundestag zu. Ein Teil des Entwurfs ist die Änderung des ZSEG, in dem für die Sachverständigen „eine Erhöhung der mittleren Entschädigung um 42,9 Prozent vorgesehen ist".[67]

Nach eingehender Beratung in seinem Rechtsausschuss stimmt der Bundestag im November 1986 dem „Gesetz zur Änderung von Kostengesetzen" – und damit auch der Novellierung des ZSEG – einstimmig zu. Der Entschädigungsrahmen für die Stundensätze der Sachverständigen soll nun 40-70 DM betragen. Der Bundesrat lässt das Gesetz im Zweiten Durchgang passieren. Es tritt zum 1. Januar 1987 in Kraft.

Präsident Altmeier aber nimmt bald die Vorarbeiten für eine weitere Novellierung des ZSEG auf. 1989 legt das Bundesjustizministerium „Leitlinien für Änderungen des

---

66 DS 12/85, S. 306.
67 Bundesratsdrucksache 597/85.

Gesetzes über die Entschädigung von Zeugen und Sachverständigen" vor, die weithin begrüßt, aber vom Ministerium selbst nicht weiter verfolgt werden. Altmeier sucht 1990 den Parlamentarischen Staatssekretär beim Bundesjustizminister, Dr. Friedrich-Adolf Jahn, auf, um den dringenden Wunsch des BVS nach einer neuen Novellierung des ZSEG zum Ausdruck zu bringen. Regierungsdirektor Stöhr aus dem Bundesjustizministerium berichtet auf der Jahreshauptversammlung im Sommer 1990 über den Stand der Überlegungen zur Novellierung des ZSEG im Rahmen der geplanten Kostenstrukturnovelle.

Syndikus Dr. Grill und DIHT-Sachverständigenreferent Dr. Bleutge plädieren im November 1990 auf einem „Hearing" des Bundesjustizministeriums für eine neue Reform des ZSEG.

Dr. Grill richtet eine Eingabe an das Bundesjustizministerium und „greift in ihr den Gedanken einer Stundensatzregelung mit der Maßgabe auf, dass für die Sachverständigenleistungen unter Einbeziehung der Gemeinkosten ein Mittelsatz festgelegt wird".[68]

Der nun amtierende Präsident Kolb ist 1993 in großer Sorge um das Zustandekommen des Gesetzes. Im Mai schreibt er an die Bundesjustizministerin, Frau Leutheusser-Schnarrenberger: „Die Legislaturperiode des Bundestages dauert praktisch nur noch ein Jahr. Und das Kostenrechtsänderungsgesetz muss den ohnehin schon überlasteten Rechtsausschuss passieren. Aus diesem Grunde sind wir der Meinung, dass aus dem Referentenentwurf sehr schnell ein Regierungsentwurf werden muss."[69]

Die Ministerin hat Verständnis für die Sorge des Präsidenten und antwortet: „Ich werde mich dafür einsetzen, dass der Entwurf alsbald nach der Sommerpause in das Gesetzgebungsverfahren eingebracht wird." Es wird dann zwar März 1994, bis der Regierungsentwurf[70] im Bundestag vorgelegt wird, aber dem Bundestag und seinem Rechtsausschuss gelingt das Kunststück, den Gesetzentwurf noch bis zum Ende der Legislaturperiode im Sommer 1994 zu beraten und zu verabschieden. Viele Gespräche mit Mitgliedern des Rechtsausschusses waren dazu not-

---

68 DS 1-2/91.
69 DS 6/93, S. 1.
70 Bundestagsdrucksache 12/6962.

wendig. Eine kritische Situation entsteht, als auf dem Deutschen Sachverständigentag der Kfz-Sachverständige Werner Wildenhain den wichtigen Vorsitzenden des Rechtsausschusses des Bundestages, Horst Eylmann MdB, durch einen Vergleich der Entschädigung der Sachverständigen mit den Diäten der Bundestagsabgeordneten verärgert. Eylmann kann nur mühsam bei Laune gehalten werden.

Zu diesem Gesetzentwurf gibt es im April 1994 erstmalig eine gemeinsame Stellungnahme des Deutschen Industrie- und Handelstages DIHT, des Zentralverbands des Deutschen Handwerks ZDH und des inzwischen gegründeten Deutschen Sachverständigentages DST, in dem sich unter Führung des BVS zahlreiche Verbände der freiberuflichen Sachverständigen zusammengeschlossen haben.

Die ZSEG-Novelle 1994 bringt eine Erhöhung der Zeitentschädigung und einiger Auslagenpauschalen um durchschnittlich 30 %. „Gleichzeitig wurden", worauf Dr. Bleutge in seinem Kommentar „ZSEG"[71] mit Recht hinweist, „einige Gebührentatbestände durch Definitionen und Pauschalierungen konkreter und damit praktikabler gefasst".

Dr. Bleutge: „Allerdings können auch die erhöhten Gebührensätze die Sachverständigen nicht zufriedenstellen, weil das Entschädigungsprinzip, das jedem vom Gericht beauftragten Sachverständigen Vermögensopfer zugunsten der Allgemeinheit abverlangt, ausdrücklich beibehalten wird."

In der zweiten Hälfte der 90er Jahre greift der BVS seine alte Forderung nach Abschaffung des Entschädigungsprinzips für die gerichtliche Sachverständigentätigkeit und deren Ersetzung durch eine zeitgemäße Vergütungsregelung wieder auf. Zwei wichtige Gründe sprechen dafür. Zum einen geht das auf eine Notverordnung des Reichskanzlers Brüning zurückzuführende Entschädigungsprinzip von einem Handwerksmeister oder Ingenieur aus, der nur hin und wieder gleichsam nebenberuflich seiner Verpflichtung zur Erstattung von Gutachten für die Gerichte und Justizbehörden nachkommt, ohne dass dieser zeitliche Aufwand ihn in seiner eigentlichen beruflichen Tätigkeit wirtschaftlich sonderlich beeinträchtigt. Zum anderem hat

---

71 Peter Bleutge, ZSEG, Verlag für Wirtschaft und Verwaltung, Essen 1995, 3. Auflage, S. 7.

sich die Tätigkeit als Sachverständiger spätestens seit der Mitte des 20. Jahrhunderts von einem „Nebenerwerb" für Handwerksmeister und Ingenieure aufgrund der eingetretenen beruflichen Spezialisierungen und deutlichen Zunahme der Nachfrage nach Sachverständigengutachten zu einem eigenen Berufsbild weiterentwickelt. Die damit einhergehende häufige und regelmäßige Heranziehung zur gerichtlichen Sachverständigentätigkeit mit ihrer Entschädigung für eine quasi „Bürgerpflicht" verlangt daher den vom Gericht herangezogenen Sachverständigen ein Vermögensopfer in seiner nunmehr hauptberuflich ausgeübten Sachverständigentätigkeit ab, das mit der bestehenden Gesetzeslage nicht mehr vereinbar ist. Unter verfassungsrechtlichen Gesichtspunkten, so die Argumentation des BVS, kommt die Pflicht des Sachverständigen zur Erstattung von gerichtlichen Gutachten unter dem nach wie vor geltenden Entschädigungsprinzip des ZSEG einem enteignungsgleichen Eingriff nahe und verlangt der betroffenen Berufsgruppe ein nicht mehr hinnehmbares wirtschaftliches Sonderopfer ab.

Jede Gesetzgebungstätigkeit des Bundes im Bereich des Sachverständigenentgelts ist in diesen langen Jahren mit dem Namen „Amtsrat Otto" verbunden. Bei den schnell wechselnden Leitern des Kosten- und Gebührenrechtsreferates des BMJ ist Amtsrat Otto der ruhende Pol im Referat, der den Überblick auch über das Sachverständigenentgelt nicht verliert. Seinen Aufstieg vom „gehobenen Dienst" in den „höheren Dienst" hat der BVS mit Sympathie verfolgt.

Gewerbesteuerpflicht der Sachverständigen?

Umstritten bei der Praxis der Finanzämter und der Rechtsprechung der Finanzgerichte ist immer wieder, ob die Sachverständigen der Gewerbesteuer unterliegen oder nicht, ob sie also Freiberufler sind oder nicht.

Der BVS bekommt dazu 1984 ein Schreiben des Bundesfinanzministers, in dem es heißt:

„Eine Tätigkeit kann nur dann als eine der in § 18 Abs. 1 Nr. 1 des Einkommensteuergesetzes (EStG) genannten freiberuflichen Tätigkeiten ähnlich beurteilt werden, wenn der in dem zu vergleichenden Beruf Tätige u. a. dieselben Aus-

bildungsvoraussetzungen nachweist, die für die Ausübung des im Gesetz genannten Berufs erforderlich sind.
Die Abgrenzung nach der Ausbildung des Berufsausübenden ist sachgerecht, wie der Bundesfinanzhof in dem Urteil vom 18. Juni 1980[72] dargelegt hat.
Eine Behandlung aller Arten von Sachverständigen als Freiberufler könnte nur durch eine Aufnahme des Berufs des ‚Sachverständigen' in den Katalog des § 18 Abs. 1 Nr. 1 EStG erreicht werden. Die Bundesregierung hat in der Vergangenheit wiederholt geprüft, ob sie eine solche Gesetzesänderung vorschlagen sollte. Sie hat davon abgesehen, weil die Tätigkeit der Sachverständigen nach der Art ihrer Ausbildung und der Art und Weise ihrer Tätigkeit nicht so einheitlich geprägt ist, dass sie allein wegen der Berufsbezeichnung als freiberufliche Tätigkeit gewertet werden könnte."

Alle Versuche des BVS, eine Aufnahme der Sachverständigen in den Katalog des § 18 EStG zu erreichen, verlaufen im Sande. Die Öffnung des Katalogs scheitert schon daran, dass dann zu viele Berufsgruppen ihre Aufnahme in den Katalog anstreben könnten.

Es bleibt also dabei, so unsinnig das ist: wer sich als Maurermeister zum Bausachverständigen hochgearbeitet hat, ist kein Freiberufler. Wer vom Architekten zum Bausachverständigen geworden ist, ist Freiberufler. Wer als Kfz-Meister sich als Kfz-Sachverständiger betätigt, bleibt Gewerbetreibender. Wer aber aufgrund eines Maschinenbaustudiums Kfz-Sachverständiger geworden ist, ist Freiberufler.

Medizinisch-technische Geräte

In den späten siebziger Jahren wird die Sicherheit medizinisch-technischer Geräte zu einem wichtigen Thema der deutschen Politik. 6000 Arten von medizinisch-technischen Geräten, viele davon ausländischer Herkunft, sind in deutschen Praxen und Krankenhäusern im Einsatz. Fehlerhafte Geräte verursachen Gesundheitsschäden und Todesfälle.

Die oppositionelle CDU/CSU-Bundestagsfraktion bringt unter der Federführung von Eberhard Pohlmann MdB 1979 im Bundestag einen Gesetzentwurf über die „Prü-

---

[72] I R 109/77 – BStBl 1981 II S. 118.

fungspflicht für medizinisch-technische Geräte"[73] ein, bei dessen Erarbeitung der BVS mitgewirkt hat. Der Gesetzentwurf sieht eine Ermächtigung der Bundesregierung zum Erlass einer Rechtsverordnung u. a. folgenden Inhalts vor: Bauartprüfung, Anzeigepflicht bei Inbetriebnahme und laufende Überprüfung während der Betriebsdauer. Die sozial-liberale Koalition dagegen will, dass medizinisch-technische Geräte dem Gesetz über technische Arbeitsmittel, dem sogenannten Maschinenschutzgesetz, unterliegen. „Die Einführung von Prüfungspflichten muss durch die Verbesserung dieses Maschinenschutzgesetzes erreicht werden", erklärt die SPD-Abgeordnete Frau Steinhauer im Bundestag.

Unter Einbeziehung der Prüfung medizinisch-technischer Geräte wird das Maschinenschutzgesetz, das den Namen Gerätesicherheitsgesetz bekommt, dann vom Parlament verabschiedet. Im Bericht des federführenden Bundestagsausschusses für Arbeit und Sozialordnung an den Bundestag heißt es, dass bei der Prüfung „die breite Palette des Sachverständigenangebotes in zweckmäßiger Weise genutzt werden soll. Dabei befürwortet der Ausschuss, dass neben den Prüf- und Überwachungsorganisationen bei Prüfungen auch die Inanspruchnahme von freiberuflichen Sachverständigen, die behördlich anerkannt bzw. öffentlich-rechtlich bestellt sind, in Betracht kommen soll".[74]

Mit dem Ausschussbericht steht aber nicht im Einklang, dass es nun in § 28 des Referentenentwurfs einer Medizingeräteverordnung nur heißt: „Sachverständige für die Prüfung medizinisch-technischer Geräte sind die Sachverständigen nach § 24c Abs. 1 der Gewerbeordnung ... Die zuständige Behörde kann weitere Personen, insbesondere freiberuflich Tätige, die über die gleiche Qualifikation verfügen, wie die Sachverständigen nach Absatz 1 als Sachverständige zulassen". Mit dieser Formulierung ist das Monopol, mindestens aber der Vorrang der Technischen Überwachungsvereine für die Prüfung medizinisch-technischer Geräte aufrechterhalten.

In der folgenden Zeit geht es dem BVS um die Beseitigung dieses Prüfmonopols. Dietrich Rollmann schreibt im Juni 1979 im Auftrag von Präsident Altmeier an den Bundesmi-

---

73 Bundestagsdrucksache 8/2387.
74 Bundestagsdrucksache 8/2824.

nister für Arbeit und Sozialordnung: „Wir möchten darum bitten, dass in Absatz 1 die öffentlich bestellten und vereidigten Sachverständigen für die Sicherheit medizinisch-technischer Geräte mit den amtlich anerkannten Überwachungsorganisationen absolut gleichgestellt werden."

Befreundete Sachverständigenorganisationen richten im gleichen Sinne ein gemeinsames Schreiben an die Parlamentarische Staatssekretärin beim Bundesminister für Arbeit und Sozialordnung, Frau Anke Fuchs.

Der BVS spricht mit zahlreichen Parlamentariern und initiiert Fragen des CDU/CSU-Abgeordneten Pohlmann im Bundestag: „Glaubt die Bundesregierung, dass der Referentenentwurf einer Verordnung über die Sicherheit medizinisch-technischer Geräte das Votum des Bundestagsausschusses für Arbeit und Sozialordnung in dessen schriftlichem Bericht zum Gerätesicherheitsgesetz, nämlich 'die breite Palette des Sachverständigenangebots in zweckmäßiger Weise zu nutzen', berücksichtigt?"

Die Parlamentarische Staatssekretärin Frau Fuchs meint, dass „die Bundesregierung die zum Ausdruck gebrachten Erwartungen über die Beteiligung der freien Sachverständigen berücksichtigt hat".

Frau Fuchs bietet Gespräche an, der Referentenentwurf wird überarbeitet. Der zuständige Referent teilt schließlich mit, dass nunmehr „die öffentlich bestellten und vereidigten Sachverständigen mit den amtlich anerkannten Technischen Überwachungsorganisationen völlig gleichberechtigt behandelt werden sollen". So wird es von der Bundesregierung mit Zustimmung des Bundesrats beschlossen. Die Medizingeräteverordnung trägt das Datum vom 14. Januar 1985 und tritt zum 1. Januar 1986 in Kraft. Der § 22 hat nun den Wortlaut: „Sachverständige für die Prüfung medizinisch-technischer Geräte sind die Sachverständigen nach § 24 Abs. 1 und 2 und § 36 Gewerbeordnung …". Gegen den Widerstand der TÜV ist in das Prüfmonopol der Technischen Überwachungsvereine mit der neuen Medizingeräteverordnung die erste Bresche geschlagen.

Bericht der Bundesregierung über die Lage der Freien Berufe

1979 legt die Bundesregierung ihren ersten „Bericht über die Lage der Freien Berufe in der Bundesrepublik Deutschland"[75] vor. Speziell für die Sachverständigen enthält dieser Bericht nur eine Zahlenangabe. Seine allgemeinen Aussagen aber sind auch für die Sachverständigen von Bedeutung. „Entgelte Freier Berufe sind so auszugestalten, dass sie den berechtigten Interessen sowohl der Angehörigen des jeweiligen Freien Berufs als auch der Nachfrageseite und dem Allgemeinwohl Rechnung tragen". „Dies erfordert zugleich eine periodische Überprüfung und Anpassung dieser Regelungen an veränderte wirtschaftliche Verhältnisse", heißt es in Punkt zwei der „Grundsätze einer Politik für Freie Berufe". Für eine weitere Novellierung des ZSEG wird damit eine Schneise geschlagen. „Wettbewerbsverzerrungen zu Lasten der Freien Berufe sind … zu vermeiden bzw. abzubauen", sagt Punkt drei der „Grundsätze". Das richtet sich auch gegen das Prüfmonopol der Technischen Überwachungsvereine. „Vorsorgeaufwendungen von Selbständigen und Arbeitnehmern sind einkommensteuerrechtlich gleichzubehandeln", ist die Forderung von Punkt 4 der „Grundsätze". Bisher sind die Selbständigen bei der Besteuerung ihrer Vorsorgeaufwendungen für Alter und Krankheit gegenüber den Arbeitnehmern benachteiligt.

Gespräch mit Bundeskanzler Helmut Schmidt

Am 13. März 1981 empfängt Bundeskanzler Schmidt das Präsidium des BFB zu einem Gespräch über die Freien Berufe. Dietrich Rollmann ist dabei. Er schneidet die Problematik des Prüfmonopols der Technischen Überwachungsvereine bei der Überwachung der Kraftfahrzeuge und der Prüfung überwachungsbedürftiger Anlagen an. Der Bundeskanzler ist an diesem Thema lebhaft interessiert und beauftragt seine Mitarbeiter, einen Bericht zu diesem Fragenkomplex zu erstellen.

Dieser Bericht, der im Bundeswirtschaftsministerium von dem Referatsleiter Freie Berufe, Ministerialrat Dr. Hillmann, erarbeitet und dem Bundeskanzler vorgelegt wird, trägt den Titel „Tätigkeiten der Technischen Überwachungs-

---

75 Bundestagsdrucksache 8/3139.

vereine im Verhältnis zu Freien Berufen". Er schildert die Übermacht der Technischen Überwachungsvereine auf dem Markt der Prüfungen und Überwachungen. Und er zeigt Wege zur Beschneidung dieser Übermacht auf.

Nach der zu diesem Bericht abgegebenen Stellungnahme des „Mittelstandsbeirats" beim Bundeswirtschaftsminister „sollten Bundesregierung und Länderregierungen aufgefordert werden, bei Gesetzes- und Verordnungsmaßnahmen (z. B. freiwillige Kfz-Überwachung, Prüfung medizinisch-technischer Geräte) für entsprechende Prüf- und Überwachungsaufgaben jeweils auch qualifizierte Freiberufler neben den TÜV vorzusehen."

Die Vereinigung der Technischen Überwachungsvereine VdTÜV dazu: „Bei der Frage einer Beteiligung von qualifizierten Freiberuflern an Untersuchungen nach § 29 StVZO und nach § 24 GewO muss bedacht werden, dass das heutige Sicherheitsniveau in Deutschland nicht gefährdet wird."

Öffnung der freiwilligen Kfz-Überwachung nach § 29 StVZO

Im Laufe der Zeit sind mehr und mehr Kraftfahrzeughalter damit unzufrieden, dass sie für die Prüfung ihrer Fahrzeuge nur die Dienste der Technischen Überwachungsvereine TÜV, allenfalls des Deutschen Kraftfahrzeugüberwachungsvereins DEKRA, in Anspruch nehmen können. Viele fühlen sich dort hoheitsvoll behandelt und als Bittsteller abqualifiziert.

So entsteht eine breite öffentliche Meinung, neben den TÜV und dem DEKRA auch andere Einrichtungen für die Prüfung von Kraftfahrzeugen zuzulassen. Diese Stimmung macht sich der BVS zu Nutzen.

Der Tag, an dem der Kampf des BVS gegen das Prüfmonopol der amtlich anerkannten Überwachungsorganisationen und für die Öffnung der freiwilligen Kfz-Überwachung für freiberufliche Kfz-Sachverständige beginnt, lässt sich genau datieren: Es ist der 27. April 1979.

An diesem Tage folgen der spätere Leiter der Kfz-Fachgruppe, Werner Rudolph, und Dietrich Rollmann einer Einladung in das Bundesverkehrsministerium BMV zu einer Besprechung über Fragen der Kfz-Überwachung.

„Da wir weder auf Beschlüsse noch Direktiven des BVS zurückgreifen konnten", schreibt Dietrich Rollmann im Beiratsrundschreiben 7/1979, „mussten wir mehr oder minder unseren persönlichen Standpunkt darlegen, der sich bei Herrn Rudolph vor allen Dingen in der Darlegung von Missständen bei den gegenwärtigen Überwachungsorganisationen äußerte, während ich mich – ausgehend von der allgemeinen Haltung des BVS – gegen das Monopol der Überwachungsorganisationen in diesem Bereich geäußert habe. Ich habe die volle Gleichberechtigung der öffentlich bestellten Sachverständigen mit den Überwachungsorganisationen verlangt, allenfalls käme eine aus öffentlich bestellten Sachverständigen unter Wahrung ihrer beruflichen Selbständigkeit gebildete neue Überwachungsorganisation (GTÜ) in Betracht.
Auf die Frage nach den Zulassungsvoraussetzungen habe ich erklärt, dass sich die öffentlich bestellten Sachverständigen genau den gleichen Qualifikationsmerkmalen unterwerfen würden wie die angestellten Sachverständigen der Überwachungsorganisationen.
Die Herren List und Richter vom Bundesverkehrsministerium", so endet Dietrich Rollmann, „vertraten die Meinung, dass sich die bisherige Organisation des Sachverständigenwesens bewährt habe und meine Meinung eine völlige Änderung der Organisation des Überwachungswesens beinhalte."

Damit beginnt der Kampf des BVS gegen das Prüfmonopol der Technischen Überwachungsvereine bei der freiwilligen Kfz-Überwachung, an dem Bund und Länder lange Zeit festhalten wollen.

Im Juni 1979 erscheint der BVS mit „großer Besetzung" unter Leitung von Präsident Altmeier erneut zu einem Gespräch über die Zukunft der freiwilligen Kfz-Überwachung im BMV. Gegenüber Plänen des BMV für ein vertragliches Einvernehmen zwischen den amtlich anerkannten Überwachungsorganisationen und den Organisationen der freiberuflichen Sachverständigen vertritt der BVS „den Standpunkt, dass die Zukunft der freien Sachverständigen nicht durch ihre An- oder Einbindung an die bisher bestehenden amtlich anerkannten Überwachungsorganisationen, sondern nur durch die Schaffung und Zulassung einer weiteren aus freiberuflich tätigen Kfz-Sachverständigen zu bildenden Überwachungsorganisation gewährleistet werden kann".[76] Ohne Ergebnis findet im Oktober im BMV ein weiteres Gespräch statt.

Auf die Frage des CDU/CSU-Abgeordneten Heinz F. Landré in der Fragestunde des Bundestages nach der Haltung der Regierung zur Kfz-Überwachung auch durch öffentlich bestellte und vereidigte Sachverständige hält die Bundesregierung im Oktober 1979 an ihrer Konzeption fest, die auf Einigung zwischen den Technischen Überwachungsvereinen und den Sachverständigenverbänden abzielt. Der Staatssekretär im Bundeswirtschaftsministerium, Dr. Otto Schlecht, im Bundestag: „… Es ist zunächst Sache der Beteiligten selbst, die ihnen zweckmäßig erscheinenden Maßnahmen zu treffen, damit das Ziel einer Eröffnung des Zugangs der freiberuflichen Sachverständigen zur freiwilligen Kfz-Überwachung nach § 29 StVZO erreicht wird."[77]

Heinz F. Landré in der Zeitschrift „Der Sachverständige":[78] „Die bisherigen Erfahrungen mit unserem System der Kraftfahrzeugprüfung haben gezeigt, dass sich auch in diesem Falle Monopole nicht bewährt haben. Mehr Wettbewerb bei der Kraftfahrzeugprüfung – das ist die Forderung, der sich auch die verantwortlichen Verkehrspolitiker nicht länger entziehen sollten".

Bei einer Sitzung des Bund-Länder-Ausschusses „Technisches Kraftfahrwesen" im März 1981 sprechen sich alle anwesenden elf Bundesländer gegen die Einbeziehung der freiberuflichen Kfz-Sachverständigen in die freiwillige Kfz-Überwachung aus. Das ist ein Alarmsignal. Ohne die Zustimmung der Länder im Bundesrat ist eine Öffnung der freiwilligen Kfz-Überwachung nach § 29 StVZO für die freiberuflichen Kfz-Sachverständigen nicht zu erreichen.

BVS-Präsident Hans-Jörg Altmeier, BVS-Bevollmächtigter Dietrich Rollmann, der neue GTÜ-Geschäftsführer Dr. Henner Hörl und Jochen W. Schmidt, der stellvertretende Vorsitzende der AGS-DAT, gehen nun von Bundesland zu Bundesland, von Landeshauptstadt zu Landeshauptstadt,

---

76 BVS-Rundschreiben 5/80.
77 DS 1-2/81, S. 4.
78 DS 1/80, S. 7.

sprechen mit Ministern und Abgeordneten, Staatssekretären und Beamten der Länder, um sie für eine Öffnung der freiwilligen Kfz-Überwachung zu gewinnen.

Sie initiieren Anträge und Fragen in den Länderparlamenten und kümmern sich um die Antworten der Landesregierungen. Einzelne Kfz-Sachverständige helfen durch Gespräche mit „ihren" Bundestags- und Landtagsabgeordneten. Vonseiten des DIHT stehen dem BVS und der GTÜ Dr. Peter Bleutge, vonseiten des ZDH Hans-Joachim Heck mit Stellungnahmen und Vorsprachen in den Landesministerien zur Seite. Überall aber ist die Gegenwehr der Technischen Überwachungsvereine spürbar, die in den Regionen ihre stärksten Bastionen haben.

In der zahlenmäßigen Besetzung ihrer Geschäftsstellen in Bund und Ländern sind die Technischen Überwachungsvereine dem BVS und der GTÜ bei weitem überlegen, aber die Zeit der Monopole in Deutschland ist vorbei. Das TÜV-Argument „Sicherheit verträgt keinen Wettbewerb" zieht nicht mehr.

Zur Verkehrsministerkonferenz des Bundes und der Länder im Juni 1981 appelliert Präsident Altmeier an die Minister, „auf dieser Konferenz der von den freiberuflichen Kfz-Sachverständigen gegründeten Überwachungsorganisation GTÜ zur amtlichen Anerkennung zu verhelfen und damit auch morgen unter Aufrechterhaltung des Sicherheitsstandards den freiberuflichen Kfz-Sachverständigen die Existenz neben den Technischen Überwachungsvereinen zu sichern". Bleibt die Verkehrsministerkonferenz im Juni noch ohne Ergebnis, so stimmen auf der Verkehrsministerkonferenz im November die Minister „mehrheitlich der Zielvorstellung des Bundesverkehrsministers zu, mehr Wettbewerb bei der freiwilligen Kfz-Überwachung zuzulassen".

Die Schlacht bei den Bundesländern scheint also geschlagen: die freiberuflichen Kfz-Sachverständigen haben die Mehrheit der Länder auf ihrer Seite.

In der Bundesregierung gewinnen die freiberuflichen Sachverständigenverbände zuerst den Parlamentarischen Staatssekretär Martin Grüner und Bundeswirtschaftsminister Dr. Otto Graf Lambsdorff für sich und können schließlich auch den wichtigen Ressortchef, Bundesverkehrsminister Volker Hauff, auf ihre Seite ziehen.

Zu der ganzen Problematik richtet die sozial-liberale Koalition im Sommer 1981 eine Kleine Anfrage an die Bundesregierung, die durch Minister Hauff beantwortet wird:[79] Ist das Verbot der Anerkennung neuer Überwachungsorganisationen noch zeitgemäß? Antwort des Ministers: Nein, „es gibt ein berechtigtes Anliegen unter den Fahrzeughaltern, als Alternative zur Technischen Prüfstelle der TÜV und zu den bisherigen freiwilligen Überwachungsorganisationen (TÜV-FKÜ, DEKRA) ihre Fahrzeuge auch bei anderen Institutionen, z. B. bei den Überwachungsorganisationen der freiberuflichen Sachverständigen, prüfen lassen zu können". Beabsichtigt die Bundesregierung das Verbot der Anerkennung weiterer Überwachungsorganisationen aufzuheben? Der Minister: Ja, „es ist beabsichtigt, durch eine Änderung von Nummer 7 Anlage VIII StVZO auch neuen Überwachungsorganisationen die Möglichkeit zu eröffnen, Prüfungen nach § 29 StVZO vorzunehmen …
Durch eine entsprechende StVZO-Novelle wären die gesetzlichen Voraussetzungen für eine Einbeziehung der Überwachungsorganisationen der freiberuflichen Sachverständigen zu schaffen. Auf der Basis dieser neugeschaffenen Voraussetzungen hätten dann die zuständigen Länderbehörden im einzelnen die Anerkennung der Überwachungsorganisationen jeweils für den Bereich ihres Landes zu erteilen."[80]

Die Opposition begrüßt durch den Abgeordneten Heinz F. Landré die Antwort des Bundesverkehrsministers und erinnert daran, dass „der Diskussionskreis Mittelstand der CDU/CSU-Fraktion bereits im Dezember 1979 das TÜV-Monopol für nicht mehr zeitgemäß gehalten" habe.

Der Verkehrsausschuss des Bundestages reagiert im September positiv „auf die Absicht des Bundesverkehrsministers, bei der durch die StVZO vorgeschriebenen Überwachung von Kraftfahrzeugen neben den bisherigen amtlich anerkannten Überwachungsorganisationen auch freiwillige Sachverständige beziehungsweise deren Organisationen zuzulassen".[81]

---

79 Bundestagsdrucksache 9/622.
80 DS 9/81, S. 204/205.
81 DS 11/81, S. 274.

Die Verkehrsministerkonferenz fasst im Juni 1982 den Beschluss: „Die Verkehrsminister und -senatoren der Länder sind der Auffassung, dass der Forderung nach mehr Wettbewerb bei der technischen Überwachung dadurch Rechnung getragen werden könnte, dass die rechtlichen Voraussetzungen geschaffen werden für die amtliche Anerkennung weiterer Überwachungsorganisationen i. S. von § 29 Abs. 2 Satz 4 StVZO, insbesondere auch von Organisationen freiberuflicher Sachverständiger. Mit der dazu erforderlichen Aufhebung des Anerkennungsverbots sollten gleichzeitig für die Anerkennung wesentliche Bestimmungen in die StVZO aufgenommen werden".

Einen schlimmen Pferdefuß allerdings enthält der Beschluss der Verkehrsministerkonferenz: die Technischen Prüfstellen der Technischen Überwachungsvereine sollen auch in Zukunft „Zwei-Jahres-Plaketten" kleben dürfen, die freiberuflichen Kfz-Sachverständigen sollen nur eine „Ein-Jahres-Plakette" erteilen dürfen.

Die freiberuflichen Kfz-Sachverständigen laufen Sturm. „Welcher Autofahrer wird denn zu einem freien Sachverständigen gehen und sich eine 'Ein-Jahres-Plakette' geben lassen, wenn er ein Haus weiter bei der Technischen Prüfstelle des TÜV eine 'Zwei-Jahres-Plakette' bekommen kann?", empört sich Dietrich Rollmann im *Sachverständigen*.[82]

Im Bundesverkehrsministerium BMV wird nun die Arbeit an einem entsprechenden Gesetzentwurf aufgenommen. Viele Einflüsse drängen auf die zuständigen Beamten ein: Die Technischen Überwachungsvereine, die TÜV-Fraktionen im eigenen Haus und in den Länderministerien. Und natürlich auch die Sachverständigenverbände.

Dazu kommt noch der Regierungswechsel in Bonn im November 1982: der Wechsel von Bundeskanzler Helmut Schmidt zu Dr. Helmut Kohl, die Amtsübergabe von Bundesverkehrsminister Volker Hauff an Dr. Werner Dollinger. Hans-Jörg Altmeier und Dietrich Rollmann sind bald bei dem Parlamentarischen Staatssekretär Grüner, dann bei Bundesverkehrsminister Dr. Dollinger zum Gespräch: An dem Gesetzentwurf wird weitergearbeitet!

---

82 DS 9/82, S. 197.

Zur Frage der „Plakettenfrist" erklärt der Parlamentarische Staatssekretär beim Bundesverkehrsminister, Dieter Schulte, in der Fragestunde des Bundestages: „Die Bundesregierung teilt die Auffassung, dass die Prüffristen bei der Technischen Prüfstelle wie bei der freiwilligen Überwachung einheitlich sein sollten. Die bislang noch in der StVZO enthaltene Regelung, dass bei der freiwilligen Überwachung die Untersuchung jeweils zu den 'halben Fristen' stattfindet (z. B. für PKW jährlich), ist heute technisch und sachlich nicht mehr begründbar. Der vorliegende Entwurf wird deshalb von einheitlichen Fristen bei der Technischen Prüfstelle und bei der freiwilligen Überwachung ausgehen".[83]

Die Jahre vergehen, die Technischen Überwachungsvereine und einige Länder verzögern im Bundesverkehrsministerium, der Gesetzentwurf der Bundesregierung kommt über Vorstadien nicht hinaus.

1984 schreibt BVS-Vizepräsident Baréz einen dringenden Brief an den Bundesverkehrsminister: Wann kommt endlich der Gesetzentwurf der Bundesregierung? Der Minister: „Nach Auffassung des Bundesverkehrsministeriums soll für die Einbeziehung der freiberuflichen Sachverständigen nicht nur eine theoretische Möglichkeit bestehen, sondern der Gesetzentwurf muss so gestaltet werden, dass er auch eine reale Chance zur praktischen Verwirklichung dieses Zieles bietet. In diesem Sinne soll der Entwurf, der am 29. März mit den Verbänden erörtert wurde, überarbeitet werden. Die vielschichtige Problematik des Vorhabens, die auch darin zum Ausdruck kommt, dass der Entwurf in der Öffentlichkeit sehr umstritten ist, hat die Dauer seiner Erstellung wesentlich beeinflusst." Minister Dr. Dollinger schließt: „Der Entwurf soll nach der Sommerpause dem Parlament zur Beschlussfassung zugeleitet werden".[84]

Der Chef des Bundeskanzleramtes, Bundesminister Dr. Wolfgang Schäuble, teilt Präsident Altmeier auf sein Schreiben mit: „Das Bundeskabinett hat am 11. Dezember 1984 dem vom Bundesminister für Verkehr eingebrachten Entwurf eines Gesetzes zur Änderung straßenverkehrsrechtlicher Vorschriften zugestimmt". Der Gesetzentwurf wird im Bundesrat eingebracht.

---

83 Bundestagsdrucksache 9/2043.
84 DS 9/84, S. 196.

Der Bundesrat lässt ihn am 8. Februar 1985 im Ersten Durchgang mit einer knappen Mehrheit der Unions-regierten Bundesländer gegen eine Minderheit der SPD-regierten Bundesländer und des Freistaates Bayern passieren.

BVS und GTÜ erfüllt die Sorge: Wie wird sich die Haltung der SPD-regierten Länder auf die SPD-Bundestagsfraktion auswirken? Wie wird die Haltung der Bayerischen Staatsregierung die CSU-Landesgruppe in der CDU/CSU-Bundestagsfraktion beeinflussen?

Was die CSU angeht, so kommt die Antwort umgehend. Noch am 8. Februar, dem Tag der Beschlussfassung im Bundesrat, richtet der Bayerische Ministerpräsident Franz-Josef Strauß „Vertraulich!!!" ein Schreiben an seinen Parteifreund, Bundesverkehrsminister Dr. Dollinger: „Die Staatsregierung unterstützt die Einbeziehung der freiberuflichen Sachverständigen grundsätzlich. Zur Erhaltung eines flächendeckenden Netzes technischer Prüfstellen im ganzen Land ist jedoch entsprechend dem einstimmigen Beschluss der Verkehrsministerkonferenz vom 15. Juni 1982 im Rahmen der freiwilligen Überwachung die Forderung nach der halbierten Prüffrist und der Jahresplakette unverzichtbar ... Ich bitte Sie, die bisherige Position der Bundesregierung zu überprüfen und im weiteren Gesetzgebungsverfahren die Haltung der Staatsregierung ... zu unterstützen ... Die CSU-Landesgruppe hat ... sich die Auffassung der Staatsregierung voll zu eigen gemacht".[85]

Der bayerische LVS-Präsident, Walter Karcheter, bemüht sich noch in zwei Schreiben darum, den Bayerischen Ministerpräsidenten Franz-Josef Strauß umzustimmen. Vergeblich. Und auch der Parlamentarische Abend, den einige Sachverständigenverbände erstmalig im März in Bonn mit Bundestagsabgeordneten auch der CSU veranstalten, ändert nichts mehr.[86]

Unter der Führung von Staatsminister Anton Jaumann reist auch noch im April eine Delegation des Bayerischen Wirtschaftsministeriums und des Bayerischen TÜV bei Bundesverkehrsminister Dr. Dollinger an, um „Nachbesserungen" des Gesetzentwurfs im bayerischen Sinne zu erreichen.

---

85 Schreiben von Ministerpräsident Franz-Josef Strauß vom 8. Februar 1986 an Bundesverkehrsminister Dr. Werner Dollinger.
86 Schreiben von Ministerpräsident Franz-Josef Strauß vom 19. Mai und 2. Juli 1986 an Präsident Walter Karcheter.

Bei der Haltung der CDU/CSU-Bundestagsfraktion, keine Entscheidung gegen ihre CSU-Landesgruppe zu treffen, ist damit klar: der Gesetzentwurf der Bundesregierung „zur Änderung straßenverkehrsrechtlicher Vorschriften"[87] wird zwar noch im Bundestag eingebracht und in seinem Verkehrsausschuss beraten, aber er ist politisch gescheitert. Der CDU-Mittelständler Hans Jürgen Doss MdB spricht von einem „indirekten Todesstoß" für die freiberuflichen Kfz-Sachverständigen.

Der Gedanke der Öffnung der freiwilligen Kfz-Überwachung nach § 29 StVZO aber wirkt fort und verbreitet sich. Und BVS und GTÜ geben sich nicht geschlagen. Das bewährte Lobby-Team Altmeier-Rollmann-Hörl-Schmidt macht sich wieder an die Arbeit.

Im Oktober 1987 „bittet" die Verkehrsministerkonferenz „den Bundesminister für Verkehr, im Zusammenwirken mit den Ländern das Ziel der Zulassung freier Kfz-Sachverständiger zur Durchführung der Hauptuntersuchung nach § 29 StVZO weiter zu verfolgen und alsbald ein Konzept vorzulegen." [88]

Als der Bayerische Wirtschaftsminister Jaumann bei Bundeswirtschaftsminister Dr. Martin Bangemann für eine baldige Anhebung der TÜV-Gebühren eintritt, erwidert dieser, „dass in die Überlegungen zur Anhebung der TÜV-Gebühren die Öffnung der Kfz-Überwachung für Organisationen privater Prüfer einbezogen werden sollte". [89]

„Die CSU, die Bayerische Staatsregierung und die Bonner CSU-Landesgruppe sind nach wie vor das große Problem bei einer Lösung dieser Frage, die die freiwillige Kfz-Überwachung für die freien Kfz-Sachverständigen zu den gleichen Bedingungen öffnet, wie die Technischen Überwachungsvereine sie haben", schreibt Dietrich Rollmann.[90]

Im Dezember 1987 einigen sich die Bundesminister für Wirtschaft und Verkehr in einem „Gespräch auf Staatssekretärsebene, an dem auch der Amtschef des bayerischen Wirtschaftsministeriums teilgenommen hat, darauf, bei der Sicherheitsüberprüfung von Kraftfahrzeugen mehr Wett-

---

87 Bundestagsdrucksache 10/3433.
88 BVS-Vorstandsrundschreiben 9/87.
89 DS 12/87, S. 293.
90 DS 6/87, S. 133.

bewerb zu ermöglichen. Neben den bereits bestehenden beiden Organisationen (TÜV/FKÜ und DEKRA) sollen künftig Organisationen von freiberuflichen Sachverständigen bei den Ländern baldmöglichst die Zulassung zur freiberuflichen Kfz-Überwachung beantragen können".

Im Bundesverkehrsministerium BMV beginnt nun die Arbeit an einer entsprechenden Rechtsverordnung, die die freiwillige Kfz-Überwachung nach § 29 StVZO öffnen soll. Sie zieht sich bis weit in das Jahr 1989 hin. Immer wenn die Arbeit an der Rechtsverordnung im Bundesverkehrsministerium zu stocken droht, stabilisiert das Bundeswirtschaftsministerium: Ministerialrat Bieberstein, der neue Referatsleiter Freie Berufe, springt seinem Kollegen Dr. Jagow im BMV zur Seite, Staatssekretär Dr. Schlecht spricht mit dem Staatssekretär im BMV, der neue Wirtschaftsminister Haussmann telefoniert mit dem Verkehrsminister. Im Januar nimmt der Verkehrsausschuss des Bundestages von dem Entwurf einer 8. Verordnung der Bundesregierung „zur Änderung straßenverkehrsrechtlicher Vorschriften" zustimmend Kenntnis. Im April 1989 stimmt der Bundesrat der von der Bundesregierung inzwischen beschlossenen Rechtsverordnung zu.

Als erstes Bundesland erkennt 1990 Baden-Württemberg die GTÜ als Überwachungsorganisation der freiberuflichen Kfz-Sachverständigen amtlich an, alle anderen Bundesländer folgen bald.

Damit beginnt eine einzigartige Erfolgsstory. Innerhalb von 15 Jahren nimmt die GTÜ durch ihre 1950 Partner 4,5 Millionen Fahrzeuguntersuchungen vor und erringt einen Marktanteil von 13 %. In den letzten Jahren ist dieser Erfolg mit dem Namen des GTÜ-Geschäftsführers Rainer de Biasi verbunden.

Ein Problem bleibt: Die Länder behalten sich vor, die Zahl der Prüfingenieure in ihrem Land zu bestimmen, mit denen die Überwachungsorganisationen der freiberuflichen Kfz-Sachverständigen prüfen dürfen. Jedes Mal, wenn die GTÜ zur Erfüllung des steigenden Prüfbedarfs mehr Prüfingenieure einsetzen will, setzt ein Ringen mit den Länderbehörden zur Genehmigung dieser weiteren Prüfingenieure ein. Die Beschränkung der Zahl der Prüfingenieure kann erst im Laufe der Zeit mühsam beseitigt werden.

Der Kampf um die Öffnung der freiwilligen Kfz-Überwachung ist dennoch endgültig gewonnen. Zehn Jahre hat dieser Kampf gedauert. Er ist ein Lehrstück dafür, wie schwer es ist, in Deutschland Prüfmonopole gegen den Widerstand der Monopolisten und ihrer Verbündeten in Politik und Verwaltung zu öffnen.

Neben den Novellierungen des ZSEG ist die Öffnung der freiwilligen Kfz-Überwachung für freiberufliche Kfz-Sachverständige der größte politische Erfolg, den der BVS und die GTÜ bis dahin erzielt haben.

In der Folgezeit gibt es manchmal Kritik an der GTÜ und einzelnen ihrer Sachverständigen. 1995 beschließt die Verkehrsministerkonferenz, dass Berichte „über zwischenzeitliche Fehlentwicklungen im Überwachungsbereich der sorgfältigen Prüfung bedürfen", stellt aber auch fest, „dass sich die im Jahre 1989 beschlossene Liberalisierung im technischen Kraftfahrzeugbereich durch Einbeziehung von Organisationen freiberuflicher Sachverständiger im wesentlichen bewährt hat." Der Bundesverkehrsminister legt 1997 einen Verordnungsentwurf zur Änderung der einschlägigen Anlage VIII zu § 29 StVZO vor, der einige Neuregelungen bringt.

Nach Auffassung der Verkehrsminister und -senatoren der Länder stellen „diese Neuregelungen die bewährte Liberalisierung zugunsten der Sachverständigenorganisationen nicht in Frage, sie sichern aber eine unverzichtbare hohe Qualität der Untersuchungen durch alle in der Kraftfahrzeuguntersuchung tätigen Organisationen".

Obwohl die GTÜ in diesen Neuregelungen zunächst eine „Gegenreformation" zur Öffnung der Kfz-Überwachung sieht, kann sie doch auf Dauer mit diesen Neuregelungen leben. Als Vierundzwanzigste Verordnung zur Änderung der Straßenverkehrszulassungsordnung werden diese Neuregelungen 1998 von der Bundesregierung beschlossen. Der Bundesrat stimmt der Verordnung zu.

Später erreicht dann im wesentlichen die GTÜ selbst mit ihren Lobbyisten Robert Köstler, dem Leiter der GTÜ Berlin, und Dietrich Rollmann, seit langem auch Politischer Bevollmächtigter der GTÜ, in mehreren Schritten weitere Öffnungen bei den Prüfungen nach der StVZO für die freiberuflichen Kfz-Sachverständigen: z. B. bei den Änderungsabnahmen von Fahrzeugteilen, den Abgassonderuntersuchungen, der Wiederzulassung von stillgelegten Kraftfahrzeugen und der Prüfung von Oldtimern.

Im Jahre 2004 hilft dabei der FDP-Bundestagsabgeordnete Horst Friedrich mit dem Fraktionsantrag „Bürgernähe durch mehr Wettbewerb bei der Fahrzeugüberwachung".[91] Und es engagieren sich die CDU/CSU-Abgeordneten Dirk Fischer und Gero Storjohann. Natürlich aber wäre aus der weiteren Öffnung nichts geworden, wenn nicht alle: die Bundesregierung, die rot-grüne Regierungskoalition, die Opposition, Bundestag und Bundesrat mitgezogen hätten.

Niemals ist die Öffnung der freiwilligen Kfz-Überwachung für freiberufliche Sachverständige danach grundsätzlich in Frage gestellt worden. Niemand will das Rad der Geschichte noch zurückdrehen. Die Kraftfahrzeughalter halten es für ganz selbstverständlich, dass sie zwischen verschiedenen Prüforganisationen wählen können. Die Aufsichtsbehörden lernen, dass auch freiberufliche Kfz-Sachverständige gut prüfen können. Der Slogan der Technischen Überwachungsvereine „Sicherheit verträgt keinen Wettbewerb" hat ausgedient. Und: ein Jahrzehnt haben die Bausachverständigen und Immobilienbewerter im BVS den erfolgreichen Kampf für die Öffnung der freiwilligen Kfz-Überwachung durch die Kfz-Sachverständigen finanziert.

Aufzugsverordnung und Druckbehälterverordnung

In der Bundesrepublik zählt man rund eine halbe Million Personen- und Lastenaufzüge. In den achtziger Jahren arbeitet das Bundesministerium für Arbeit und Sozialordnung an der Novellierung der Aufzugsverordnung und an der Novellierung der Druckbehälterverordnung nach § 24 Gewerbeordnung.

BVS und DIHT fordern auch hier das Ende des Prüfmonopols der Technischen Überwachungsvereine und die Öffnung der Prüfungen für freiberufliche Aufzugs- und Druckbehältersachverständige.

---

91 Bundestagsdrucksache 15/4263.

Zur Erinnerung: 1978 hatte als erster Präsident Altmeier bei dem Parlamentarischen Staatssekretär beim Bundesminister für Arbeit und Sozialordnung, Hermann Buschfort, die Öffnung der Prüfungen von Aufzügen und Druckbehältern für freiberufliche Sachverständige gefordert.

Wo aber gibt es freiberufliche Aufzugs- und Druckbehältersachverständige? Wo aber sind die Überwachungsorganisationen, zu denen sich diese Sachverständigen zusammenschließen können, um dann die Prüfungen vorzunehmen?

Das Sachverständigenverzeichnis 2000 des BVS weist drei Sachverständige für „Fördertechnik" und keinen einzigen für „Druckbehälter" aus. Und die GTÜ Gesellschaft für technische Überwachung versteht sich in dieser Zeit nur als Organisation für Kfz-Prüfer. Der BVS müsste versuchen, Mitarbeiter von Firmen und Technischen Überwachungsvereinen dafür zu gewinnen, sich als freiberufliche Sachverständige niederzulassen und sich zu Prüfingenieuren für Aufzüge und Druckbehälter ausbilden zu lassen. Und der BVS müsste es unternehmen, zwei neue Überwachungsorganisationen zu gründen.

Wolfgang Küßner, der Präsident des BVSK, hält die Gewinnung von Aufzugs-Sachverständigen für kein Problem. „Es macht für einen Maschinenbauingenieur keinen grundlegenden Unterschied, ob er ein Auto oder einen Aufzug prüft".

Die öffentliche Bestellung von freiberuflichen Aufzugssachverständigen durch die DIHT-Kammern allerdings wird durch die „Fachlichen Bestellungsvoraussetzungen" der Industrie- und Handelskammer Stuttgart, vor deren Fachausschuss alle Aufzugssachverständigen aus dem gesamten Bundesgebiet ihre Prüfung bestehen müssen, aufs schwerste behindert.

Darin wird nicht nur ein abgeschlossenes Studium der Fachrichtungen Maschinenwesen oder Elektrotechnik verlangt, sondern auch eine „mindestens achtjährige praktische Tätigkeit, davon fünf Jahre bei einem Aufzugshersteller" sowie „eine ausreichende Erfahrung beim Prüfen von Aufzugsanlagen" gefordert. Bei den Technischen Überwachungsvereinen genügt hingegen eine Ausbildungszeit von vier bis sechs Monaten, um Aufzüge prüfen zu können.

Nur wenige Sachverständige erfüllen die „Fachlichen Bestellungsvoraussetzungen" der IHK Stuttgart für eine öffentliche Bestellung. So ist es kein Wunder, dass die Zahl der öffentlich bestellten Aufzugssachverständigen – und damit die Konkurrenz für den TÜV – gering bleibt.

DIHT-Sachverständigenreferent Dr. Bleutge schreibt 1999 dazu: „Wir mussten damals den Bundesländern gegenüber nachweisen, dass wir diese strengen Anforderungsprofile als Bestellungsvoraussetzungen formulierten, damit die Kammern überhaupt die Bestellungszuständigkeit für dieses Sachgebiet zugeschrieben bekamen"[92].

Das Bundesministerium für Arbeit und Sozialordnung BMA will auch bei der Prüfung von Aufzügen das Prüfmonopol der Technischen Überwachungsvereine abschaffen, die sich erneut erbittert zur Wehr setzen. Schließlich wird ein Kompromiss dahingehend gefunden, dass freiberufliche Aufzugssachverständige in reinen Privathäusern die Sicherheit der Aufzüge prüfen dürfen, während die Prüfung aller anderen Aufzüge den Technischen Überwachungsvereinen vorbehalten bleibt.

Die Prüfung der charmanten „Paternoster" in hanseatischen Kontorhäusern bleibt den freiberuflichen Aufzugssachverständigen auf diese Weise verwehrt. Dieser Kompromiss benachteiligt die freiberuflichen Aufzugssachverständigen: Gibt es in einer privaten Wohnanlage auch nur ein Büro, eine Praxis, ein Ladengeschäft, dann ist der TÜV für die Prüfung aller Aufzügen in dieser Wohnanlage zuständig.

Symptomatisch für die Haltung vieler Bundesländer ist die Antwort der hessischen Landesregierung 1989 auf eine Große Anfrage der FDP-Landtagsfraktion „zur Lage der Freien Berufe"[93] mit der vom LVS Hessen initiierten Frage: „Sieht die Landesregierung Wettbewerbsverzerrungen im Sachverständigenwesen zwischen den freiberuflich Tätigen und Organisationen mit angestellten Sachverständigen?"

---

92 DIHT-Schreiben vom 24.06.99.
93 Landtagsdrucksachen 12/420 und 12/3265.

Antwort der Landesregierung: „Konkret wird man von Wettbewerbsverzerrungen nur in Ausnahmefällen sprechen können ... Regelungen für weitere Teilbereiche – so die Überprüfung von Aufzügen, von Druckbehältern und Schankanlagen – werden derzeit ... erarbeitet. Die Landesregierung stimmt einer Öffnung dieser Aufgabenschwerpunkte ... grundsätzlich zu, sofern keine Abstriche an bestehenden Sicherheitsstandards entstehen und ... die Leistungsqualität gewährleistet bleibt".

Aber immerhin: Auch im Aufzugsbereich gelingt 1988 mit der Aufzugsverordnung ein erster Einbruch in das Prüfmonopol der Technischen Überwachungsvereine.

Bei der in der gleichen Zeit in Arbeit befindlichen Druckbehälterverordnung scheitert die Öffnung am Widerstand der Technischen Überwachungsvereine und der Länder. „Die Bundesländer standen in der Vergangenheit den Deregulierungsbemühungen des Bundesministeriums für Arbeit und Sozialordnung klar ablehnend gegenüber", sagt auf eine Frage des CDU/CSU-Abgeordneten Hansjürgen Doss der Staatssekretär Dr. Werner Tegtmeier 1996 im Bundestag. Aber: „Die Bundesregierung hat das Ziel nicht aus den Augen verloren, die Druckbehälterverordnung für technische Überwachung bei Druckbehältern für freiberufliche Ingenieure zu öffnen", erklärt sie bei der Beantwortung einer vom BVS miterarbeiteten Großen Anfrage der Fraktionen der CDU/CSU und FDP zur „Lage der Freien Berufe im Zuge der Schaffung des europäischen Binnenmarktes".[94]

Erst Jahre später, 2001, fällt bei der Schaffung des Gerätesicherheitsgesetzes das Prüfmonopol der Technischen Überwachungsvereine bei der Prüfung von Aufzügen und Druckbehältern vollständig.

Deregulierungskommission

Die Bundesregierung beruft im Dezember 1987 eine „Unabhängige Expertenkommission zum Abbau marktwidriger Regulierungen" (Deregulierungskommission) unter Vorsitz von Professor Dr. Jürgen Donges. Die Kommission richtet schriftliche „Fragen zur Deregulierung im Bereich der Freien Berufe" an die Freien Berufe.

---

94 Bundestagsdrucksachen 11/5640 und 6985.

Nach Beantwortung dieser Fragen stehen im Juli 1989 Präsident Hans-Jörg Altmeier und Bevollmächtigter Dietrich Rollmann der Deregulierungskommission in Kiel Rede und Antwort.

„Der Verlauf dieses Gesprächs hat uns sehr befriedigt", schreibt Rollmann im *Sachverständigen*: „Die Vereinigung der Technischen Überwachungsvereine hat sich dann immer völlig in der Defensive befunden, wenn sie auf Prüfmonopolansprüchen beharrte". [95]

Der „Bericht der Deregulierungskommission" zum Kapitel „Das Technische Prüfungs- und Sachverständigenwesen" vom Frühjahr 1991 stößt beim BVS auf Zustimmung. Die „Deregulierungskommission" schlägt vor:

„Vorschlag 49: Jeder Sachverständige, der die subjektiven Zulassungsvoraussetzungen erfüllt und Mitglied einer Prüforganisation ist, erhält das Recht, Anlagen gemäß § 24 Gewerbeordnung zu prüfen.

Vorschlag 51: Jeder Sachverständige, der die subjektiven Zulassungsvoraussetzungen erfüllt und Mitglied einer Prüforganisation ist, erhält das Recht, auch in den sonstigen technischen Bereichen mit besonderer gesetzlicher Regelung tätig zu werden".

Die „Deregulierungskommission" hat die Erwartung, dass „die Deregulierung der Märkte für Prüfungs- und Sachverständigenleistungen dazu führen wird, dass das im allgemeinen Interesse liegende Maß an hoher Sicherheit und Umweltverträglichkeit moderner Technik besser und kostengünstiger als auf der Basis von Prüfmonopolen gewährleistet wird".

Die Vorschläge der „Deregulierungskommission" vom Frühjahr 1991 kommen für die Öffnung der freiwilligen Kfz-Überwachung zu spät, für die Schaffung des Gerätesicherheitsgesetzes gerade recht.

In einem Schreiben an das Bundeswirtschaftsministerium „stimmt der BVS allen Vorschlägen der Kommission zur Deregulierung zu und fordert die Bundesregierung auf, die Forderungen der Deregulierungskommission in Recht und Gesetz umzusetzen". Soweit die Bundesregierung

---

95 DS 9/89, S. 201.

sich die Forderungen zu eigen macht, beauftragt sie 1992 „die zuständigen Bundesminister, die notwendigen Umsetzungsmaßnahmen einzuleiten".[96]

Jahreshauptversammlung 1989

Der Präsident des LVS Bayern, Emil A. Kolb, begrüßt die Delegierten der gemeinsamen Jahreshauptversammlung des BVS sowie der LVS Baden-Württemberg und Bayern in Bayreuth: „Der BVS nimmt die Interessen der öffentlich bestellten und vereidigten Sachverständigen in rechtlicher, berufsständischer und kultureller Hinsicht wahr ... Die Einflussnahme unseres Verbandes auf Qualitätsnormen im nationalen und EWG-Rahmen muss zunehmen". Der oberfränkische Bezirksvorsitzende und spätere BVS-Präsident Michael Staudt war für die Organisation und das kulturelle Programm im Bayreuth der Markgrafen und des Komponisten Richard Wagner verantwortlich.

Einer der Gutachter der Deregulierungskommission, der Bayreuther Ordinarius Prof. Dr. Volker Emmerich, spricht auf der Jahreshauptversammlung über das Thema „Deregulierung des technischen Sachverständigenwesens".

In seiner Rede weist er neue Wege: „Noch einfacher als im Bereich der Prüfungen nach der StVZO wäre eine Marktöffnung bei den überwachungsbedürftigen Anlagen nach § 24 GewO zu bewerkstelligen, da § 24 c tatsächlich in keiner Weise die heutigen Prüfmonopole des TÜV festschreibt. Denn § 24 c Abs. 1 S. 1 GewO bestimmt ausdrücklich, dass in den Vierundzwanziger-Verordnungen jederzeit etwas anderes als eine Prüfung gerade durch amtliche oder amtlich anerkannte Sachverständige vorgeschrieben werden kann ... Durch eine Änderung der Vierundzwanziger-Verordnungen kann daher dieser Bereich der technischen Überwachung jederzeit für den Wettbewerb geöffnet werden.

Dieselbe Wirkung könnte außerdem durch entsprechende Änderungen der Organisationsverordnungen der Länder erreicht werden, wozu es nicht mehr bedürfte als einer Streichung der sog. Anstellungsklausel. Denn schon jetzt sind die Länder nach ihren Organisationsverordnungen prinzipiell nicht gehindert, mehrere Überwachungsorganisationen nebeneinander zuzulassen".

---

96   der freie beruf 6/92.

Ein weiterer Redner auf der Jahreshauptversammlung 1989 ist der Europa-Abgeordnete Dr. Ingo Friedrich. Seine Rede ist ein Aufruf an die deutschen Sachverständigen, sich optimistisch der Vollendung des Europäischen Binnenmarktes 1992 zu stellen und ihre Chancen im Europäischen Binnenmarkt entschlossen wahrzunehmen.

CIDADEC

Mit der Arbeit der CIDADEC in Europa (*Confédération Internationale des Associations d'Experts et de Conseils*) beschäftigt sich der BVS-Vorstand im Dezember 1989 und beschließt:

a) Die CIDADEC wird aufgefordert, sich in der EG zu aktivieren.
b) Das Präsidium des BVS wird aufgefordert, die Arbeit der CIDADEC in Brüssel stärker zu unterstützen.
c) Die CIDADEC wird aufgefordert, gemeinsam mit dem BVS einen Lobbyisten für Brüssel zu engagieren.
d) Die CIDADEC wird aufgefordert, den Informationsfluss an den BVS und seine Landesverbände zu verstärken und zu beschleunigen.[97]

Im November 1989 kommt Präsident Hans-Jörg Altmeier zu einem Gespräch über die Rolle der Sachverständigen in der Europäischen Gemeinschaft mit EG-Kommissar Peter M. Schmidhuber in Brüssel zusammen. Im Oktober 1990 wählt die CIDADEC Altmeier zu ihrem Präsidenten.

Siedentopf-Gutachten

1988 erstattet Professor Dr. Heinrich Siedentopf von der Hochschule für Verwaltungswissenschaften Speyer das im Auftrag des BVS erstellte Gutachten „Die Übertragung von öffentlichen Dienstleistungen auf öffentlich bestellte und vereidigte Sachverständige", das im BVS eine lebhafte Diskussion auslöst.

„Das Gutachten soll", so schreibt Siedentopf, „für den Bereich der öffentlich bestellten und vereidigten Sachverständigen die Voraussetzungen und Grenzen der Verlagerung öffentlicher Dienstleistungen bestimmen und die bisherigen Hindernisse in der Übertragung feststellen".

---

[97] Protokoll der BVS-Vorstandssitzung vom 1. Dezember 1989.

Siedentopf kommt u. a. zu folgenden Ergebnissen:

„7. Die öffentliche Bestellung und Vereidigung von Sachverständigen auf einem bestimmten Sachgebiet erfolgt im öffentlichen Interesse. Dieses öffentliche Interesse begründet und rechtfertigt die besonderen staatlichen Bedingungen für die Bestellung und die Tätigkeit des Sachverständigen, insbesondere die Prüfung des Bedürfnisses für die Bestellung. Die Tätigkeit der öffentlich bestellten und vereidigten Sachverständigen ist als 'staatsentlastendes Privathandeln unter staatlicher Aufsicht' zu verstehen.

8. Die öffentliche Bestellung zum Sachverständigen bedeutet nicht die Zulassung zu einem neuen Beruf, sondern die Verleihung einer besonderen Berufsqualifikation, einer Zusatzqualifikation, die der Aussage des Sachverständigen einen erhöhten Wert verleiht. Die besondere Sachkunde und Eignung sind Bestellungsvoraussetzungen, die im Interesse der Allgemeinheit in § 36 GewO aufgenommen sind. In der Regel ist der Sachverständige nicht Beliehener – es sei denn auf Grund besonderer bereichsspezifischer Rechtsvorschrift –; dennoch erhält seine Tätigkeit durch die öffentliche Bestellung einen „stärkeren amtlichen Anstrich".

15. ... Die Übertragung öffentlicher Dienstleistungen auf öffentlich bestellte und vereidigte Sachverständige darf nicht am Besitzstandsdenken der öffentlichen Verwaltung scheitern. Sie lässt sich für konkrete Sachgebiete und Dienstleistungen auch rational aus einem Vergleich der Kosten und Nutzen für den Staat, für den bisherigen und den neuen Leistungsträger und den Leistungsempfänger begründen."[98]

In der Folge gelingt es dem BVS nicht, dieses Gutachten politisch zu nutzen.

Kontakte mit Sachverständigen in Ungarn

Beim beginnenden Tauwetter im Ostblock nimmt in der Mitte der achtziger Jahre das Technische Gerichtssachverständigeninstitut Ungarns Kontakt mit dem BVS auf. Das Institut ist zwar keine freie, sondern eine staatliche Institution des Sachverständigenwesens, aber es wird doch zum

---

[98] Gutachten von Prof. Dr. jur. Dr. h.c. Heinrich Siedentopf vom Mai 1988.

Ausgangspunkt freier ungarischer Sachverständiger. Bald entwickelt sich ein lebhafter Brief- und Reiseverkehr, dessen treibende Kraft auf ungarischer Seite der Institutsdirektor Dr.-Ing. Othmar Mueller ist. Dr. Mueller, der volksdeutscher Abstimmung ist, ist Gast auf BVS-Jahreshauptversammlungen, spricht auf Sachverständigentagungen und schreibt Artikel im *Sachverständigen*. Der BVS unterstützt ihn nach seinen Möglichkeiten. Hans-Jörg Altmeier und Dietrich Rollmann reisen zu Gesprächen nach Budapest, überbringen Gastgeschenke und werden gastfreundlich empfangen.

Rollmann spricht zum „Ungarischen Sachverständigenkongress": „Heute gehen die Sachverständigen Ungarns den Weg vom staatsgebundenen zum freien, unabhängigen Sachverständigen. Wir begrüßen diese Entwicklung sehr, denn wir sind ein Verband freier Sachverständiger." 1992 verleiht „Der Verband der Vereine der Gerichtssachverständigen Ungarns" Dietrich Rollmann die Ehrenmitgliedschaft.

Die Wiedervereinigung Deutschlands

Der Fall der Mauer 1989 und die Wiedervereinigung Deutschlands 1990 sind die bewegendsten Ereignisse in der Präsidentschaft von Hans-Jörg Altmeier. Deutschland ist wieder eins. Diese Ereignisse finden unter den Sachverständigen einen gewaltigen Widerhall – auch aus Gründen der Kollegialität mit den Sachverständigen in der ehemaligen DDR.

In der DDR gibt es 1989 nur noch eine Handvoll selbständiger und dann doch weisungsgebundener Sachverständiger, die „amtlich zugelassen" sind, und keinen freien Sachverständigenverband.

1993 legt die Bundesregierung dem Wirtschaftsausschuss des Bundestages zu dem Zweiten „Bericht der Bundesregierung über die Lage der Freien Berufe" von 1990 eine „Ergänzende Information über die Lage und Chance der Freien Berufe in den neuen Bundesländern" vor. Zu den Sachverständigen heißt es dort: „Während die ehemalige DDR außer staatlichen Prüfstellen nur die Einrichtung 'staatlich zugelassener' Sachverständiger kannte, die vielfach gebunden waren, hat sich nach der Wende die Vielschichtigkeit des in den alten Bundesländern bekannten Sachverständigenwesens entfaltet." Jedoch: „die Gesamtzahl aller Sachverständigen ist z. Zt. nicht feststellbar", aber: „Die Industrie- und Handelskammern sowie die Handwerkskammern haben dort insgesamt 1200 Sachverständige bestellt". Der BVS schätzt, dass in den neuen Bundesländern Platz für rd. 3000 öffentlich bestellte Sachverständige ist.

Immobilienbewertung in der DDR

Auf Einladung der Deutschen Ausgleichsbank unternimmt Dietrich Rollmann bereits im Januar 1991 die erste Reise in die DDR, die nach Sachsen führt. Rollmann ist entsetzt von dem miserablen Zustand der Gebäude.

Dieser Problematik gilt das „Seminar für Immobilienbewertungssachverständige", das der BVS gemeinsam mit der Münchner mh-Bausparkasse unter der Leitung von Rollmann im September 1990 für Sachverständige aus West und Ost in Berlin veranstaltet.

Die Veranstaltung wird vom Berliner Landesvorsitzenden Baldur Ubbelohde eröffnet. Ein Vertreter des DDR-Bauministeriums spricht über „Die Situation auf dem DDR-Immobilienmarkt". Der Berliner Immobilienbewerter Klaus P. Keunecke legt dar, dass sich Bodenrecht und Bodenbewertung in den beiden deutschen Teilstaaten völlig auseinanderentwickelt haben und heute erst mühsam wieder zusammengefügt werden müssten. Der Vorstandsvorsitzende der mh-Bausparkasse, Wolfgang Schneider, fordert die Immobiliensachverständigen aus den neuen Bundesländern auf, sich so schnell wie möglich den Wissens- und Erfahrungsstand ihrer Kollegen aus den alten Ländern anzueignen, damit sie in der Lage sind, sich auf ihrem heimischen Markt zu behaupten. Dr.-Ing. Hans-Peter Giese aus Dresden berichtet über „Die Bewertung von Immobilien in der DDR".

Zwischen Rollmann und Dr. Giese entwickelt sich in der Diskussion eine Kontroverse, als Rollmann feststellt, dass Bewerber um die öffentliche Bestellung aus den neuen Bundesländern die verlangte „besondere Fachkunde" vorerst vor Fachgremien von westdeutschen Kammern nachweisen sollten, bis Kammern in der DDR errichtet sind.

Dieser Gedanke wird von Dr. Giese für die Sachverständigen aus der DDR, die oft schon lange Jahre „staatlich zugelassen" sind, unter dem Beifall seiner Kollegen als „Diskriminierung" bezeichnet und entschieden abgelehnt. Der Berliner Immobilienbewerter Roland R. Vogel erzählt über seine „Erfahrungen bei der Bewertung von Immobilien in der DDR".[99]

Dietrich Rollmann erinnert sich: „Die Tagung findet im noch halbsanierten FDGB-Gewerkschaftshaus an der Jannowitzer Brücke statt. Trotz meiner Bemühungen um eine gemischte Sitzordnung nehmen im Sitzungssaal die Sachverständigen aus dem Osten auf der linken Seite, die West-Sachverständigen auf der rechten Seite des Ganges Platz.

Zwischen den beiden Sachverständigengruppen herrscht eine Atmosphäre der Fremdheit, wenn nicht des Misstrauens. Die Tagung nimmt aber einen unspektakulären Verlauf. Stimmung kommt erst auf, als der Immobilienbewerter Roland R. Vogel, zu dieser Zeit auch Gastprofessor an der Universität Prag, jung und schlank mit einem großen roten Schal um den Hals erscheint und den biederen Sachverständigen aus der DDR berichtet, wie er erst einmal mit einem Privatflugzeug die von ihm zu schätzenden Großimmobilien zu überfliegen pflegt und so erste Einschätzungen vornimmt. Ein Raunen geht durch den Saal, als Vogel über seine Honorare berichtet …"

Die Immobilienbewertungssachverständigen in der DDR stehen vor großen Problemen. Es gibt kein geeignetes Bodenwertverfahren, aus dem Rückschlüsse über den aktuellen Wert von Grundstücken gezogen werden können. Bei den künstlich niedrig gehaltenen Mieten kann kein vernünftiger Ertragswert für Häuser ermittelt werden. Kataster- und Grundbücher sind oft nicht auffindbar. Die noch existierenden 240 Liegenschafts- und Grundbuchämter sind völlig überlastet und unzureichend besetzt. Der Zustand des Vermessungswesens lässt zu wünschen übrig. Freiberufliche öffentlich bestellte Vermessungsingenieure gibt es nicht mehr. „Seit ewigen Zeiten wurde kein Land mehr vermessen, das Grundbuch nicht richtig geführt, ausgelagert, gar gefälscht", schreibt Cora Stephan damals in der „Zeit". Die wenigen Notare sind völlig überlastet, aber im Grundstücksverkehr zur Beurkundung nun einmal

---

99 DS 11/90.

notwendig. Dipl.-Ing. Gernot Halger aus Plauen berichtet im *Sachverständigen* über die schwierigen Probleme bei der „Bewertung von bebauten und unbebauten Grundstücken in der DDR".[100]

Kfz-Überwachung in der DDR

Die Kfz-Überwachung ist in der DDR eine Sache des staatlichen Kraftfahrzeugtechnischen Amtes, das dem BVS im April 1990 zunächst mitteilt, dass in der DDR „nicht vorgesehen ist, freiberufliche Sachverständige für die Gebiete vergleichbar zu §§ 19, 20, 21, 22 und 29 der StVZO der Bundesrepublik zuzulassen". Es bedarf der Intervention des BVS bei der Bundesregierung, um einen anderen Bescheid zu erhalten.

Der Staatssekretär im Bundeswirtschaftsministerium, Dr. Otto Schlecht, schreibt im Mai: „Das Ministerium für Verkehrswesen der DDR hat erklärt, die 8. Verordnung zur Änderung straßenverkehrsrechtlicher Vorschriften vom 24. Mai 1989 über die Öffnung der technischen Überwachung zugunsten freiberuflicher Sachverständiger anzuwenden … Das würde bedeuten, dass Überwachungsorganisationen der freiberuflichen Sachverständigen in der DDR anerkannt werden können …"

Der Weg in die DDR ist damit für die GTÜ geebnet. Im Juli veranstalten GTÜ und BVS mit Kfz-Sachverständigen aus der DDR eine Tagung ebenfalls im Gewerkschaftshaus an der Jannowitzer Brücke, das inzwischen zum Kongresszentrum mutiert ist.

Unterstützung von Sachverständigen aus dem Osten

Präsidium und Beirat des BVS bekunden mannigfach ihre Solidarität mit den Sachverständigen aus dem Osten und mit denjenigen, die es werden wollen. Sie rufen die Sachverständigen aus dem Westen auf, Sachverständige aus dem Osten in ihren Büros hospitieren zu lassen. Die Bundesregierung fördert die Hospitation erst einmal mit 72 DM pro Nacht und Tag.

---

100 DS 4/90.

Vizepräsident Klaus Baréz bittet um Geldspenden für die Sachverständigen in der DDR: „Es ist notwendig, die Kollegen mit Literatur zu versorgen, ihnen Hilfe bei der Teilnahme an Seminaren zu gewähren, ihnen zumindest Zuschüsse für ihre Reisen in die BRD zu geben und ihnen unsere Zeitung zu schicken".[101] Roland R. Vogel gründet in Berlin eine Computerhilfe e. V. und fordert zur Sammlung von gebrauchsfähigen Computern für Institutionen und Personen in der DDR auf.

Der LVS Bayern übernimmt mit seinen beiden Bezirksgruppen Ober- und Unterfranken die Patenschaften für den LVS Sachsen und gemeinsam mit dem LVS Hessen für Thüringen, und der VVS Berlin für Brandenburg. Im März 1990 leitet Bayerns Präsident Emil A. Kolb in Bayreuth eine Begegnung zwischen dem BVS und Sachverständigen aus der DDR. Denkwürdig wird am 17. Juni in Chemnitz von Sachverständigen aus Ost und West unter Beteiligung von Dr. Beil (DIHT) ein „Memorandum" beschlossen, das die Sachverständigenbestellung in den neuen Bundesländern bis zur regulären öffentlichen Bestellung und Vereidigung regeln soll, d. h. es wird eine Übergangsregelung beschlossen.

Zu Beginn des Jahres 1990 schreibt Dietrich Rollmann im *Sachverständigen*: „Vielleicht wird dieses Jahr auch die Geburtsstunde eines freien Sachverständigenwesens in der DDR sein".[102] Der BVS nimmt auf seiner Jahreshauptversammlung 1990 die ersten neu gebildeten sächsischen Sachverständigenverbände als Gastmitglieder in seine Reihen auf: den Verband der Immobilienbewerter mit 700 Mitgliedern und den Verband der Bausachverständigen mit 500 Mitgliedern.[103]

Dietrich Rollmann: „Wir müssen den neugegründeten Landesverbänden der Sachverständigen organisatorische Hilfe leisten. Es fehlt doch an allem: an Büroräumen, Telefonen, Schreibmaschinen, Kopierern, Dingen, die bei uns für die Ausstattung eines modernen Büros vollständig selbstverständlich sind. Jeder leiste seinen Beitrag!".[104]

---

101 DS 7-8/90.
102 DS 1-2/90.
103 Protokoll der Jahreshauptversammlung vom 12. Mai 1990.
104 DS 9/90.

Die Bundesregierung öffnet 1991 alle ihre „Mittelstandsprogramme" für die Angehörigen der Freien Berufe in der DDR. Davon sind für die Sachverständigen von besonderer Bedeutung: das Bürgschaftsprogramm, das Eigenkapitalhilfeprogramm und ERP-Kredite für Investitionen in der DDR. Wichtig ist auch die Förderung von Informations- und Schulungsveranstaltungen sowie die Förderung von Unternehmensberatungen.

Mit der Begründung der Währungs-, Wirtschafts- und Sozialunion sowie der Herstellung der Einheit Deutschlands 1990 haben die Sachverständigen in ganz Deutschland zwar Niederlassungs- und Berufsfreiheit, aber die Gerichtssachverständigen in den neuen Bundesländern müssen im „Einigungsvertrag" auch erst einmal eine Herabsetzung ihrer Entschädigung um zwanzig Prozent hinnehmen. Sie wird erst im Laufe der Jahre schrittweise beseitigt. Und es geht um die öffentliche Bestellung und Vereidigung der Sachverständigen durch die Kammern.

Öffentliche Bestellung und Vereidigung in den neuen Bundesländern

„Die Bundesregierung misst dem Aufbau eines funktionsfähigen Sachverständigenwesens für die Entwicklung des Rechts- und Wirtschaftslebens in den neuen Bundesländern große Bedeutung bei", erklärt der Parlamentarische Staatssekretär beim Bundeswirtschaftsminister, Klaus Beckmann, im Dezember 1991 auf eine Frage des SPD-Abgeordneten Christian Müller (Zittau). [105]

Nur mühsam aber kommt 1990/91 die Übertragung des Rechtes der Sachverständigenbestellung von den Ländern auf die Kammern in den neuen Bundesländern voran. Immer wieder muss der BVS bei den Wirtschaftsministern der neuen Länder mit Briefen und Vorsprachen nachhelfen.

Am Ende des Jahres 1991 aber ist in fast allen neuen Ländern das Recht zur öffentlichen Bestellung und Vereidigung von Sachverständigen gemäß § 36 Gewerbeordnung auf die Industrie- und Handelskammern übertragen. Nur Mecklenburg-Vorpommern hinkt noch hinterher. Voraussetzung aber war, dass überhaupt Kammern existieren, ins Leben gerufen werden. Die erste Kammer, die

---

[105] Bundestagsdrucksache 12/1839.

neu gegründet wird, ist im Mai 1990 die Industrie- und Handelskammer Dresden.

Präsident Altmeier schreibt an die Industrie- und Handelskammern der neuen Bundesländer zur „Vorgehensweise bei der zukünftigen öffentlichen Bestellung und Vereidigung von Sachverständigen nach § 36 der Gewerbeordnung". In diesen Schreiben wird an der Voraussetzung des Nachweises der „besonderen Sachkunde" und der „persönlichen Eignung" für die Sachverständigenbestellung festgehalten.

Die Bestellung von ehemaligen Funktionsträgern des DDR-Regimes ist problematisch. Das Verwaltungsgericht Leipzig urteilt im Sommer 1993, dass sich Bedenken gegen eine öffentliche Bestellung wegen mangelnder „persönlicher Eignung" eines Bewerbers ergeben können, der Leiter der staatlichen Bauaufsicht in einem bestimmten Bezirk gewesen ist.[106]

Zweiter Bericht der Bundesregierung über die Lage der Freien Berufe

1990 legt die Bundesregierung die „Fortschreibung" des Berichts „Lage der Freien Berufe in der Bundesrepublik Deutschland"[107] vor, die wiederum vom Bundeswirtschaftsministerium erarbeitet wurde. Der BVS kann zufrieden sein. Die guten Beziehungen, die der BVS immer mit diesem Ministerium gepflegt hat, bewähren sich.

Nun zeigt die Bundesregierung auf, was sich in den vergangenen elf Jahren an Entwicklungen im Bereich der Freien Berufe zugetragen hat. Eine Zahl ist besonders interessant: Die Zahl der selbständigen Kfz-Sachverständigen hat sich seit 1977 von 1250 auf 2000 erhöht.

Die Bundesregierung würdigt die Tätigkeit des öffentlich bestellten und vereidigten Sachverständigen: Sie „ist in das staatliche Verwaltungshandeln, z. B. im Bereich der Gewerbeordnung, einbezogen. Trotzdem unterscheiden die Unabhängigkeit und das wirtschaftliche Risiko diese Sachverständigen von den in vergleichbaren Bereichen der Verwaltung arbeitenden Fachkollegen. Für den Bürger

---

106 Az: 5 K 706/93.
107 Bundestagsdrucksache 12/21.

hat das den Vorteil, nicht einem staatlichen Verwaltungsmonopol gegenüberzustehen, sondern aus einem durch staatliche Zulassungsverfahren begrenzten Angebot der Freien Berufe auswählen zu können".

In dem Kapitel „Politische Maßnahmen seit 1979" führt die Bundesregierung aus, dass ein „Schwerpunkt die Privatisierung durch Verbesserung der Wettbewerbssituation qualifizierter Sachverständiger im Bereich der technischen Sicherheit und Überwachung bildet".

Im Hinblick auf die Vergangenheit nennt die Bundesregierung vor allem die Medizingeräteverordnung, die Aufzugsverordnung und die Öffnung der freiwilligen Kfz-Überwachung nach § 29 StVZO.

Und sie weist auf das Bundesimmissionsschutzgesetz hin, wo „die Novellierung in § 29a neben den Technischen Überwachungsvereinen und Landesbehörden auch Prüfmöglichkeiten für öffentlich bestellte und vereidigte Sachverständige (Gutachten) vorsieht", die die Sachverständigen bisher kaum genutzt haben. Die Bundesregierung erklärt ihr Bemühen, „insbesondere auf dem Gebiet der technischen Sicherheit – unter strikter Beibehaltung des technischen Sicherheitsniveaus – weitere Aufgaben qualifizierten freiberuflichen Sachverständigen zu öffnen".

In dem Kapitel „Politik für Freie Berufe im Beitrittsgebiet", also in den fünf neuen Bundesländern, stellt sich für die Bundesregierung „die Frage der Öffnung staatlicher und halb-staatlicher Dienstleistungen für private Anbieter mit besonderer Dringlichkeit. Die in der Bundesrepublik Deutschland bisher im Bereich der technischen Überwachung erreichten Fortschritte müssen auch im Beitrittgebiet verwirklicht werden".

Auf Empfehlung seines Wirtschaftsausschusses beschließt der Bundestag zu diesem „Bericht": „Im Sachverständigenwesen sind Prüfmonopole der amtlich anerkannten Überwachungsorganisationen zu beseitigen und Prüfungsaufgaben qualifizierten freien Sachverständigen zu übertragen".[108]

---

108 Bundestagsdrucksache 12/2017.

Ein Stabwechselfoto: Die Präsidenten Kolb und Altmeier in der Mitte werden umrahmt links von Justiziar Dr. Wolf Grill und Vizepräsident Klaus Baréz, rechts von den Vizepräsidenten Klaus Gassner und Baldur Ubbelohde.

BVS-Jahreshauptversammlung 1991

Präsident Altmeier ist amtsmüde und will nicht wieder kandidieren. 13 lange Jahre hat er an der Spitze des BVS gestanden. Er ist der am längsten amtierende Präsident des BVS. Dieser so unprätentiöse Mann kann eine großartige Bilanz vorweisen. Er hat den BVS konsolidiert. Immer wieder hat er eine Verbesserung der „Sachverständigenentschädigung" erreicht und den Übergang zur „Sachverständigenhonorierung" angestrebt. Ohne seinen Einsatz hätte es keine Öffnung von Prüfmonopolen der Technischen Überwachungsvereine gegeben. Er hat die ersten Schritte getan, um ein freiheitliches Sachverständigenwesen in den neuen Bundesländern aufzubauen. „Der Stellung der Sachverständigen diente der nie enden wollende Kampf von Hans-Jörg Altmeier", schreibt Dietrich Rollmann im *Sachverständigen*.

Auch die Vizepräsidenten Baréz und Gassner wollen nicht mehr kandidieren.[109] Altmeier wird Ehrenpräsident, Baréz Ehrenmitglied des BVS.

---

109 DS 5/91.

Präsident Emil A. Kolb 1991-1998

Die Jahreshauptversammlung findet am 7./8. Juni 1991 in München statt. Der bayerische Umweltminister Dr. Peter Gauweiler hält die Festrede. Drei Kandidaten werden für das Amt des Präsidenten nominiert und legen vor der Versammlung ihr Programm dar: Karl Birkner, bisher BVS-Vizepräsident, Emil Andreas Kolb, noch Präsident des LVS Bayern, und – ganz überraschend – Elisabeth Strack, stellvertretende Vorsitzende des LVS Hamburg. Gewählt wird mit 24 von 46 Stimmen Emil A. Kolb.

Zu Vizepräsidenten werden gewählt: August Burkei (Bayern), der zugleich Schatzmeister wird, Hans-Peter Daufeldt (Nordrhein-Westfalen), der sich um Bonn kümmern soll, und Baldur Ubbelohde (Berlin), zuständig für die neuen Bundesländer. Ein Vizepräsidentenplatz wird freigehalten für einen Repräsentanten der Sachverständigen aus den neuen Bundesländern und 1992 mit Dipl.-Ing. Dieter Schmalz (Thüringen) besetzt.

Intensive Jahre mit Präsident Kolb, ein Mann von Kompetenz und Ausstrahlung. Formvollendet repräsentiert er den BVS. Kolb ist Diplom-Ingenieur (FH) und Architekt in Bayreuth. Er ist ein Sohn der einst freien Reichsstadt Regensburg, der Tagungsstätte des „immerwährenden Reichstags" des alten Reichs. An gesamtdeutscher Gesinnung lässt er sich von niemandem überbieten. Die Industrie- und Handelskammer Oberfranken hat ihn zum Sachverständigen „für Grundstücks- und Gebäudeschätzungen, für Wohnungs- und Siedlungsbau" öffentlich bestellt und vereidigt. Auch die Vizepräsidenten sind Ingenieure und als Sachverständige für Bauschäden oder Immobilienbewertung bestellt. Es ist ein sehr „baulastiges" Präsidium, das die Delegierten da gewählt haben.

In ihrer Resolution stellt die Jahreshauptversammlung fest: „Sie

- grüßt die Sachverständigen in den neuen Bundesländern und bekundet ihnen ihre Solidarität,
- begrüßt es, dass alle Landesregierungen und Landtage in den neuen Bundesländern das Recht der öffentlichen Bestellung und Vereidigung von Sachverständi-

gen nunmehr auf die Industrie- und Handelskammern sowie auf die Handwerkskammern übertragen,

- wendet sich gegen Bestrebungen, das Recht der öffentlichen Bestellung und Vereidigung von Sachverständigen weiteren Kammern und Körperschaften zu übertragen,
- fordert, dass die Industrie- und Handelskammern sowie die Handwerkskammern in den neuen Bundesländern von dem Recht der öffentlichen Bestellung und Vereidigung von Sachverständigen nunmehr zügig Gebrauch machen,
- hält daran fest, dass Voraussetzungen für die endgültige öffentliche Bestellung und Vereidigung des Sachverständigen der Besitz der persönlichen Eignung und der Nachweis der besonderen Sachkunde sind,
- erwartet die Bildung von Landesverbänden öffentlich bestellter und vereidigter Sachverständiger in den neuen Bundesländern,
- hält es für schädlich, wenn sich die öffentlich bestellten und vereidigten Sachverständigen auf eine Unzahl von nicht lebensfähigen Fachverbänden zersplittern würden,
- fordert ..., dass das ZSEG für die Sachverständigen ... ersetzt oder abgeschafft wird und die Vergütungssätze der Sachverständigen nach den in der freien Wirtschaft üblichen Honoraren bestimmt werden,
- begrüßt das Fünfte Kapitel „Das Technische Prüfungs- und Sachverständigenwesen" des Zweiten Berichts der beim Bundeswirtschaftsminister errichteten Deregulierungskommission vom März 1991 'Marktöffnung und Wettbewerb', in dem dem Monopolanspruch der Technischen Überwachungsvereine im Prüfungs- und Überwachungssystem eine Absage erteilt wird,
- erwartet, dass Bund und Länder die Vorschläge der Deregulierungskommission zügig in Recht und Gesetz umsetzen,
- würdigt, dass die Bundesregierung durch Rechtsverordnungen mit Zustimmung des Bundesrates bereits zahlreiche Prüffelder für qualifizierte freie Sachverständige geöffnet hat,

- fordert die geeigneten Ingenieure, Chemiker und Handwerksmeister auf, von den dadurch geschaffenen Möglichkeiten Gebrauch zu machen, sich als Sachverständige niederzulassen und ihre öffentliche Bestellung und Vereidigung als Sachverständige zu betreiben,
- bittet die Bundesregierung sowie die Kammern, stärker auf die Möglichkeiten hinzuweisen, die für freie Sachverständige mit der Öffnung dieser Prüffelder verbunden sind."

„Glück auf!", wünscht der Delegierte Joachim Jaensch dem neuen Präsidium, das gleich seine Arbeit aufnimmt und bald „Bonn-Tage" durchführt. Das Präsidium oder einzelne seiner Mitglieder machen Bundesministern und Parlamentarischen Staatssekretären Antrittsbesuche. Sie treffen die zuständigen Abteilungs- und Referatsleiter in den für die Sachverständigen wichtigen Ministerien. Sie kommen mit Bundestagsabgeordneten aller Fraktionen zusammen, die sich für das freiheitliche Sachverständigenwesen engagieren. Die gute Zusammenarbeit mit DIHT und ZDH wird fortgesetzt.

Besonders wichtig ist das Gespräch, das das Präsidium im Juli mit dem Parlamentarischen Staatssekretär beim Bundesjustizminister, Rainer Funke, über die Novellierung des ZSEG führt: Das Ministerium arbeitet an dem Entwurf. Vizepräsident Burkei schildert im *Sachverständigen*, wie der BVS funktioniert.[110]

Dietrich Rollmann beschreibt 1992 „Einen Präsidententag in Bonn":[111] „Präsident Kolb kam frühmorgens mit dem Flugzeug aus Nürnberg an, um am späten Nachmittag dorthin zurückzufliegen. Die erste Begegnung hatte er mit dem Leiter der Mittelstandsabteilung des Bundeswirtschaftsministeriums, Ministerialdirektor Geisendörfer, über die Förderung der Hospitation von Sachverständigen aus den neuen Bundesländern bei Sachverständigen in den alten Bundesländern ... Bei dem Gespräch mit Ministerialrat Dr. Berghaus vom gleichen Haus geht es um das Europäische Akkreditierungs- und Zertifizierungssystem im Sachverständigenwesen ... Am Mittag steht ein Arbeitsessen mit der Geschäftsführung des DIHT, Dr. Schoser, Dr. Hinz, Dr. Bleutge, auf dem Programm. Inzwischen ist Vize-

---

110 DS 10/91, S. 234.
111 der freie beruf 8/92.

präsident Hans-Peter Daufeldt dazu gestoßen. DIHT und BVS sind auf eine gute Zusammenarbeit angewiesen. Eine baldige Zusammenkunft aller freien Sachverständigenverbände mit dem DIHT über den Entwurf einer neuen Sachverständigenordnung des DIHT wird vereinbart ... Das Projekt eines 'Partnerschaftsgesetzes', das auch den Sachverständigen die gemeinschaftliche Berufsausübung in Form der 'Partnerschaft' ermöglichen soll, wird von Kolb energisch unterstützt". Zum Abschluss des Tages führt der Präsident Gespräche in der Geschäftsstelle."

Sachverständige in den neuen Bundesländern

1992 ist das Jahr der Gründung von weiteren Landesverbänden öffentlich bestellter und vereidigter Sachverständiger in den neuen Bundesländern. Den Auftakt macht Präsident Kolb im Mai mit einer Einladung an führende Sachverständige aus den neuen Bundesländern zu einem Gespräch mit dem Präsidium in Leipzig. Mit den Neugründungen macht Thüringen den Anfang, Brandenburg folgt. Im Juni gründet Vizepräsident Baldur Ubbelohde im traditionsreichen, aber desolaten „Niederländischen Hof" in Schwerin den LVS Mecklenburg-Vorpommern. Vizepräsident Dieter Schmalz und Dietrich Rollmann verhelfen im Oktober in Dresden im Maritim-Hotel „Bellevue" dem LVS Sachsen zum Leben, wo zunächst niemand bereit ist, den Vorsitz zu übernehmen. Erst als Schmalz und Rollmann erklären: „Ohne die Wahl eines Vorstandes verlassen wir nicht den Saal", findet sich eine Mannschaft für den Vorstand. Alle neugegründeten Landesverbände werden umgehend in den BVS aufgenommen. Nur Sachsen-Anhalt fehlt noch.

In der ersten Zeit kümmert sich Vizepräsident Dr.-Ing. Volker Blechschmidt aus Sachsen um die Landesverbände und die Sachverständigen in den neuen Bundesländern.

Jahreshauptversammlung 1992 und Expertise '92

Der BVS veranstaltet im Juli in Berlin seine Jahreshauptversammlung und – gemeinsam mit dem LVS Berlin und Brandenburg – die „Expertise '92", die durch sieben Fachtagungen entsprechend den Fachgruppen des BVS gekennzeichnet ist. Die Hauptrede hält der damalige brandenburgische Bauminister Jochen Wolf zu dem Thema „Die Bedeutung der Sachverständigen für das Wirtschafts- und Rechtsleben". Weiter sprechen Professor Dr. Carl Soergel („Der Sachverständige im gerichtlichen Verfahren") und Dr. Peter Bleutge („Die Muster-Sachverständigenordnung des DIHT in der Reform").

Gesetzesvorhaben in der Zeit von Präsident Kolb

Drei Gesetzesvorhaben der Bundesregierung sind im Herbst 1993 für die Sachverständigen von Bedeutung: die Reform der Gewerbeordnung mit dem Sachverständigenparagraphen 36, die Schaffung eines Partnerschaftsgesetzes unter Einbeziehung der Sachverständigen und die Novellierung des ZSEG mit der Erhöhung der Sachverständigenentschädigung.

Im Vorfeld dieser Gesetzesvorhaben veranstaltet der BVS im Oktober 1993 in der Deutschen Parlamentarischen Gesellschaft zu Bonn seinen ersten erfolgreich verlaufenen Parlamentarischen Abend mit Mitgliedern des Bundestages, Mitarbeitern von Bundesministerien und Bonner Journalisten. Der zweite Parlamentarische Abend findet im September 1995 statt. Der BVS sucht das Gespräch mit allen, die für das Sachverständigenwesen verantwortlich sind.

§ 36 Gewerbeordnung

Bei dem Entwurf eines „Gesetzes zur Änderung der Gewerbeordnung"[112] geht es dem BVS um den § 36, das „Grundgesetz" des öffentlich bestellten und vereidigten Sachverständigen. Schon lange ist deutlich geworden, dass die Industrie- und Handelskammern nach dieser Bestimmung verstärkt zur öffentlichen Bestellung und Vereidigung auch von Angestellten übergehen wollen, während der BVS die Sachverständigenbestellung nach § 36 den freiberuflichen Sachverständigen vorbehalten wissen will. Um so wichtiger ist dem BVS die Gestaltung der Eidesformel in § 36, wo in dem Referentenentwurf des federführenden Bundeswirtschaftsministeriums BMW zunächst keine Änderung geplant ist.

---

112 Bundestagsdrucksache 12/5826.

In langen Gesprächen mit dem zuständigen Referatsleiter im BMW, Ministerialrat Dr. Peter Marcks, erreicht der BVS, dass schon der Gesetzentwurf der Bundesregierung eine Erweiterung der Eidesformel vorsieht: Die Sachverständigen „sind darauf zu vereidigen, dass sie ihre Sachverständigenaufgaben unabhängig, weisungsfrei, persönlich, gewissenhaft und unparteiisch erfüllen und ihre Gutachten entsprechend erstatten werden".

Und es fällt in § 36 der Begriff „gewerbsmäßig". Damit soll der „Tatsache Rechnung getragen werden, dass es sich bei der Sachverständigentätigkeit heute häufig nicht mehr um gewerbsmäßige, sondern insbesondere freiberufliche Tätigkeit handelt", heißt es in der Amtlichen Begründung des Gesetzentwurfs.

Auf die Streichung des Begriffs „gewerbsmäßig" hat der BVS in einer Besprechung zu einer „Erörterung aufgeworfener Fragen" im BMW im Januar 1993 besonders gedrungen, um die Sachverständigentätigkeit weit weg vom Bereich der Gewerblichkeit im Bereich der Freiberuflichkeit zu halten.

Während der Beratungen im Wirtschaftsausschuss des Bundestages gelingt es dem BVS, den § 36 dahingehend ergänzt zu bekommen, dass auch die Stellung des „hauptberuflichen Sachverständigen" zu regeln ist. Das ist die gesetzliche Geburtsstunde des „hauptberuflichen Sachverständigen".

Partnerschaftsgesellschaftsgesetz

„Ganze Bereiche der Freien Berufe dürfen sich nach ihrem Berufsrecht oder ihrem Selbstverständnis nur in der BGB-Gesellschaft zur gemeinschaftlichen Berufsausübung zusammenschließen. Hiervon wird zwar rege Gebrauch gemacht, jedoch zeigt sich schon lange, dass die BGB-Gesellschaft den Besonderheiten freiberuflicher Sozietäten nicht genügend Rechnung trägt", schreibt der Parlamentarische Staatssekretär beim Bundeswirtschaftsminister, Klaus Beckmann, in der dem FDP-Bundestagsabgeordneten Detlef Kleinert gewidmeten Festschrift „Recht und Pflicht – Von der Freiheit eines Rechtspolitikers".[113] „Daraus resultierte die Idee, für die Zusammenarbeit Freier Berufe eine eigenständige, auf ihre besonderen Bedürfnisse ausgerichtete

---

113 Verlagsgesellschaft Grütter, Ronnenberg 1992, S. 210.

Rechtsform zu schaffen": die Partnerschaft, die als Rechtsform für eine gemeinschaftliche Berufsausübung auch von freiberuflichen Sachverständigen in Frage kommt.

Bereits 1971 hatte es im Deutschen Bundestag einen ersten Entwurf von CDU/CSU-Abgeordneten für ein Partnerschaftsgesetz[114] gegeben, der auch von Dietrich Rollmann als damaligem Bundestagsabgeordneten mitunterzeichnet worden war. Dieser Gesetzentwurf fiel jedoch der vorzeitigen Auflösung des 6. Deutschen Bundestages zum Opfer. 1975 wurde von den Fraktionen der CDU/CSU und FDP ein zweiter Gesetzentwurf eingebracht, aus dem sich ein dritter Entwurf 1976 entwickelte, der vom Bundestag zwar beschlossen, aber vom Bundesrat abgelehnt wurde. Ursächlich dafür war auch die Ablehnung des Partnerschaftsgesetzes durch Gruppen der Freien Berufe.

Im Koalitionsabkommen der CDU/CSU-FDP vom Januar 1991 heißt es: „Für eine zeitgemäße Zusammenarbeit zwischen den Freien Berufen bedarf es der Vorbereitung eines sogenannten Partnerschaftsgesetzes". Im Februar lädt das Bundeswirtschaftsministerium die wirtschaftsnahen Freien Berufe, auf die sich das Partnerschaftsgesetz vorerst beschränken soll, zu einem ersten Gespräch über das Gesetzesprojekt ein; hier wird das große Interesse an einem Partnerschaftsgesetz deutlich.

Die Bundesregierung lässt bei verschiedenen Gelegenheiten ihre Sympathie für das Projekt eines Partnerschaftsgesetzes erkennen. Im Juni 1992 „ersucht der Deutsche Bundestag die Bundesregierung, alsbald den Entwurf des Partnerschaftsgesetzes vorzulegen, durch das eine zusätzliche Rechtsform für eine gemeinschaftliche Berufsausübung von Angehörigen der Freien Berufe für diejenigen Gruppen der Freien Berufe geschaffen wird, die dieses wünschen".[115]

Das Partnerschaftsgesetz, schreibt Dietrich Rollmann im Sachverständigen, „bietet die Chance einer neuen Enumeration der Gruppen der Freien Berufe im Einkommensteuergesetz und einer Haftungsbeschränkung unter Erhaltung der Gewerbesteuerfreiheit".[116]

---

114 Bundestagsdrucksache 6/2047.
115 Bundestagsdrucksache 12/2017.
116 DS 4/91.

Im Bundesjustizministerium wird der Regierungsentwurf eines Partnerschaftsgesellschaftsgesetzes[117] erstellt, der nur einen „Schönheitsfehler" hat: Die Sachverständigen sind dort nicht aufgeführt, für sie soll das Gesetz nicht gelten.

Es bedurfte eindringlicher Vorstellungen des BVS beim Rechtsausschuss des Bundestages selbst, um die Aufnahme der „hauptberuflichen Sachverständigen" in den Entwurf eines Partnerschaftsgesellschaftsgesetzes zu erreichen, sodass diese auch zur Gründung einer Partnerschaftsgesellschaft berechtigt sind.

Der Rechtsausschuss: „In den Katalog der Freien Berufe im Sinne dieses Entwurfs sind auch die hauptberuflichen Sachverständigen aufgenommen worden, womit der Bedeutung und regelmäßig hohen erworbenen Qualifikation der Sachverständigen Rechnung getragen werden soll, bei denen die Sachverständigentätigkeit (nicht auf die Partnerschaft beschränkt) Schwerpunkt der beruflichen Betätigung ist".[118]

Klaus G. Cors beschreibt das Partnerschaftsgesellschaftsgesetz: „Das Gesetz soll eine gemeinschaftliche Berufsausübung mit zeitgemäßer Organisationsform ermöglichen. Es will eine Lücke schließen zwischen der Gesellschaft bürgerlichen Rechts als Personengesellschaft und den Kapitalgesellschaften. Das Partnerschaftsgesellschaftsgesetz unterscheidet sich von der Gesellschaft bürgerlichen Rechts dadurch, dass die Partnerschaft rechtsfähig ist (sie kann selbst klagen und verklagt werden). Sie kann Verträge schließen, ist konkursfähig und kann als Eigentümerin in das Grundbuch eingetragen werden. Der Name der Partnerschaft ist, wie bei einer handelsrechtlichen Firma, dauerhaft. Er wird in das Partnerschaftsregister eingetragen. Scheidet ein Partner aus der Gesellschaft aus, so führt dies nicht zum Erlöschen seines Namens in der Partnerschaft. Die Haftungsregelung ist differenziert gefasst und erlaubt auch für den Sachverständige praktikable Beschränkungen".[119] Vor allen Dingen aber: die Partnerschaftsgesellschaft ist gewerbesteuerfrei!

---

[117] Bundestagsdrucksache 12/6152.
[118] Bundestagsdrucksache 12/7642.
[119] Klaus Cors, Sachverständiger – Wie werde ich das?, Vulkan-Verlag Essen 1996, S. 47.

Mit der Verabschiedung des Partnerschaftsgesellschaftsgesetzes durch den Bundestag und die Zustimmung des Bundesrates ist nun in einem zweiten Gesetz der „hauptberufliche Sachverständige" verankert.

Erstmals ist im Partnerschaftsgesellschaftsgesetz eine Legaldefinition der Freien Berufe vorgenommen worden. In § 1 Abs. 2 S. 1 heißt es: „Die Freien Berufe haben im allgemeinen auf der Grundlage besonderer beruflicher Qualifikation oder schöpferischer Begabung die persönliche, eigenverantwortliche und fachlich unabhängige Erbringung von Dienstleistungen höherer Art im Interesse der Auftraggeber und der Allgemeinheit zum Inhalt".

Kostenrechtsänderungsgesetz

Der Weg zur ZSEG-Novelle 1994 mit der Erhöhung der Stundensätze und einiger Auslagenpauschalen um 30 % wurde bereits beschrieben. Bei der Beratung des Regierungsentwurfes im Bundestag[120] wirkt der BVS darauf hin, dass die Bestimmungen über den „Berufssachverständigenzuschlag" in § 3 Abs. 2 des Gesetzes über die Entschädigung von Zeugen und Sachverständigen konkretisiert werden.

War im alten Gesetz für den Sachverständigen ein „Berufssachverständigenzuschlag" von bis zu 50 % vorgesehen, „wenn er seine Berufseinkünfte im wesentlichen als gerichtlicher oder außergerichtlicher Sachverständiger erzielt", so sieht das Gesetz von 1994 den „Berufssachverständigenzuschlag" dann vor, „wenn der Sachverständige seine Berufseinkünfte zu mindestens 70 vom Hundert als gerichtlicher oder außergerichtlicher Sachverständiger erzielt".[121]

Für die Festsetzung der Sachverständigenentschädigung durch die Kostenbeamten der Gerichte ist damit ein fester Maßstab gesetzt. Mit dieser Bestimmung aber ist auch über den Kreis des ZSEG hinaus derjenige ein „hauptberuflicher Sachverständiger", der „zu mindestens 70 vom Hundert seine Berufseinkünfte als gerichtlicher oder außergerichtlicher Sachverständiger erzielt".

---

120 Bundestagsdrucksache 12/6962.
121 BGBl I S. 1325.

Eine große Hilfe war es, dass erstmalig im April 1994 bei der Beratung des Kostenrechtsänderungsgesetzes und des Partnerschaftsgesellschaftsgesetzes der Deutsche Industrie- und Handelstag, der Zentralverband des Deutschen Handwerks und der inzwischen gegründete Deutsche Sachverständigentag sich zusammengefunden und gemeinsame Stellungnahmen an den Rechtsausschuss des Bundestages gerichtet haben.

Präsident Kolb ist stolz auf das Erreichte: „Mit der Verankerung des 'hauptberuflichen Sachverständigen' in drei Bundesgesetzen ist damit eine Stabilisierung des Sachverständigen wie nie zuvor gelungen". Er spricht Hans-Peter Daufeldt und Dietrich Rollmann den Dank und die Anerkennung des BVS für ihren Einsatz in Bonn aus.

Nun übt der Sachverständige auch nach dem Gesetz einen Beruf aus, ist die Sachverständigentätigkeit als Beruf anerkannt.

Arbeitsgemeinschaft Freier Sachverständigenverbände
Mitgeholfen bei diesem Erfolg in drei Bundesgesetzen hat auch die „Arbeitsgemeinschaft von Verbänden qualifizierter freier Sachverständiger", die vierzehn Verbände freier Sachverständiger im Sommer 1993 auf Einladung des BVS in Bonn gegründet haben. Eine erste „Arbeitsgemeinschaft" war bereits 1978 von fünf Verbänden freiberuflicher Sachverständiger ins Leben gerufen worden, aber nur einige Jahre aktiv gewesen.

Die neugegründete „Arbeitsgemeinschaft von Verbänden qualifizierter freier Sachverständiger" überträgt dem BVS und Dietrich Rollmann die Geschäftsführung.

Die erste Handlung ist, dass zur Reform der Gewerbeordnung, der Schaffung des Partnerschaftsgesetzes und zur Novellierung des ZSEG die „Arbeitsgemeinschaft" im Oktober 1993 mit den Unterschriften der Repräsentanten aller Mitgliedsverbände Eingaben an den Rechtsausschuss und an den Wirtschaftsausschuss des Bundestages richtet.

Die „Arbeitsgemeinschaft" fordert, „dass die Bundesregierung diese Gesetzentwürfe alsbald im Bundestag einbringt, sodass ihre Verabschiedung noch in dieser Wahlperiode des Bundestages gewährleistet ist".[122] Und sie macht Vorschläge zu den Gesetzentwürfen.

Der Deutsche Sachverständigentag DST

Aus der „Arbeitsgemeinschaft von Verbänden qualifizierter freier Sachverständiger" geht im Winter 1994 der Deutsche Sachverständigentag DST hervor, der von siebzehn Verbänden des freien Sachverständigenwesens getragen wird und am 4. Februar im Bonner Hotel Maritim unter dem Motto „Qualität und Wettbewerb" mit 400 Teilnehmern das erste Mal zusammenkommt.

„An diesem Tage wollen wir Trennendes überwinden, Gemeinsamkeiten herausstellen und unsere Forderungen an die Politik stellen", erklären die einladenden Sachverständigenverbände. Der Sachverständigentag soll verdeutlichen, dass „Sachverständige nicht nur bei Organisationen angestellt, sondern in großem Umfang selbständig und freiberuflich tätig sind".[123]

Ein Jahr später erreicht der 2. DST 1995 mit 650 Besuchern die vorerst höchste Teilnehmerzahl überhaupt. Seit 1996 werden dem DST Fachtagungen vorgeschaltet.

Der 2. DST 1995 wird von folgenden Sachverständigenorganisationen getragen: Arbeitsgemeinschaft der Sachverständigen in der Deutschen Automobil Treuhand AGS-DAT; Audatex Deutschland; Bund Deutscher Architekten BDA; Bundesverband der freiberuflichen und unabhängigen Sachverständigen für das Kraftfahrzeugwesen BVSK; Bundesverband der vereidigten Sachverständigen des Raumausstatter-Handwerks BSR; Bundesverband Deutscher Grundstücksachverständiger; Bundesverband öffentlich bestellter und vereidigter sowie qualifizierter Sachverständiger BVS; Bundesvereinigung der Prüfingenieure für Baustatik; Bund Technischer Experten BTE; ERV-Elektrotechnischer Revisionsverein; ERG-Elektrotechnische Revisionsgesellschaft; Gesellschaft für Technische Überwachung GTÜ; Ingenieurgemeinschaft Busch-Schmidt-Schulze + Partner; Ingenieurverband Wasser- und Abfallwirtschaft INGEWA; Ring Deutscher Makler RDM; Sachverständigen-

---

122 Schreiben der „Arbeitsgemeinschaft" vom 22. Oktober 1993 an Mitglieder von Bundestagsausschüssen.
123 DS 1-2/94.

und Ingenieurbüros Liermann; Schwacke-Bewertung; Schaden-Schnell-Hilfe SSH; Technische Organisation von Sachverständigen TOS; Technische Prüfgesellschaft Lehmann TPG; Union internationale d'experts INTEREXPERT; Union freier Sachverständiger UFS; Verband Beratender Ingenieure VBI; Verband der Bausachverständigen Norddeutschlands VBN.

Der DST erklärt sich 1994 zur ständigen Einrichtung und beruft Präsident Emil A. Kolb zu seinem Präsidenten. Michael Heidl (Bund Technischer Experten BTE), Volker Hinz (Bundesverband Deutscher Grundstücksachverständiger), Fritz Hörmann (Verband der Bausachverständigen Norddeutschlands VBN), Wolfgang Küßner (Bundesverband der freiberuflichen und unabhängigen Sachverständigen für das Kraftfahrzeugwesen BVSK), Dr. Otmar Schuster (Bund der Öffentlich bestellten Vermessungsingenieure BDVI) und Rainer Weiske (Verband Beratender Ingenieure VBI) werden zu verschiedenen Zeiten Vizepräsidenten und spiegeln damit die breite Trägerschaft des DST wider.

Der DST bestellt Werner Steiner (Interexpert) zum Schatzmeister und Dietrich Rollmann zum Generalsekretär. Jährlich tagt der DST zu Anfang in Bonn und – seit der Verlegung des Sitzes von Regierung und Parlament in die Bundeshauptstadt – in Berlin. Er wird ein großes Forum des freien deutschen Sachverständigenwesens werden. Über den DST wird besonders berichtet.

Im Jahre 2001 übernahm Michael Staudt das DST-Präsidium von seinem Vorgänger Emil A. Kolb, er war in der Reihenfolge der zweite Präsident, ihm zur Seite standen die Vizepräsidenten Wolfgang Küßner und Rainer Weiske.

Akkreditierung und Zertifizierung

Nachdem es nicht gelungen war, dem deutschen System der öffentlichen Bestellung und Vereidigung von Sachverständigen durch die Kammern europaweite Geltung zu verschaffen, verbreitet sich das angelsächsische System der Akkreditierung von Zertifizierungsstellen und der Zertifizierung von Sachverständigen durch die Zertifizierungsstellen nach der EN-DIN-Norm 45 013 in der Europäischen Gemeinschaft. Diese Norm hat rechtlich den

Rang einer DIN-Norm, damit aber keinen rechtsverbindlichen Charakter.

Professor Dr. Hans-Ulrich Mittmann, der Vorsitzende des Deutschen Akkreditierungsrates, legt auf dem 2. DST 1995 das System der Akkreditierung und Zertifizierung in der Europäischen Gemeinschaft dar. Er appelliert an die Sachverständigen, vor Europa nicht zu verzagen, sondern von den Möglichkeiten des europäischen Binnenmarktes und des europäischen Systems der Akkreditierung und Zertifizierung entschlossen Gebrauch zu machen.

Bereits der 1. DST 1994 stellt fest, „dass besondere Sachkunde, persönliche Eignung und wirtschaftliche Unabhängigkeit nicht nur in Deutschland, sondern auch in der Europäischen Union bei der Akkreditierung und Zertifizierung von Sachverständigen unabdingbare Voraussetzung sein müssen". 1998 beschließt die Trägergemeinschaft für Akkreditierung TGA einen „Pflichtenkatalog" für zertifizierte Sachverständige, der „weitgehend deckungsgleich ist mit den Sachverständigenordnungen der Industrie- und Handelskammern und Handwerkskammern".[124]

Bald stehen die ersten Zertifizierungsstellen zur Akkreditierung, die ersten Sachverständigen zur Zertifizierung an. Die beim IfS in der Rechtsform einer Gesellschaft mit beschränkter Haftung angesiedelte Zertifizierungsstelle erhält als eine der ersten Zertifizierungsstellen für Sachverständige durch die TGA - Trägergemeinschaft für Akkreditierung ihre Akkreditierung für das Zertifizierungsgebiet „Sachverständige für Kraftfahrzeugschäden und -bewertung" und als erste für das Fachgebiet „Sachverständige für die Bewertung von bebauten und unbebauten Grundstücken". Es folgt weiter das Zertifizierungsgebiet „Sachverständige für Altautoentsorgungsbetriebe", das es als erstes Fachgebiet überhaupt mit einer einzigen Prüfung ermöglicht, Zertifizierung und öffentliche Bestellung und Vereidigung als Sachverständiger alternativ oder auch zusammen zu erlangen.

IfS und BVS arbeiten in den bei der TGA für die jeweiligen Sachverständigenzertifizierungsgebiete einzurichtenden Sektorkomitees, in denen die fachlichen Voraussetzungen für eine Sachverständigenzertifizierung erarbeitet werden, sehr intensiv zusammen. Dadurch wird auch sichergestellt,

---

124 Dr. Peter Bleutge, IfS-Informationen 4/98, S. 2.

dass zwischen der öffentlichen Bestellung und Vereidigung einerseits und der Sachverständigenzertifizierung andererseits eine inhaltlich qualitative Deckungsgleichheit und gegenseitige Kompatibilität und damit Anerkennungsfähigkeit dieser Prüfungen möglich ist.

Die GTÜ errichtet 1996 die Zertifizierungsstelle GmbH GTÜZ. Sie wird von der Trägergemeinschaft für Akkreditierung TGA nach der DIN EN 45012 akkreditiert und ist damit befugt, die Zertifizierung von Qualitätsmanagementsystemen nach der Normenreihe DIN EN ISO 9000 ff. durchzuführen. Bald zertifiziert die GTÜ ihren ersten Kunden, ein Ingenieur- und Architekturbüro in Passau.

Das BVS-Präsidium beschäftigt sich im März 1994 mit der Situation. Es „ist nicht mehr auszuschließen, dass Sachverständige zertifiziert werden, die nicht gleichzeitig öffentlich bestellt und vereidigt sind", heißt es im Protokoll der Sitzung, „diese müssen in den BVS aufgenommen werden können, da sie mit Sicherheit gleich hohen Qualitätsstandard haben wie öffentlich bestellte und vereidigte Sachverständige. Auch hierfür ist die Namensänderung des Verbandes und die Konsequenzkorrektur in der Satzung dringend geboten" (Protokoll der Präsidiumssitzung).

Aufgrund des Vorschlages des Präsidiums beschließt die Jahreshauptversammlung 1994, dass der Verband künftig den Namen „Bundesverband öffentlich bestellter und vereidigter sowie qualifizierter Sachverständiger – eingetragener Verein, abgekürzt 'BVS e. V.'", tragen soll.

Zersplitterung und Neuordnung des Sachverständigenwesens

Die Forderung, der Zersplitterung des Sachverständigenwesens ein Ende zu bereiten und ein Sachverständigengesetz zu schaffen, durchzieht die ganze Geschichte des BVS. Jetzt wendet sich der 2. DST 1995 „gegen eine weitere Zersplitterung des Sachverständigenwesens durch eine zunehmende Zahl von Bestellungsinstitutionen und Bestellungsvoraussetzungen" und erwartet, dass der Gesetzgeber „nicht immer wieder für neue Prüf- und Überwachungsaufgaben neue Sachverständigentypen schafft".[125]

---

125 Resolution des 2. DST 1995.

Das letzte negative Beispiel ist das Umweltauditgesetz von 1995, wo wiederum – gegen den Widerstand des BVS – ein ganz neuer Sachverständigentyp kreiert wird: der Umweltgutachter.

In dem vom LVS Baden-Württemberg miterarbeiteten Antrag der FDP im Landtag Baden-Württemberg zur „Situation des Sachverständigenwesens"[126] von 1995 ist beispielhaft aufgelistet, was es alles schon damals an Sachverständigentypen in Deutschland gegeben hat, weitere Sachverständigentypen sind danach noch geschaffen worden:

- nach europäischem Recht „zertifizierte Sachverständige",
- nach der Gewerbeordnung „öffentlich bestellte und vereidigte Sachverständige",
- nach deutschem Recht „berufene Sachverständige",
- nach dem Umweltauditgesetz zugelassene „Umweltgutachter",
- nach Landesbauordnungen der Länder „staatlich anerkannte Sachverständige",
- nach deutschem Recht „anerkannte Prüfsachverständige",
- nach von den Berufsgenossenschaften „ermächtigte Sachverständige",
- nach DDR-Recht „zugelassene Sachverständige",
- nach dem Grundsatz der Gewerbe- und der Berufsfreiheit tätige „freie Sachverständige".

Der 2. DST 1995 verlangt eine „auch mit Hilfe des Bundeswirtschaftsministers einzuberufende 'Nationale Konferenz zur Neuordnung des Sachverständigenwesens'". Der 3. DST 1996 erwartet von der Bundesregierung „ein Konzept für die Neuordnung des Sachverständigenwesens durch ein eigenständiges Sachverständigengesetz oder eine klarstellende Novellierung von § 36 Gewerbeordnung".

Diese Forderungen stoßen im zuständigen Bundeswirtschaftsministerium BMW nicht auf Gegenliebe. Auf dem 3. DST 1996 erklärt der Leiter der Mittelstandsabteilung des BMW, Ministerialdirektor Geisendörfer: „Ein ausdifferenziertes Sachverständigengesetz als Berufsrecht mit

---

126 Landtagsdrucksache 11/5775.

vorgeschriebenen Ausbildungsgängen, Regeln für die Zulassung, einem entsprechenden Titelschutz und einer Gebührenordnung ist rechtlich sehr bedenklich und politisch z. Z. wohl nicht realisierbar". [127]

Geisendörfer folgt damit der Meinung seines Ministers Dr. Günter Rexrodt, der 1993 Präsident Kolb auf ein Schreiben geantwortet hatte: „Eine umfassende Regelung dürfte am bestehenden Widerstand der Länder scheitern. Selbst die Bestellung auf einige wenige Behörden und öffentliche Stellen zu konzentrieren, dürfte nicht zu verwirklichen sein".

Der 3. DST 1996 erklärt, dass eine Neuordnung des Sachverständigenwesens folgenden Inhalt haben muss:

1. die Definition des Sachverständigenbegriffs,
2. die Formulierung einheitlicher Voraussetzungen für die Nominierung, Registrierung, Beaufsichtigung und Abberufung von Sachverständigen,
3. Berufsausübungsregeln,
4. die Bestimmung von Stellen für die Nominierung, Registrierung, Beaufsichtigung und Abberufung von Sachverständigen,
5. den Schutz der Berufsbezeichnung Sachverständiger,
6. die Einbeziehung des europäischen Systems der Akkreditierung von Zertifizierungsstellen für Sachverständige in ein Sachverständigengesetz,
7. die Festschreibung einer Akkreditierungspflicht für Sachverständigenzertifizierungsstellen,
8. die Festschreibung eines Anforderungs- und Qualifikationsprofils für öffentlich bestellte und vereidigte sowie für zertifizierte Sachverständige auf einem einheitlich hohen Niveau,
9. die Verankerung des Grundsatzes der gegenseitigen Anerkennung beider Qualifikationssysteme, der eine Umschreibung der öffentlichen Bestellung und Vereidigung in eine Zertifizierung und umgekehrt ohne weitere Prüfung ermöglicht, soweit gleiche Qualifikation gewährleistet ist,
10. die Einrichtung einer zentralen Stelle, welche die ein-

---

[127] Rede auf dem 3. DST 1996.

heitliche Überprüfung der Qualifikation von Sachverständigen bundesweit sicherstellt,

11. die Mitwirkung der Sachverständigen sowohl bei der Schaffung und Fortschreibung eines Berufsgesetzes als auch im Bereich der Bestellung oder Zertifizierung.

Die BVS-Jahreshauptversammlung 1997 lässt für die Neuordnung des Sachverständigenwesens offen, „ob nun ein besonderes Sachverständigengesetz geschaffen oder der § 36 Gewerbeordnung entsprechend ergänzt wird". Aber: „Wir müssen selbst an einem Konzept für die Neuordnung des Sachverständigenwesens und für ein Sachverständigengesetz arbeiten", schreibt Rollmann im *Sachverständigen*.[128] Im Mai 1998 bildet das BVS-Präsidium eine Arbeitsgruppe „Neuordnung des Sachverständigenwesens – Schaffung eines Sachverständigengesetzes" und beauftragt Rollmann mit der Leitung.

Aufgrund von Vorlagen von Dietrich Rollmann erstellt die Arbeitsgruppe „Diskussionsentwürfe", die nicht auf ein besonderes Sachverständigengesetz hinzielen, wo verfassungsrechtliche Schwierigkeiten zu befürchten sind, sondern eine Erweiterung des § 36 der Gewerbeordnung anstreben, der seine verfassungsrechtliche Feuerprobe lange bestanden hat.

Jedoch finden auch diese „Diskussionsentwürfe" nicht die Zustimmung von BMW-Ministerialdirektor Geisendörfer, der an Präsident Kolb im Januar 1999 schreibt: „Die sehr unterschiedliche Stellung und Aufgaben der Sachverständigen reflektieren die stark differierenden Dienstleistungsangebote der Sachverständigen, korrespondierend zu der entsprechend unterschiedlichen Nachfrage. Eine Vereinheitlichung des Sachverständigenwesens – mag es auch nur über den Ansatz des Titelschutzes laufen – wird zwangsläufig zu einem strukturierteren, damit möglicherweise qualitativ (nach oben oder unten), u. U. auch fachlich begrenzten Angebot führen …"

Präsident Kolb teilt nicht die Bedenken von Geisendörfer, sondern sieht diese nur als neuen Ausdruck der traditionellen Abneigung des BMW gegen ein Sachverständigengesetz. Der 5. „Diskussionsentwurf" wird auf dem 6. DST 1999 inhaltlich in dieser Form angenommen:

---

128 DS 7-8/97, S. 8.

Die Bestellung der freiberuflichen Sachverständigen soll in § 36 GewO zusammengefasst und die Zahl der Sachverständigentypen auf zwei beschränkt werden:

- den öffentlich bestellten und vereidigten Sachverständigen nach § 36 a GewO
- den zertifizierten Sachverständigen nach § 36 b GewO.

Der öffentlich bestellte und vereidigte Sachverständige bestimmt sich nach dem bisherigen § 36 GewO.

Der zertifizierte Sachverständige bestimmt sich nach einem neu zu schaffenden § 36 b GewO:

„Zertifizierter Sachverständiger ist, wer durch eine nach der Europäischen Normenreihe EN 45013 im System des Deutschen Akkreditierungsrates DAR akkreditierte Zertifizierungsstelle nach den Maßstäben des § 36 a persönlich zertifiziert ist. Und dann:

- Wer öffentlich bestellt und vereidigt ist, gilt auch als zertifiziert.
- Wer zertifiziert ist, gilt auch als öffentlich bestellt und vereidigt.
- Für die Akkreditierung von Zertifizierungsstellen und die Zertifizierung von Sachverständigen ist eine öffentlich-rechtliche Grundlage zu schaffen."

Durch einen § 36 c sollen dann gemeinsame Bestimmungen für die Sachverständigen nach § 36 a und b geschaffen werden.

Abschließend heißt es: Mit dem Inkrafttreten dieses Gesetzes dürfen nur noch diejenigen Personen sich Sachverständige nennen, die Sachverständige im Sinne dieser Vorschriften sind. Personen, die zum Zeitpunkt des Inkrafttretens dieses Gesetzes sich als Sachverständige bezeichnet haben, können sich weiterhin Sachverständige nennen.

Mit anderen Worten: Alle Personen, die die Bezeichnung „Sachverständige" führen wollen, müssen nach einem erweiterten § 36 GewO öffentlich bestellt und vereidigt oder zertifiziert werden. Dadurch soll erreicht werden, dass es keine Unzahl von Sachverständigentypen mehr gibt.

Das vorgeschlagene Modell hindert keine Person daran, Gutachten zu erstellen, nur dürfen diese Personen sich nicht mehr „Sachverständige" nennen.

Zum ersten Mal fordern die Sachverständigen mit dieser Resolution nicht nur ein „Sachverständigengesetz", sondern legen eine Konzeption für die Neuordnung des Sachverständigenwesens und für ein Sachverständigengesetz auf den Tisch.

Mit der Annahme dieser Resolution endet jedoch der zielgerichtete konzeptionelle Kampf des BVS für eine Neuordnung des Sachverständigenwesens und ein Sachverständigengesetz. Von der beschlossenen Resolution wird kein Gebrauch gemacht. Sie verschwindet einfach von der Tagesordnung.

Der Nachfolger von Kolb, Präsident Staudt, beschränkt sich darauf, wiederum nur „ein Sachverständigenrecht" zu fordern, wie er es z. B. auf dem Baugerichtstag 2006 in Hamm getan hat: „Es soll eine entsprechende Berufsordnung geschaffen werden, die für Sicherheit der Ausübenden einerseits und für die Verbraucher andererseits sorgt".

Parlamentarische Anfragen in den Länderparlamenten

In Abstimmung mit den Trägern des DST und den Gremien des BVS startet Dietrich Rollmann im Herbst 1994 ein einzigartiges Unternehmen: in den Landtagen, Bürgerschaften und Abgeordnetenhäusern aller Bundesländer sollen Parlamentarische Anfragen an die Landesregierungen und Senate zur „Situation des Sachverständigenwesens" eingebracht werden. Rollmann entwirft eine Musteranfrage, die in jedem Bundesland einer Landtagsfraktion als Grundlage für eine Initiative dienen soll, und er findet in jedem Bundesland eine Parlamentsfraktion, die eine Anfrage oder einen Antrag einbringt.

Die Freie und Hansestadt Hamburg ist 1994 das erste Bundesland, wo eine Kleine Anfrage durch die CDU-Fraktion in der Bürgerschaft gestellt und vom Senat beantwortet wird. Die letzte Kleine Anfrage wird 1997 durch die PDS-Fraktion im Landtag von Mecklenburg-Vorpommern eingebracht und von der Landesregierung beantwortet. Da alle Parlamentarischen Anfragen auf Rollmanns Musterentwurf beruhen, sind die Antworten der Landesregierungen gleich strukturiert, sodass schließlich ein Bild über das Sachverständigenwesen in Deutschland vorliegt, wie es vollständiger noch niemals da gewesen ist.

Die BVS-Jahreshauptversammlung 1997 dankt in einer Resolution allen Abgeordneten und Fraktionen für ihre Parlamentarischen Initiativen und würde es begrüßen, „wenn der Staat zukünftig die Befugnisse zur öffentlichen Bestellung und Vereidigung von Sachverständigen vollständig auf die Kammern, insbesondere die Industrie- und Handelskammern sowie die Handwerkskammern, übertragen würde".

Der BVS fordert „die Beschränkung der Vielzahl der Sachverständigen-Typen auf einen einzigen: den nach § 36 der Gewerbeordnung öffentlich bestellten und vereidigten Sachverständigen. ... Das System der öffentlichen Bestellung und Vereidigung von Sachverständigen ist offen für neue Aufgaben und Anforderungen".

Die Zeitschrift „Der Sachverständige"

Zu dem Konzept von Präsident Kolb zur Stärkung des BVS gehört es auch, dass der BVS die Zeitschrift Der Sachverständige in die eigene Hand nimmt. Zu diesem Zweck wird die „Der Sachverständige-Publikations GmbH" gründet, die ab Januar 1997 die Zeitschrift verlegt.

Dietrich Rollmann wird zum Geschäftsführer des Verlages und zum Chefredakteur der Zeitschrift bestellt. Es gelingt ihm, dass auch VBN und BVSK die Zeitschrift als ihr Verbandsorgan akzeptieren. BVSK-Geschäftsführer Elmar Fuchs nimmt häufig in der Zeitschrift zu Kfz-Fragen Stellung. Das Layout wird modernisiert, die grüne Grundfarbe aber beibehalten. Abonnentenzahl und Anzeigenaufkommen steigen. Als „Sonderheft" bringt die Zeitschrift das „Sachverständigenverzeichnis 1998" heraus. „Verlag und Redaktion befinden sich auf dem richtigen Wege", stellt Kolb auf der Gesellschafterversammlung 1998 fest.

Trotzdem bleibt diese Periode nur ein Zwischenspiel, die bald nach dem Rücktritt von Präsident Kolb im Juni 1998 auf Beschluss des neuen Präsidiums bereits im Winter 1999 endet. Geschäftsführer der dann bald ruhenden GmbH wird Wolfgang Jacobs, die Zeitschrift geht an den Augsburger Wißner-Verlag, Chefredakteur wird Dr. Michael Friedrichs. Und die oberste Verantwortung übernimmt Fritz Hörmann.

Der Deutsche Kunstsachverständigentag KST

Eine Frucht der kurzen Zeit der „Der Sachverständige-Publikations GmbH" ist der erste „Kunstsachverständigentag der Zeitschrift Der Sachverständige", der am 5. Februar 1999 in Bonn stattfindet. Der zweite KST 2000 wird durch Präsident Michael Heidl eröffnet: „Mit der Begründung des Kunstsachverständigentages sind wir dabei, ein neues Kapitel der Kunstgeschichte zu schreiben". Dietrich Rollmann: „Vor einem Jahr haben viele den Gedanken des Kunstsachverständigentages nicht ernst genommen. Jetzt beginnt er sich in der künstlerischen Szene unseres Landes durchzusetzen. Eine richtige Idee hat ihren Lauf genommen ..." Auf dem 3. KST 2001 berichtet DIHT-Sachverständigenreferent Dr. Peter Bleutge von „114 Sachverständigen in den verschiedenen Bereichen der Kunst und der Antiquitäten, die die Kammern bestellt haben".[129]

Auf den Kunstsachverständigentagen halten Persönlichkeiten aus dem Kulturbereich, der Kulturwissenschaft und der Kulturpolitik Vorträge. Ein Präsidium, das aus Frau Elisabeth Strack und Knut Günther vom BVS-Bundesfachbereich Kunst, Antiquitäten, Juwelen sowie Dieter W. Wehde vom Bund der Hausratexperten BdH besteht, sorgt dafür, dass der KST zu einem lebendigen, diskussionsfreudigen Gremium wird. Kunstsachverständige aus verschiedenen Disziplinen debattieren engagiert mit den Referenten und untereinander.

Die Tagungsorte wechseln mit den Sponsoren: von der Bonner Kunst- und Ausstellungshalle geht es nach Köln zur „Alten Schule" der Allianz, zum Tagungssaal von Gerling, zum Vortragsforum der IHK, zum Germanischen Nationalmuseum in Nürnberg und schließlich zum Kunsthaus Carola van Hamm von Marcus Eisenbeis.

Der KST richtet sich an alle Kunstsachverständigen in der Bundesrepublik Deutschland. Er wird jeweils von etwa 100 Teilnehmern besucht und ist inzwischen zu einer Institution des deutschen Kunstlebens und des BVS geworden.

---

129 DS 4/01, S. 99.

Der 4. KST 2002 fasst folgende Entschließung:

Die Kunstsachverständigen, die sich zum 4. Deutschen Kunstsachverständigentag bei Gerling in Köln versammelt haben,

- würdigen die Reichhaltigkeit der in Jahrhunderten gewachsenen deutschen Kunstlandschaft,
- bekennen sich zur Freiheit der Kunst, die auch Grundlage ihrer Arbeit ist,
- fordern die Verbesserung der Rahmenbedingungen für alle Kunstschaffenden in Deutschland,
- erklären, dass die Kunst auch der öffentlichen und privaten Auftragsvergabe und Förderung bedarf,
- betonen die Verantwortung der Kunstsachverständigen für die Erhaltung und Bewertung der Kunst,
- erklären, dass auch die Kunstsachverständigen ihre Arbeit nur in voller Freiheit ausüben können,
- vertreten die Meinung, dass auch die Arbeit der Kunstsachverständigen ihren Wert hat und entsprechend bewertet werden muss,
- fordern eine Neuregelung des Sachverständigenentgelts, die den Übergang von der Sachverständigen-Entschädigung zur Sachverständigen-Honorierung bringt.

Nach Streitigkeiten im KST-Präsidium übernimmt 2003 Präsident Staudt die Leitung des KST. Seitdem liegt die Verantwortung für den KST direkt beim BVS-Präsidium.

EuroExpert

Beim 4. DST 1997 in Bonn findet unter der Leitung von Präsident Kolb ein „Europäisches Gespräch" statt, an dem Repräsentanten von Sachverständigenverbänden aus ganz Europa teilnehmen, darunter befindet sich auch der spätere russische Wirtschaftsminister German Oskarowitsch Greff. Ein Wegbereiter: der Berliner Immobilienbewerter Ulrich Springer.

Kolb schlägt die Gründung einer Arbeitsgemeinschaft „EuroExpert" vor, die vorerst aus einem westlichen und einem östlichen Teil bestehen soll. Die Vertreter der Sachverständigenverbände stimmen dem Vorschlag von Kolb zu, gründen die „Arbeitsgemeinschaft" und berufen Kolb zu deren Vorsitzenden.

Die Arbeitsgemeinschaft „EuroExpert" tagt 1997/8 unter der Leitung von Kolb in Straßburg, London, Paris und Mailand mit den Sachverständigenverbänden aus den EU-Ländern, um die Grundlagen für EuroExpert-West zu schaffen. 1997 kommt Kolb im September in St. Petersburg und

Founder Members of EuroExpert

1. Emil-Andreas Kolb
2. Christian Jacotey
3. Michael Cohen
4. Wolfgang Jacobs
5. Jean Donio
6. David Leonard
7. Bernhard Floter
8. Günter Schäffler

Muggendorf, Federal Republic of Germany, Europe, the 24th of May 1998

im Dezember in Prag mit Sachverständigenverbänden aus Mittel- und Osteuropa zusammen. Die Tagungen zeichnen sich durch ein hohes Maß an Sachlichkeit und Harmonie aus.

In Straßburg wird über Folgendes Einvernehmen erzielt:

„Gründung eines Vereins EuroExpert nach belgischem Recht – Beschreibung des Sachverständigenwesens – Beschreibung eines Systems der Aus- und Weiterbildung von Sachverständigen – Bildung eines Konvergenzgremiums, das die Zertifizierung von Sachverständigem auf hohem Qualitätsniveau koordiniert."

Ein Höhepunkt des Treffens in St. Petersburg ist der festliche Abend mit dem damaligen Vizegouverneur von St. Petersburg, German Greff, im Jelagin-Palast, einem der zahlreichen, nun wieder restaurierten Zarenschlösser in der Umgebung von St. Petersburg.

Es wird die „St. Petersburger Erklärung" verabschiedet:

„Repräsentanten von Sachverständigenverbänden aus 12 europäischen Ländern, insbesondere Mittel- und Osteuropas, die auf Einladung der Arbeitsgemeinschaft EuroExpert und unter Organisation des Osteuropäischen Sachverständigen Vereins am 19. September 1997 in St. Petersburg zusammengekommen sind,

- bekunden ihren Willen zu einer engeren Zusammenarbeit und sagen sich gegenseitige Unterstützung zu,
- halten in jedem Land einen nationalen Zusammenschluss von Sachverständigenverbänden für notwendig,
- beabsichtigen, sich in einem Verein nach europäischem Recht zusammenzuschließen,
- erachten die grundlegende Ausbildung und die ständige Fortbildung von Sachverständigen nach international anerkannten Normen für grundlegend,
- erklären, dass persönliche Integrität, hohe Qualität und volle Unabhängigkeit der Sachverständigen essentiell sind,
- meinen, dass Sachverständige für Staat und Wirtschaft, vor allen Dingen aber auch für die Verbraucher in un-

> Aus dem Gründungsmanifest von Varna:
>
> „Völkerverständigung, Traditionsbelebung und Wertpflege sind die ideelle Gemeinsamkeit beim Aufbau eines Europa zugewandten Sachverständigenwesens.
>
> Unabhängigkeit, persönliche Integrität, besondere Sachkunde, die einheitliche europäische Qualifizierung, Zertifizierung und Akkreditierung auf nationaler Ebene sind zu verwirklichende Ansprüche an den Sachverständigen, seine Interessenvertretungen und alle weiteren berufsständisch verbundenen juristischen Personen und Vereinigungen.
>
> Der Gründungskongress ist Zeichen des Aufbruchs zu den Beziehungen des westlichen Europas und des mittleren-östlichen Europas zur Gemeinsamkeit im gesamteuropäischen Sachverständigenwesen.
>
> EuroExpert-Ost versteht sich als assoziierter Teil von … EuroExpert".

serer Zeit unentbehrlich sind. Ohne Sachverständige lassen sich viele Vorgänge nicht mehr beurteilen."

Am 24. Mai 1998 gründen die *Fédération Nationale des Compagnies d'Experts Judiciaires* (France), die *Academy of Experts* (United Kingdom) und der Bundesverband öffentlich bestellter und vereidigter sowie qualifizierter Sachverständiger (Deutschland) in Muggendorf (Deutschland) die *European Organisation for Expert Associations* EuroExpert und wählen Emil A. Kolb zum Präsidenten. Vizepräsidenten werden Christian Jacotey (France) und Michael Cohen (United Kingdom). Zum Schatzmeister wird Bernhard Floter, zum Generalsekretär Wolfgang Jacobs bestellt.

Zum Ständigen Europa-Bevollmächtigten des BVS wird Dr. Günter Schäffler berufen, der später unter der Präsidentschaft von Michael Cohen auch Vizepräsident und dann auch Präsident von EuroExpert wird. Wichtig ist der EuroExpert-Kongress 2000 in Madrid, bei dem die deutsche Delegation unter der Leitung von Präsident Heidl steht.

Am 12. Juni 1998 findet in Varna (Bulgarien) die Gründung von EuroExpert-Ost statt. Präsident wird Holger Kraft, der Vorsitzende des Osteuropäischen Sachverständigen Vereins. Dietrich Rollmann wird zum Mitglied des Präsidiums gewählt.

„Die sonnigen Tage von Varna sind lang, die warmen Nächte kurz", berichtet Dietrich Rollmann. „Intensive Debatten wechseln mit lukullischen Gelagen ab. Zwischen

Ost und West findet bei vielen geistigen Getränken eine große Verbrüderung statt. Die robusten Russen wollen dem respektablen Präsidenten Kolb ein unfreiwilliges Bad im Pool bereiten. Der Präsident kann sich dieser Attacke nur durch die Flucht in das Hotelinnere entziehen."

Weder mit der Mitgliedschaft noch mit der Assoziierung von EuroExpert-Ost in EuroExpert-West klappt es. Es finden noch Vorstandssitzungen von EuroExpert-Ost in Riga und Berlin statt, dann löst sich EuroExpert-Ost wieder auf. Die offizielle Ostpolitik des BVS ist beendet. Das aber hindert viele BVS-Mitglieder – darunter die Berliner Ulrich Springer, Bernd Seidel und Helge-Lorenz Ubbelohde – nicht, ihre Beziehungen mit den Sachverständigen Mittel- und Osteuropas zu pflegen und auszubauen.

EuroExpert wächst jedoch weiter. Zu den Gründungsmitgliedern Deutschland, Frankreich und Großbritannien stoßen in den nächsten Jahren Österreich, Spanien, Portugal und, für kurze Zeit, Luxemburg hinzu. Bemühungen, Italien als Mitglied zu gewinnen, scheitern daran, dass eine inner-italienische Rivalität zwischen den das dortige Sachverständigenwesen repräsentierenden Ingenieurkammern in Mailand und Rom die Gründung eines nationalen italienischen Dachverbandes für Sachverständige – nur solche können zunächst bei EuroExpert als Mitglieder aufgenommen werden – verhindert.

EuroExpert entwickelt sich unter dem satzungsgemäß vereinbarten Rotationsprinzip der Präsidenten aus den jeweiligen Mitgliedsverbänden und dem Wolfgang Jacobs als Generalsekretär nachfolgenden Bernhard Floter zu dem angestrebten europäischen Dachverband für Sachverständige. Im Jahre 2007 werden weitere Mitglieder aus den Reihen der noch jungen mittel- und osteuropäischen EU-Mitgliedsstaaten hinzustoßen. Zwischenzeitlich ist EuroExpert als europäischer Sachverständigenverband in Luxemburg registriert. Mit seinem „Code of Practice" schafft EuroExpert eine von allen Mitgliedern getragene Grundsatzerklärung, in der die ethischen Standards für eine seriöse, von hoher fachlicher Qualifikation sowie Unabhängigkeit geprägte Sachverständigentätigkeit nationalstaatenübergreifend festgeschrieben werden.

TEGoVA – The European Group Of Valuers' Associations

Mit der 4. Richtlinie des Rates der Europäischen Gemeinschaften von 1978 über den Jahresabschluss von Gesellschaften gibt es erstmalig europäische Regeln für die Grundstückswertermittlung. Bereits ein Jahr vorher hatten Grundwertermittler aus verschiedenen europäischen Ländern unter Führung der englischen *Royal Institution of Chartered Surveyors* die TEGoVA, den Europäischen Verband der Bewerter von Sachanlagen, gegründet.

The European Group of Valuers' Associations (TEGoVA) ist der europäische Dachverband nationaler Immobilienbewertungsorganisationen mit Sitz in Brüssel. Sein Hauptziel ist die Schaffung und die Verbreitung einheitlicher Standards für die Bewertungspraxis, für die Ausbildung und Qualifikation sowie für das Feld Corporate Governance bzw. Ethik der Gutachter. TEGoVA begleitet den europäischen Gesetzgebungsprozess im Kontext von bewertungsrelevanten Sachverhalten und unterstützt seine Mitgliedsverbände in den Ländern der Europäischen Union wie auch in den aufstrebenden Märkten in Mittel- und Osteuropa bei der Einführung und Umsetzung der erarbeiteten Standards.

TEGoVA vertritt heute die Interessen von 38 Mitgliedsverbänden aus 27 Ländern vornehmlich aus der Europäischen Union mit ca. 500.000 Sachverständigen. Weitere elf Mitgliedstaaten aus dem mittel- und osteuropäischen Raum haben einen Beobachterstatus.

Wesentliche Ergebnisse von TEGoVA sind das „Blaue Buch" – „Guide Bleu" –, nach dem alle kommerziellen Bewertungen ausgeführt werden sollen, und Regeln über die Zertifizierung von Grundwertermittlern nach der Europanorm EN 45013/ISO 17024.

In den „Berufsständischen Regelungen" von 1993 heißt es: „Nur Praktiker, die ein hohes Bildungsniveau erreicht haben und in der Lage sind, die im Guide Bleu enthaltene

Definition eines Wertermittlungs-Sachverständigen zu erfüllen, sollen diese Tätigkeit ausüben".

Der BVS ist von vornherein dabei und wird zunächst durch Karl Birkner, dann durch Dr. Günter Schäffler und schließlich durch Wolf-Eberhard Schulz-Kleeßen vertreten.

BVS-Jahreshauptversammlung 1998

Es kommt völlig überraschend, als Präsident Kolb im Frühjahr 1998 aus gesundheitlichen Gründen seinen Rücktritt für die Jahreshauptversammlung im Juni ankündigt. Mit Michael Heidl vom BTE Bund Technischer Experten, inzwischen Vizepräsident des BVS, hatte er jedoch systematisch einen Nachfolger aufgebaut.

Was ist nach sieben Jahren die Bilanz von Präsident Emil A. Kolb? Eine Konzeption gegen die Zersplitterung im Sachverständigenwesen und für ein Sachverständigengesetz wurde erarbeitet. In drei Bundesgesetzen wurde der „hauptberufliche Sachverständige" verankert. Die ZSEG-Novelle von 1994 brachte eine Erhöhung der Sachverständigenentschädigung von fast einem Drittel.

Durch parlamentarische Initiativen in allen Bundesländern ist ein geschlossenes Bild des deutschen Sachverständigenwesens entstanden. In den neuen Bundesländern blüht ein freiheitliches Sachverständigenwesen auf.

Die deutschen Sachverständigenverbände führte Präsident Kolb erst in der Arbeitsgemeinschaft von Verbänden qualifizierter freier Sachverständiger und dann im Deutschen Sachverständigentag DST, die europäischen Sachverständigenverbände in EuroExpert zusammen.

Auf der Jahreshauptversammlung 1998 gibt Präsident Kolb letztmalig den Rechenschaftsbericht ab: „Die Position des BVS konnte in den letzten Jahren wesentlich gestärkt werden. Der BVS ist der führende Verband im deutschen Sachverständigenwesen". Dann erklärt Präsident Kolb seinen Rücktritt. Vizepräsident Ubbelohde dankt ihm unter dem Beifall der Versammlung: „Mit Kultur hat Herr Kolb 7 Jahre lang den BVS geleitet, kompetent und mit Sachlichkeit, insbesondere mit dem Ziel, alle Sachverständigen in Deutschland unter ein Dach zu bringen".

So wie schon sein Vorgänger Hans-Jörg Altmeier wird Emil A. Kolb später zum Ehrenpräsidenten des BVS ernannt. Zu seinem Nachfolger wird einstimmig Michael Heidl gewählt.

Präsident Michael Heidl 1998-2000

Diplom-Ingenieur Michael Heidl ist öffentlich bestellter und vereidigter Sachverständiger „für die Bewertung von Maschinen und maschinellen Anlagen" der Industrie- und Handelskammer München-Oberbayern. Mitglied des LVS Bayern seit 1968, hat er seinen berufspolitischen Weg im eher exklusiven Bund Technischer Experten BTE gemacht, dessen Vorsitzender er seit 1990 ist. Ein wenig BVS-Stallgeruch fehlt ihm schon. Präsident Heidl möchte sich besonders der Mitgliederentwicklung annehmen und dabei sein Motto: „Klasse statt Masse" verwirklichen.

Als Vizepräsidenten werden Hans-Peter Daufeldt, Baldur Ubbelohde und der seit 1997 amtierende Diplom-Wirtschaftsingenieur Eckhard Dittrich wiedergewählt. Dittrich übernimmt erneut das Amt des Schatzmeisters. Neuer Vizepräsident wird Fritz Hörmann, der 1986 vom Bremer Wirtschaftssenator „für die Bewertung von bebauten und unbebauten Grundstücken" öffentlich bestellt und vereidigt ist. Er war von 1994-1997 Vorsitzender des LVS Niedersachsen-Bremen und ist seit 1997 Vorsitzender des Verbandes der Bausachverständigen Norddeutschlands VBN. Einen „Schwerpunkt meiner Tätigkeit im Präsidium sehe ich in der Aus- und Weiterbildung von Kollegen", schreibt Hörmann. Der „zweite Bereich meines Interesses wird sicher die Betreuung und Förderung unserer Zeitschrift 'Der Sachverständige' sein".[130]

Präsident Heidl reist eifrig, besucht die Landesverbände, stellt sich bei den Bestellungskörperschaften vor, nimmt an Sitzungen und Veranstaltungen teil. Im Januar 1999 eröffnet der Präsident die neue Geschäftsstelle des BVS im „Expert-Center" in der Berliner Lindenstraße 76: „Am neuen Sitz der Regierung und des Parlaments wollen wir die in Bonn begonnene Arbeit für unsere Sachverständigen in Berlin fortsetzen".[131]

---

130 DS 1-2/99, S. 5.
131 DS 3/99, S. 4.

Im September beschließt das Präsidium, „dass Herr Hörmann zukünftig als geschäftsführender Vizepräsident für die Koordination zwischen dem Präsidium und der Bundesgeschäftsstelle in Berlin zuständig sein wird". Präsident Heidl soll „entlastet werden, um stärker für die politischen Aufgaben sowie die Öffentlichkeitsarbeit zur Verfügung stehen zu können" (Präsidiumsprotokoll vom 7. September 1999).

Jahreshauptversammlung 1999 und 50-Jahr-Feier des LVS Bayern

Es ist Ausdruck des Respekts des BVS vor dem LVS Bayern, der die Wiege des BVS ist, dass der BVS seine Jahreshauptversammlung 1999 in München im Zusammenhang mit der 50-Jahr-Feier des LVS Bayern veranstaltet.

Der Präsident des LVS Bayern Michael Staudt kann bei dem Festakt am 18. Juni in der Münchener Residenz zahlreiche Persönlichkeiten des öffentlichen Lebens und des Justizwesens begrüßen. Auch die früheren BVS-Präsidenten Norkauer, Altmeier und Kolb sowie Präsident Heidl sind erschienen.

Der bayerische Justizminister Alfred Sauter bezeichnet in seinem Festvortrag den Sachverständigen als Helfer des Richters in der Rechtspflege, der wesentlich zur Qualität und Akzeptanz der Rechtsprechung beitrage. Ziel der Reform des Justizkostenrechts sei es, dass für Anwälte, Zeugen und Sachverständige klar sei, mit welchen Kosten und Entschädigungen sie zu rechnen hätten. Der Minister sagt zu, dass die Sachverständigen zum Entwurf des Justizentschädigungsgesetzes von seinem Hause angehört werden.

Im Mittelpunkt der BVS-Jahreshauptversammlung am 18. Juni stehen die Rechenschaftsberichte der Präsidiumsmitglieder und der Bundesfachbereichsleiter. Wolfgang Jacobs berichtet über einen Übergang von der Sachverständigenentschädigung zur Sachverständigenvergütung, Dietrich Rollmann über notwendige Schritte zur Neuordnung des Sachverständigenwesens.

Justizvergütungs- und -entschädigungsgesetz JVEG

Im Sommer 1999 legt die Kostenrechtskonferenz der Landesjustizverwaltungen und des Bundesjustizministeriums den Entwurf eines Justizentschädigungsgesetzes JEG vor, der wiederum vom Grundsatz der „Entschädigung" ausgeht.

„Dieser Grundsatz stellt neben der uneinheitlichen Anwendungspraxis der Stunden- und insbesondere Erhöhungstatbestandfestsetzung des ZSEG den inhaltlichen Schwerpunkt der bisher angebrachten Kritik an diesem Gesetz dar", heißt es in der von Präsident Heidl und Geschäftsführer Jacobs unterzeichneten Stellungnahme des BVS.[132]

Dr. Bleutge vom DIHT wird noch deutlicher: „Gefordert wird vor allem, auf das Entschädigungsprinzip zu verzichten und es durch das Prinzip der angemessenen Leistung zu ersetzen. Das Entschädigungsprinzip ist verfassungswidrig ...".[133]

Der 6. DST 1999 „Die Neuordnung des Sachverständigenwesens" hatte im März 1999 in einer Entschließung der Erwartung Ausdruck gegeben, „dass auch durch eine Sachverständigenvergütung die Sachverständigen neben Richtern und Anwälten endlich als dritte Säule der Rechtsprechung anerkannt werden".

In einer in Berlin am 25. November 1999 durchgeführten Sitzung der Arbeitsgruppe 1 der Länderjustizminister-Kostenreferenten, zu der zahlreiche Sachverständigenorganisationen, darunter der BVS und die Vertreter der Bestellungskörperschaften, eingeladen waren, wurde das Thema „Beibehaltung des Entschädigungsprinzips oder Einführung einer Vergütungsregelung" intensiv und zum Teil kontrovers diskutiert. Das hartnäckige Insistieren des BVS-Geschäftsführers veranlasste die anwesenden Vertreter der Länderjustizministerien nach einer Beratungspause zum Ausspruch einer Empfehlung an die Länderjustizministerkonferenz, in dem beabsichtigten Nachfolgegesetz zum ZSEG den Begriff der „Sachverständigenentschädigung" durch den Begriff „Sachverständigenvergütung" zu

---

132 DS 10/99, S. 5.
133 DS 11/99, S. 25.

ersetzen. Die Empfehlung beinhaltete weiterhin, bei einer zukünftigen Gesetzesnovellierung die für die Gerichte tätigen Sachverständigen in Vergütungsgruppen einzuteilen. Für diese Eingruppierungen sollte der jeweilige Vergütungsstundensatz bei Privatauftrag als Kriterium herangezogen werden.

Dieser Durchbruch in der bisher ablehnenden Haltung der Bundesländer, das Entschädigungsprinzip bei den Gerichtssachverständigen aufzugeben, und die mannigfaltigen Gespräche auf Bundes- und Länderebene bei den zuständigen Fachministerien kennzeichnen die BVS-Präsidentschaft von Michael Heidl in den Jahren von 1998 bis 2000. Es bedarf jedoch noch weiterer vier Jahre, bis unter der Präsidentschaft von Michael Staudt mit Wirkung zum 1. Juli 2004 das Justizvergütungs- und -entschädigungsgesetz das bis dato weiter geltende Zeugen- und Sachverständigenentschädigungsgesetz ablöst. Aber auch mit der Einführung des JVEG ist noch nicht der Endpunkt erreicht. Nach wie vor werden trotz der Abschaffung des Entschädigungsprinzips und seiner Ersetzung durch eine Vergütungsregelung bei der gerichtlichen Sachverständigentätigkeit wesentliche Grundzüge der neuen gesetzlichen Regelung und damit auch das Denken vieler Gerichte und Kostenbeamte noch vom mehr als sieben Jahrzehnte lang geltenden Entschädigungsgrundsatz geprägt. Eine Weiterentwicklung des JVEG, insbesondere die Überarbeitung der mit der Einführung dieses Gesetzes erstmals vorgenommenen Zuordnung der Sachverständigen in insgesamt zehn verschiedene Vergütungsgruppen zuzüglich dreier eigener Vergütungsgruppen für medizinische Sachverständige, die auf einer bundesweiten Befragung in der Sachverständigen im November/Dezember 2002 basierte, wird bereits im Jahre 2007 einer grundsätzlichen Überarbeitung unterzogen.

Ausschlaggebend ist jedoch, dass mit der Einführung des JVEG zum 1. Juli 2004 durch den im § 8 Abs. 1 dieses Gesetzes festgeschriebenen Grundsatz der Vergütung für Sachverständige, Dolmetscher und Übersetzer eine neue Rechtsgrundlage geschaffen wurde, die den Gesetzgeber zukünftig veranlasst, bei der inhaltlichen Gestaltung der Sachverständigenvergütungsstundensätze marktwirtschaftliche Gegebenheiten und deren Veränderungen zu berücksichtigen.

Deutscher Sachverständigentag 2000

Der 7. DST „Freier Wettbewerb – Gesicherter Status – Gerechte Vergütung im Sachverständigenwesen" ist der erste DST, der in Berlin stattfindet. Und es ist der letzte DST, dem Emil A. Kolb präsidiert. Im Herbst 2000 gibt Kolb das Präsidium an den inzwischen neu gewählten BVS-Präsidenten Michael Staudt ab.

Präsident Kolb kann auf dem 7. DST im Berliner Hilton knapp 700 Sachverständige begrüßen, das ist eine Rekordbeteiligung. Kolb heißt zahlreiche prominente Referenten willkommen: Hans-Peter Stihl, den Präsidenten des Deutschen Industrie- und Handelstages; Siegfried Scheffler, den Parlamentarischer Staatssekretär beim Bundesverkehrsminister; Bundesminister a. D. Prof. Dr. Rupert Scholz, den Vorsitzenden des Rechtsausschusses des Bundestages; die Abteilungsleiter im Bundesministerium für Arbeit und Sozialordnung, Frau Dr. Cornelia Fischer, und im Bundesministerium für Wirtschaft, Dr. Friedrich Homann.

Am 16. und 17. März tagt der DST engagiert im Plenum und in den vorgeschalteten Fachtagungen. Der DST beschließt die nebenstehend abgedruckte *Deklaration Sachverständige 2000*.

Kolb zieht die Bilanz seiner siebenjährigen DST-Präsidentschaft: „Heute ist der Deutsche Sachverständigentag aus der politischen Landschaft überhaupt nicht mehr wegzudenken. Seine Stellungnahmen gelten als die Stellungnahmen der freien deutschen Sachverständigen. Die Sachverständigentage sind die Foren, wo wir im Kollegenkreis zusammentreffen, wo wir informiert werden, wo wir miteinander diskutieren, wo wir einen Standpunkt beziehen … Ich möchte an Sie alle appellieren, das kostbare Instrument, das wir mit dem Deutschen Sachverständigentag geschaffen haben, nicht aufzugeben, nicht zu vernachlässigen, sondern zu bewahren und fortzuentwickeln."

Kleine Anfragen zum Sachverständigenwesen im Bundestag

Um die Stellung der neuen Bundesregierung unter Bundeskanzler Gerhard Schröder zu den Sachverständigen zu erkunden, regen im Frühjahr 2000 der DIHT bei der CDU/CSU-Bundestagsfraktion und der DST bei der FDP-Bundes-

Deklaration Sachverständige 2000

Wir deutschen Sachverständigen zu Beginn des 21. Jahrhunderts

1. erinnern an die historischen Wurzeln des deutschen Sachverständigenwesens, die tief in die mittelalterliche Stadt zurückreichen,
2. gedenken der Verabschiedung der Gewerbeordnung im Jahre 1869, in deren § 36 eine erste gesamtdeutsche Kodifizierung des Sachverständigenrechts stattgefunden hat, und

   blicken voller Stolz auf die Leistungen unserer Berufsangehörigen im Rechts- und Wirtschaftsleben in der Vergangenheit zurück,
3. bekennen uns zu unserer Aufgabe, im Rechts- und Wirtschaftsleben beratend und prüfend tätig zu sein, Sachverhalte aufzuklären und Ursachenzusammenhänge aufzuzeigen, und

   sehen uns im Gerichtsprozess neben Richtern und Rechtsanwälten als dritte Säule der Rechtsprechung,
4. betonen unsere höchstpersönliche Verantwortung für unsere Berufsausübung,
5. gehören zur Familie der Freien Berufe und

   bekräftigen, dass wir unsere Aufgabe in voller Unabhängigkeit, Unparteilichkeit und Objektivität wahrnehmen,
6. legen Wert auf eine hohe Qualität unserer Arbeit und bringen unseren Willen zu ständiger Fortbildung und zum Erfahrungsaustausch zum Ausdruck,
7. wenden uns gegen alle Monopole und Oligopole bei der technischen Prüfung und Überwachung und

   bejahen den Leistungswettbewerb zwischen allen Sachverständigen in Überwachungsorganisationen und beruflicher Selbstständigkeit,
8. verlangen ein Ende der Zersplitterung im Sachverständigenwesen und

   fordern eine Fortentwicklung des Sachverständigenrechts, insbesondere eine angemessene Kodifizierung des Akkreditierungs- und Zertifizierungssystems,
9. meinen, dass es für alle Sachverständigen gesetzliche Rahmenbestimmungen für ihren Status und ihre Arbeit geben muss, und

   weisen auf die Notwendigkeit einer leistungsgerechten Vergütung der Gerichtssachverständigen hin,
10. stellen uns den Herausforderungen des technischen Fortschritts, der Einigung Europas und einer sich globalisierenden Wirtschaft.

tagsfraktion Kleine Anfragen zum „Sachverständigenwesen in Deutschland"[134] an, die im August von der Bundesregierung beantwortet werden.[135] Diese Antworten bringen ein Bekenntnis der Bundesregierung zu den freiberuflichen Sachverständigen. Zur „Sachverständigenentschädigung" führt die Bundesregierung aus, „dass die Notwendigkeit einer Anhebung der Sachverständigenentschädigung sechs Jahre nach der letzten Anpassung vordringlich geprüft werden muss". Zum Sachverständigenwesen allgemein: „Die Bundesregierung sieht keine Notwendigkeit, die Vielschichtigkeit des Sachverständigenwesens zu einem neuen einheitlichen Berufsbild durch ein Gesetz zu formen."

Gerätesicherheitsgesetz

Der Bundesrat fasst am 6. Juni 1997 eine Entschließung,[136] in der er „eine Neukonzeption des bisherigen Rechts der überwachungsbedürftigen Anlagen fordert, das im Gerätesicherheitsgesetz und in den auf das Gerätesicherheitsgesetz gestützten Verordnungen geregelt ist.

Die Angleichung an die durch die europäische Richtliniengebung vorgegebene Trennung von sicherheitstechnischen Beschaffenheitsanforderungen und Betriebsanforderungen ermöglicht eine deregulierende, bürgerfreundliche und zeitgemäße Zusammenfassung der Betriebsanforderungen aus der Dampfkesselverordnung, der Druckbehälterverordnung, der Aufzugsverordnung, der Verordnung über brennbare Flüssigkeiten, der Verordnung über elektrische Anlagen in explosionsgefährdeten Bereichen, der Acetylenverordnung, der Gashochdruckleitungsverordnung und der Schankanlagenverordnung". Der Bundesrat bittet deshalb die Bundesregierung, das Recht der überwachungsbedürftigen Anlagen „neu zu konzipieren".

Zu den „Sachverständigen" erklärt die Entschließung: „Die nach den Betriebsverordnungen vorgesehenen Sachverständigenprüfungen werden von hierzu von der Zentralstelle der Länder für Sicherheitstechnik zugelassenen Stellen vorgenommen."

---

134 Bundestagsdrucksachen 14/3685 und 14/3719.
135 Bundestagsdrucksachen 14/3986 und 14/3987.
136 Bundesratsdrucksache 262/1/97.

Das zuständige Bundesministerium für Arbeit und Sozialordnung BMA nimmt die Arbeit an einer Novellierung des Gerätesicherheitsgesetzes auf. Der BVS ist an der Stellung der freiberuflichen Sachverständigen für die Prüfung von überwachungsbedürftiger Anlagen in diesem Gesetz dringend interessiert und fordert in Eingaben und Vorsprachen beim BMA nachdrücklich die Beseitigung der Prüfmonopole der Technischen Überwachungsvereine und die Gleichstellung der freiberuflichen Sachverständigen mit den Technischen Überwachungsvereinen bei der Prüfung von überwachungsbedürftigen Anlagen. Die Technischen Überwachungsvereine erzielen in diesem Bereich einen Jahresumsatz von 300 Mio. DM.

Der am 2. Juni 2000 von der Bundesregierung im Deutschen Bundestag eingebrachte „Entwurf eines Gesetzes zur Änderung des Gerätesicherheitsgesetzes und des Chemikaliengesetzes"[137] sieht in seinem § 14 bei der Prüfung überwachungsbedürftiger Anlagen nach europäischem Recht den Übergang von der personenbezogenen zur organisationsbezogenen Prüfung vor und gesteht das Prüfungsrecht nur „zugelassenen Überwachungsstellen" zu.

In der auf Drängen von BVS und DST immer wieder verbesserten Amtlichen Gesetzesbegründung heißt es schließlich, dass die nach § 36 der Gewerbeordnung öffentlich bestellten und vereidigten Sachverständigen „künftig alle überwachungsbedürftigen Anlagen prüfen können. Voraussetzung ist, dass die Sachverständigen im Rahmen einer Organisation tätig sind, die als zugelassene Überwachungsstelle akkreditiert und benannt worden ist".

BVS und DST genügt das nicht. Der DST bittet in einem Schreiben vom 20. Juni den federführenden Bundestagsausschuss für Arbeit und Sozialordnung darum, in § 14 ausdrücklich vorzusehen, dass auch 'Überwachungsstellen', die von selbständigen Sachverständigen gebildet worden sind, 'zugelassen' werden können.

Der DST schlägt folgende Ergänzung von § 14 Abs.1 vor: „Dazu gehören auch Überwachungsstellen, die von selbständigen Sachverständigen gebildet sind." Dieses Schreiben von Emil A. Kolb und Dietrich Rollmann wird zur Ausschussdrucksache.[138] Die gewünschte Änderung

---

137 Bundestagsdrucksache 14/3491.
138 Ausschussdrucksache 14/726.

des Gesetzestextes kann jedoch nicht erreicht werden. Im Bundestagsausschuss für Arbeit und Sozialordnung organisiert Dietrich Rollmann Fragen an das Bundesministerium für Arbeit und Sozialordnung zum Recht der öffentlich bestellten und vereidigten Sachverständigen, nach diesem Gesetz Prüfungen überwachungsbedürftiger Anlagen vornehmen zu dürfen. Diese Fragen werden durch den Parlamentarischen Staatssekretär Gerd Andres positiv beantwortet: „Eine Tätigkeit 'freier Sachverständiger' in einer Organisation wird möglich, die als zugelassene Überwachungsstelle akkreditiert und benannt worden ist."[139]

So heißt es dann auch im Bericht des Ausschusses an das Plenum des Bundestages vom 6. Juli 2000: „Durch den Gesetzentwurf werde gerade die Möglichkeit geschaffen, auch Einzelsachverständigen die Chance zu geben – ohne Aufgabe ihrer rechtlichen Stellung – sich am Prüfwesen zu beteiligen. Voraussetzung sei allein, dass sie die im Gesetz geforderten fachlichen und sachlichen Voraussetzungen erfüllten".[140]

Vor den Türen des Bundestagsausschusses gibt es bei der Schlussberatung des Gerätesicherheitsgesetzes Anfang Juli 2000 bis zur letzten Minute ein Ringen zwischen den Vertretern der TÜV und Dietrich Rollmann um die Stimme eines jeden einzelnen Abgeordneten. Bei der Prüfung überwachungsbedürftiger Anlagen wollen die Technischen Überwachungsvereine ihr Prüfmonopol so lange wie möglich erhalten, die freiberuflichen Sachverständigen wollen es so schnell wie möglich beseitigen.

Am 6. Juli verabschiedet der Bundestag das Gerätesicherheitsgesetz, am 14. Juli stimmt der Bundesrat zu, am 15. Juli tritt es in Kraft. Es ist nach der Öffnung der freiwilligen Kfz-Überwachung der zweite große Einbruch in das Prüfmonopol der Technischen Überwachungsvereine und für das Prüfrecht der freiberuflichen Sachverständigen.

BVS-Jahreshauptversammlung 2000

Die Präsidentschaft von Michael Heidl geht ihrem Ende entgegen. Neue Mehrheitsbildungen im BVS favorisieren eine Präsidentschaft von Michael Staudt. Auf der Jahres-

---
[139] Ausschussdrucksache 14/742.
[140] Bundestagsdrucksache 14/3798.

hauptversammlung 2000 in Berlin begründet Präsident Heidl, „warum das jetzige Präsidium mit Ausnahme von Herrn Hörmann und Herrn Dittrich nicht mehr zur Wahl antritt, warum er als seinen Nachfolger Herrn Staudt mit seinem Team vorschlägt" (Protokoll der Bundesdelegiertenversammlung vom 23. 06. 2000). „Die zeitlich sehr umfangreichen Verpflichtungen, die mit der Wahrnehmung des Ehrenamtes BVS-Präsident verbunden sind, ermöglichten es ihm nicht mehr, erneut zu kandidieren".[141] Michael Staudt wird zum neuen Präsidenten des BVS gewählt.

Das wertvollste Ergebnis der Präsidentschaft von Michael Heidl ist der Durchbruch von der „Sachverständigenentschädigung" zur „Sachverständigenvergütung" in einem neuen Justizvergütungs- und -entschädigungsgesetz bei der Landesjustizministerkonferenz.

45 Jahre BVS 1961-2006

Im Jahre 2006 kann der BVS auf ein 45jähriges Bestehen zurückblicken. Zehn Sachverständige haben einst 1961 in München den Bundesverband öffentlich bestellter und vereidigter Sachverständiger BVS gegründet. Daraus hat sich im Laufe der Jahre die größte Sachverständigenorganisation freiberuflicher Sachverständiger in der Bundesrepublik Deutschland entwickelt, die zwar nur weniger als zwanzig Prozent der öffentlich bestellten und vereidigten Sachverständigen umfasst, aber zur Speerspitze des deutschen Sachverständigenwesens geworden ist. Alles, was für die Sachverständigen in diesen 45 Jahren erreicht werden konnte, ist durch den BVS erkämpft worden: die stärkere Stellung der Sachverständigen in Recht und Gesetz, die Verbesserung ihrer Entschädigung und Vergütung, die Schaffung neuer Arbeitsfelder durch die Beseitigung von Prüfmonopolen der Technischen Überwachungsvereine. Dieser Kampf ist nicht zu Ende, sondern tritt in eine neue Phase ein. In dieser Chronik sind die Ereignisse dieses halben Jahrhunderts noch einmal wieder hervorgetreten und die Präsidenten, die sie geprägt haben: Dr. Heinrich Groh senior, Sebastian Norkauer, Richard Vogelsang, Hans-Jörg Altmeier, Emil A. Kolb, Michael Heidl, Michael Staudt.

---

141 DS 7-8/00, S. 6.

Meine Ära als BVS-Präsident in den Jahren 2000–2007

von Michael Staudt, Hollfeld

Aller Anfang ist schwer

Mit meiner Wahl am 23.06.2000 im Ludwig-Erhard-Haus in Berlin begann für mich eine schwierige und intensive Arbeit, denn der Verband hatte den Standortwechsel von Bonn nach Berlin noch nicht vollendet und befand sich in einer wirtschaftlich angespannten Situation. Mehr gedrängt als gewollt wurde das Amt nach einer überzeugenden Wahl übernommen, obwohl gleichzeitig noch die Verpflichtung in Bayern bestand, dort den Landesverband als Präsident bis zum Jahre 2001 zu führen. Besondere Umstände durch personelle Veränderungen in der Verbandsführung hatten es notwendig gemacht, dass neue Führungskräfte aktiviert werden mussten, die einerseits ihre zu übernehmenden Aufgaben kannten und andererseits auch befähigt waren, das Verbandsschiff wieder auf Kurs zu bringen. Das damals gewählte Präsidium, bestehend aus mir und den Vizepräsidenten Fritz Hörmann (Vorsitzender des VBN), Klaus-Peter Gentgen, Wolf-Eberhard Schulz-Kleeßen und Roland Vogel, kannte seine Aufgabe aus der Fachbereichskommission, die vom damals amtierenden Präsidenten Michael Heidl einberufen worden war. Das Präsidium unter seiner Führung wollte dem Anspruch *„Klasse statt Masse"* gerecht werden und hatte deshalb auf die Aus- und Fortbildung der im Verband organisierten Sachverständigen gesetzt. Daher war es notwendig, die Strukturen des Verbandes zu ändern, der nicht nur politische Interessen wahrnehmen, sondern auch den inneren Zusammenhalt und das Bildungswesen organisieren sollte.

Die von diesem Gremium erarbeiteten Leitsätze sind vom nachfolgenden BVS-Präsidium in vielen Passagen in das grundsätzliche Programm dieser Mannschaft übernom-

Frisch gewählt im Juni 2000: Vizepräsident Klaus-Peter Gentgen, der Beauftragte des Präsidiums für Berlin-Fragen Baldur Ubbelohde, die Vizepräsidenten Fritz Hörmann und Wolf-Eberhard Schulz-Kleeßen, Präsident Michael Staudt, Vizepräsident Roland R. Vogel und der Koordinator für Fragen der neuen Bundesländer Volker Blechschmidt.

men worden und konnten auch in vielen Punkten erfolgreich in die Tat umgesetzt werden. Fachbereiche sind heute ein nicht mehr wegzudenkender Bestandteil des Verbandes, ihr Mitspracherecht wurde dadurch gestärkt, dass die Bundesfachbereichsleiter der mitgliederstärksten Sachgebiete vom Geschäftsführenden Präsidium zu Vizepräsidenten des BVS ernannt wurden.

Der Amtsantritt im Jahre 2000 erfolgte in schwieriger Lage, besonders zu erwähnen ist dabei die schlechte Situation der Kasse. Die Mitgliederstruktur war nicht übersichtlich, Bestände nicht geordnet, sodass zahlreiche „Karteileichen" ein Haushaltsvolumen vortäuschten, das es nicht gab. Konsolidierung der Kassenlage war oberstes Gebot und die wichtigste Aufgabe der BVS Führung. In den ersten beiden Jahren konnte der Haushalt nur mit einem Umfang von 65–70 % geführt werden, damit möglichst kurzfristig alte Belastungen abgebaut und die Zukunft aufgebaut werden konnte.

Um einen schlagfähigen Verband zu haben, war es erforderlich, neben den Veränderungen der inneren Strukturen auch eine Stärkung der Büroorganisation vorzunehmen. Das erst kürzlich in Berlin bezogene Büro im Haus der GTÜ – der Gesellschaft für Technische Überwachung mbH – musste erweitert werden, um dem Personalbedarf einerseits Platz zu bieten und andererseits auch die Möglichkeiten zu schaffen, dass Präsident und Vizepräsidenten dort Platz zum Tagen haben und auch Gesprächspartner angemessen empfangen können.

Neben dem Geschäftsführer, Rechtsanwalt Wolfgang Jacobs, wurde eine Sekretärin, Frau Saskia Rummer, eingestellt, für die Fachbereichsarbeit und die Kontaktpflege zu den Einzelmitgliedern der Landesverbände wurde Frau Jeannette Bongé beschäftigt.

Bei Bezug des Hauses Lindenstraße 76 in Berlin-Mitte hatte man die Zielsetzung, dass es ein *„Haus der Sachverständigen"* werden könnte, denn neben der GTÜ und dem BVS waren dort auch die Büroräume des BVSK (Bundesverband der freiberuflichen und unabhängigen Sachverständigen für das Kraftfahrzeugwesen e.V.) und des DST, der Deutsche Sachverständigentag GmbH, untergebracht. Leider ist es dazu nicht gekommen, weil das Gebäude zu groß ist und die Entwicklung der Nutzung nicht so vorangegangen ist, wie sich das alle beim Einzug gewünscht hatten.

Der Gedanke zur Schaffung eines *„Hauses des Sachverständigen"* in Berlin ist nach wie vor da und es gibt zahlreiche Bemühungen, diese Idee mit anderen Verbänden zu verwirklichen.

Struktur- und Bestandsanalyse

Nachdem die innere Struktur des Verbandes gestärkt war, stand im Fokus der vielfältigen Aufgaben des Präsidiums die Mitwirkung und Einflussnahme bei wichtigen Institutionen, die mit dem Sachverständigenwesen eng verbunden sind.

Um den Einfluss und die Gestaltungsmöglichkeit des BVS zu mehren, wurde von mir die Vertretung des BVS im Vorstand des Instituts für Sachverständigenwesen IfS in Köln übernommen, weiter die Präsidentschaft im Deutschen Sachverständigentag (ab 2001), dazu die Position der Vertretung des Gesellschafters in der GTÜ sowie die Vertretung Bayerns im Sachverständigenausschuss der Bundesarchitektenkammer, dazu die Führung im KST, dem Kunstsachverständigentag, und die Vertretung bei EuroExpert.

Zudem wurden die Kontakte zu anderen Sachverständigenverbänden und Sachverständigenorganisationen geknüpft, die bereits z. T. Mitglied des DST-Beirates waren, aber sonst ihre eigenen Wege gingen. Viele von diesen Verbänden konnten im Laufe der Zeit als korporative Mitglieder für den BVS gewonnen werden.

Die eigenständigen Aktivitäten wurden im BVS gebündelt und die politischen Kompetenzen und Aufgaben dem Führungsgremium des BVS übertragen. Damit konnte die eigene Schlagkraft des Verbandes, aber auch die vieler Sachverständiger in Deutschland gestärkt werden.

Das Gewicht bei Verhandlungen in Ministerien und mit politischen Gremien des Bundestages oder der Länderparlamente war damit erhöht, die Einflussmöglichkeiten wesentlich verbessert worden. Infolgedessen war es auch möglich, viele Dinge, die nachstehend behandelt werden, zum Vorteil und Nutzen der Sachverständigen zu bewegen.

Erwähnenswert ist es aus meiner Sicht auch, über die Erfolge der Initiativen zu berichten, an wichtigen Sachverständigenereignissen mitzuwirken. So ist der BVS Mitveranstalter bei den Dingolfinger Bautagen geworden, ein mittragender Verband bei den Aachener Bausachverständigentagen, Träger beim Norddeutschen Bausachverständigentag in Wismar und unterstützender Partner bei den Frankfurter Bautagen. Neben der führenden Aufgabe bei der Ausrichtung des jährlich wiederkehrenden Deutschen Sachverständigentages erfolgte auch die Übernahme der Ausrichtung und Organisation des jährlich stattfindenden Kunstsachverständigentages. Mit diesen beiden Veranstaltungen konnte man in der Öffentlichkeit punkten und vielseitig auf sich aufmerksam machen. Beide Ereignisse sind aus dem Kalender des BVS nicht mehr wegzudenken.

Eine wichtige Aufgabe des gewählten Präsidiums war die Stärkung der Landesverbände, die ja die Mitglieder des BVS sind und den BVS-Vorstand bilden.

Aufgrund geringer Mitgliederzahlen einzelner Landesverbände und damit fehlender organisatorischer Einrichtungen war es notwendig und sinnvoll, Zusammenführungen zu organisieren. Es ist gelungen, die Landesverbände von Bremen und Niedersachsen, von Hamburg und Schleswig-Holstein und von Rheinland-Pfalz und Saarland zusammenzuführen. Damit sind schlagkräftige Mitgliedsverbände entstanden, die letztendlich auch die Schlagkraft des BVS gestärkt haben.

Die Knüpfung von nützlichen Verbindungen

Lange Bemühungen hat es auch um die friedliche Koexistenz zwischen den Verbänden in Berlin, dem VVS Berlin und Brandenburg und dem LBVS, dem Landesverband für Brandenburg gegeben. Hier gibt es zwischenzeitlich ein gedeihliches Miteinander und dort, gerade in Berlin, wird eine vorbildliche Verbandsarbeit zugunsten der Mitglieder geleistet.

Intensiv waren auch die Bestrebungen bei einer Zusammenarbeit mit anderen Sachverständigenorganisationen, wie z. B. dem HLBS, dem Hauptverband der landwirtschaftlichen Buchstellen und Sachverständigen e.V., dem VBN/VBD, dem Verband der Bausachverständigen Deutschlands, dem BFB, dem Bundesverband Freier Berufe und der ARGE Aurnhammer. Nicht immer haben diese Verbindungen gehalten, da es, wie so oft in Verbänden, nicht immer nur um die Sache, sondern auch um Personen geht, deshalb ist die konstruktive Zusammenarbeit nicht immer von langer Dauer gewesen.

Umfangreich waren die Kontakte, die zu den Bestallungskörperschaften aufgenommen wurden, so an erster Stelle zu den Industrie- und Handelskammern und deren Dachorganisation, dem DIHK (damals noch DIHT), den Handwerkskammern und deren Zentralverband in Berlin, dem ZdH, den Architekten- und Ingenieurekammern und deren jeweiligen Dachorganisationen in Berlin.

Es ist dabei gelungen, nicht nur Gehör zu finden, sondern auch Einfluss zu gewinnen, wenn es um die Zulassung von Sachverständigen geht, deren Ausbildung und Prüfungen anstehen, und darum, wie die Sachverständigenordnungen anzuwenden und die bestellten Sachverständigen zu begleiten sind.

Erfolgreich waren auch einige Kontakte zu Hochschulen aufzubauen, so zur Hochschule Dessau-Bernburg in Sachen-Anhalt und der Hochschule Zittau-Görlitz in Sachsen, damit auch zur Universität Dresden. An der Hochschule in Bernburg durfte ich im Herbst des Jahres 2003 die ersten Absolventen des postgradualen Studiums der Immobilienwirtschaft im Namen des BVS zum erfolgreichen Abschluss beglückwünschen und sie in das Berufsleben entlassen. Mit der Einrichtung von postgradualen Studiengängen besteht aus Sicht des BVS-Präsidiums die Möglichkeit, geordnete und zuverlässige Voraussetzungen zu schaffen, die es Kolleginnen und Kollegen ermöglichen, in das Sachverständigenwesen einzusteigen und es zur hauptberuflichen Aufgabe zu machen.

Die Aktivierungen im Deutschen Sachverständigentag – DST

Im Jahre 2001 wurde aus wirtschaftlichen, organisatorischen und haftungsrechtlichen Gründen die Einrichtung des Deutschen Sachverständigentages (DST), eine *„Erfindung"* des Präsidenten Emil A. Kolb und des politisch Bevollmächtigten Dietrich Rollmann, auf gesunde wirtschaftliche Beine gestellt. Es wurde unter Mitwirkung des langjährigen BVS-Syndikus, Rechtsanwalt Dr. Wolf Grill, München, eine DST-GmbH mit Sitz in Berlin gegründet. Die erste Geschäftsführung wurde von Dr. Grill übernommen, im Jahre 2004 wurde er durch den Geschäftsführer des BVS, Rechtsanwalt Wolfgang Jacobs, abgelöst.

Alleiniger Gesellschafter ist der BVS, die Trägerorganisationen des DST wurden zu Beiräten und nehmen damit wichtige Aufgaben bei der Gestaltung der Sachverständigentage wahr und unterstützen diese Einrichtung finanziell. Der Präsident des BVS ist sog. gewachsener Präsident des DST, ihm beigestellt sind zwei Vizepräsidenten, die aus den Reihen der Beiräte kommen. Vizepräsidenten des DST ab 2001 wurden Dr. Rainer Weiske (VBI) und Wolfgang Küßner, der im Jahre 2005 durch Harald Brockmann (BVSK) abgelöst wurde.

Der Deutsche Sachverständigentag ist zwischenzeitlich die wichtigste politische Plattform geworden, um die Anliegen und Nöte, die den Berufszweig des Sachverständigenwesens in vielseitiger Form berühren und bewegen, an die Öffentlichkeit zu bringen und den für die Sachverständigen in Deutschland Verantwortlichen die Forderungen vortragen und nahe bringen zu können.

Corporate identity

Eine wichtige Aufgabe hat das geschäftsführende Präsidium auch darin gesehen, für den BVS und seine Landesverbände eine unverkennbare Identität zu schaffen. Vizepräsident Fritz Hörmann war derjenige, der das Thema *„Corporate identity"* auf seine Fahne geschrieben hatte und alle Bemühungen unternahm, um die Verantwortlichen im BVS-Vorstand dazu zu motivieren, diese Idee umzusetzen. Mit Hilfe eines Grafikers wurde das BVS-Logo geschaffen und den Landesverbänden präsentiert. Diese wollten einen Teil ihrer eigenen Identität bewahren und so sind Landeslogos entstanden, die dem BVS-Logo in vielfältiger Form ähnlich sind und bis heute nahezu überall verwandt werden.

Zwischenzeitlich ist dieses BVS-Logo allseits in Gebrauch und ein deutliches Markenzeichen, das zumindest bei den Partnern, mit denen man tagtäglich zu tun hat, angekommen ist und aufgenommen wurde. Logo und Name bedeuten etwas für alle, die mit dem Sachverständigenwesen verbunden sind, und man darf mit Fug und Recht sagen, der BVS hat einen guten Namen und genießt allseitige Anerkennung. Der BVS ist ein Gesprächspartner für Ministerien, für die Ausschüsse des Deutschen Bundestages und anderer wichtige gesetzgebender Organe, man ist Gesprächspartner der Justiz und auch der Anwaltschaft und deren berufsständischer Organisationen.

Der BVS ist zwischenzeitlich in vielfältiger Form an der Gesetzgebung beteiligt, er wird zu Anhörungen und Beratungen eingeladen und nimmt diese Aufgabe auch in vielfältiger Form war. Es ist nicht selten, dass bei Vorlagen für neue Gesetzesvorhaben oder auch Gesetzesänderungen der BVS in der einschlägigen juristischen Literatur und bei Urteilen zitiert und genannt wird.

Der Kampf ums Geld bei den Gerichten

Als seine wichtigste Aufgabe hat es das Präsidium angesehen, die unter Präsident Michael Heidl begonnene Initiative zur Änderung der Bezahlung der Sachverständigen bei der Gerichtstätigkeit fortzusetzen und abzuschließen. Michael Heidl war es schon gelungen, die einflussreichen Vertreter des BMJ – Bundesministerium der Justiz – davon zu überzeugen, dass man vom Entschädigungsprinzip des ZSEG wegkommen müsse. Sachverständige sollten für ihre Leistungen Vergütungen erhalten, das Gesetz müsse durch ein JVEG – Justizvergütungs- und -entschädigungsgesetz – ersetzt werden.

Durch zahlreiche Gespräche im BMJ, der Durchbruch war im Jahre 2002 bei einem Gespräch mit dem damaligen Parlamentarischen Staatssekretär Prof. Dr. Eckhart Pick, konnten wir diesen davon überzeugen ebenso wie die damalige Bundesjustizministerin, Frau Hertha Däubler-Gmelin, dass die aus den Brüning'schen Notverordnungen stammende Entschädigung der Sachverständigen aus dem

Jahre 1931 abgeschafft und durch ein Honorierungs- oder Vergütungsgesetz ersetzt werden müsste. Erst 2 Jahre später ist dann der Durchbruch erfolgt und das JVEG konnte installiert werden. Beim 12. Deutschen Sachverständigentag hat die Bundesjustizministerin Brigitte Zypries selbst das neue Gesetz vorgestellt und erläutert.

Bei allen Bemühungen um Veränderungen und Stärkung der Verbandsstruktur und der Ausrichtung auf wichtige Ziele wurde es nicht versäumt, den Altvorderen zu danken und sie entsprechend zu ehren. In einer denkwürdigen Veranstaltung in Würzburg wurde Emil A. Kolb zum Ehrenpräsidenten des BVS gekürt, gleichzeitig verlieh ihm der LVS Bayern die Ehrenmitgliedschaft. Das Präsidium des DST hat ihm ebenfalls die Ehrenpräsidentschaft verliehen, da Herr Kolb einer der Gründungsväter dieser erfolgreichen Veranstaltung war.

Das Ende der Ära Dietrich Rollmann

Ende des Jahres 2002 hat Dietrich Rollmann seine Tätigkeit als politisch Bevollmächtigter des BVS beendet, er ist zumindest offiziell damals aus den Diensten des BVS ausgeschieden. Er wurde dennoch vom Präsidium bei mehreren wichtigen Aufgaben hinzugezogen, sein Rat und seine Erfahrung waren stets gefragt und seine Verbundenheit mit dem BVS und dem Sachverständigenwesen reicht bis in die heutige Zeit.

Somit war es auch nur eine logische Folge, ihn zur Erstellung einer „Chronik des BVS" beizuziehen und ihn mit dem Schreiben dieses Buches zu beauftragen. Welch wichtige Persönlichkeit Dietrich Rollmann ist, der lange Zeit als Abgeordneter der CDU im Deutschen Bundestag gesessen hat, konnte bei der Feier zu seinem 70sten Geburtstag in der Parlamentarischen Gesellschaft in Berlin erfasst werden. Neben der Verbandsprominenz waren natürlich viele Vertreter aus Politik und Wirtschaft anwesend, an der Spitze Altbundeskanzler Helmut Kohl, ein persönlicher Freund von „Dieti" Rollmann.

Der BVS geht „online"

In den Jahren 2002/2003 erfolgte der Auf- und Ausbau des BVS-Internetauftrittes, eine entsprechende Homepage mit Verlinkungen wurde eingerichtet. Über diese kann jedermann, der Sachverständige sucht, Hilfe finden und landet bei der BVS-Geschäftsstelle in Berlin, dort bekommt er die benötigten Auskünfte. Beschlossen wurde u. a. auch, dass zukünftig in wesentlichen Teilen der Schriftverkehr zwischen der Geschäftsstelle und den Mitgliedern über das Internet erfolgen soll, E-Mail-Schreiben wurden als offizielle Form der Benachrichtigungen eingeführt. Man hatte damit dem Zeichen der Zeit und der Entwicklung der modernen Kommunikation Rechnung getragen. Nach anfänglichen Schwierigkeiten ist diese Einrichtung zwischenzeitlich nicht mehr wegzudenken und gilt als Selbstverständlichkeit für den zeitgemäßen Schriftverkehr.

Konstanz und Veränderungen im Präsidium

Hatte man bisher trotz finanzieller Ebbe in der Verbandskasse das Schiff noch gut gesteuert und jeweils ordentlich in den einzelnen Häfen angelegt, so ging doch langsam die „*Kohle*" aus, sodass dem BVS-Dampfer eine Energiezufuhr gegeben werden musste.

Bei der Delegiertenversammlung im Juni 2003 in Bremen gab es eine Beitragserhöhung im Mittel um 8 %, die nach heftiger Diskussion dann doch einstimmig beschlossen wurde. Im Gegenzug wurden alle Landesverbände automatisch Mitglieder und Beiräte des Deutschen Sachverständigentages.

Bei der Delegiertenversammlung in Bremen standen ebenfalls Neuwahlen an, das Präsidium wurde einstimmig per Akklamation im Block wiedergewählt. Es wurde auch in dem Vorhaben bestätigt, weitere Veränderungen im Verband zu organisieren und die Verbandsstruktur zu stärken, d.h. ein Programm für die Zukunft aufzustellen.

Der plötzliche und unerwartete Tod des Vizepräsidenten Fritz Hörmann, gleichzeitig Vorsitzender des VBD, am 8. August 2003 hat das Gremium der Verantwortlichen stark geschwächt, denn Fritz Hörmann war eine treibende und denkende Kraft im Präsidium, die auch gleichzeitig tatkräftig an den notwendigen Veränderungen der Verbandsstrukturen mitgewirkt hat und immer für gute, neue Ideen stand.

Seine Nachfolge im Präsidium hat Dr. Volker Blechschmidt, Präsident des LVS Sachsen, angetreten. Als erfahrener Funktionär des Verbandes, insbesondere versehen mit der Kenntnis einer Aufbauarbeit nach der Wiedervereinigung im Landesverband Sachsen, hat er tatkräftig und wesentlich bei vielen Aufgaben des Präsidiums dazu beigetragen, entsprechende Lösungen zu finden und diese auch umzusetzen.

Nachdem die Mitarbeiterin Frau Bongé im Jahre 2003 ausgeschieden war, musste die vakante Stelle neu besetzt werden. Es konnte Frau Ina Worofsky-Hörmann, die Witwe von Fritz Hörmann, für diese Aufgabe gewonnen werden. Bereits Ende 2003 hat Frau Worofsky-Hörmann ihre Aufgabe als freie Mitarbeiterin für den BVS und für die DST-GmbH aufgenommen. Sie war und ist zuständig für die Organisation von Veranstaltungen, Schwerpunkt DST und KST und für die Koordination und den Schriftverkehr mit den Bundesfachbereichen im BVS, sowie für die Büroleitung bei Abwesenheit des Geschäftsführers.

Das Verbandsorgan „DER SACHVERSTÄNDIGE"

Eine zentrale Aufgabe hat das BVS-Präsidium in der Festigung und dem wirtschaftlichen Absichern des Verbandsorgans, der Zeitschrift „DER SACHVERSTÄNDIGE" gesehen. In langjähriger Zusammenarbeit mit dem Dr. Wißner Verlag in Augsburg war es nicht gelungen, der Zeitschrift den notwendigen Rückhalt in der Öffentlichkeit zu geben, insbesondere in der Fachwelt, den man sich vorgestellt und gewünscht hat. Die Zeitschrift gab in vielfältiger Form Aktivitäten im Verband und dessen inneres Leben wider, ergänzt wurden diese Berichte durch gute Fachbeiträge, aber leider nicht durch juristische Informationen, die für die Mitglieder wichtig waren und die es auch geschafft hätten, dass unser Verbandsorgan in juristischen Kreisen zitierfähig wird. Im Jahre 2004 hat dann die Redaktion und auch die Verlegung der Verbandszeitschrift „DER SACHVERSTÄNDIGE" der C. H. Beck Verlag in Frankfurt übernommen. Das Blatt hat ein neues Outfit bekommen, es wurde neu strukturiert und ist zwischenzeitlich eine in juristischen und sachverständigen Kreisen geschätzte Zeitschrift geworden. Als Fachorgan des Sachverständigenwesens wurde sie nun auch zitierfähig und erscheint in zahlreichen wichtigen Urteilen und ist eine hervorragende Plattform für die Veröffentlichung von Fachbeiträgen. DER SACHVERSTÄNDIGE ist zwischenzeitlich ein anerkanntes Instrumentarium des BVS und genießt allgemeine Anerkennung, was dadurch zum Ausdruck kommt, dass es mehr als 1000 freie Abonnenten gibt, die dieses Verbandsorgan, unsere Zeitschrift beziehen.

Das BVS-Forschungsinstitut

Anfang der 90er Jahre des letzten Jahrhunderts wurde vom Präsidenten Emil A. Kolb das BVS-Forschungsinstitut initiiert und gemeinsam mit dem LVS Bayern eine GmbH gegründet. Es war der Gedanke der damals Verantwortlichen, dass man sich Forschungsaufträge der Öffentlichen Hand erhoffte, um so Partner der Politik einerseits und Partner der Sachverständigen andererseits zu werden. Man wollte damit auch Mitglieder beschäftigen und Ruhm und Anerkennung des BVS mit den Ergebnissen mehren.

Alle Versuche, die gestartet wurden, um an öffentliche Forschungsaufträge zu kommen, waren bedauerlicherweise vergeblich. Immer waren andere oder größere Institutionen oder Büros da, die dem BVS-Forschungsinstitut den Auftrag weggeschnappt haben.

In den Jahren 1995/96 gab es Bemühungen der beiden Geschäftsführer – das waren RA W. Jacobs für den BVS und Dipl.-Ing. M. Staudt für den LVS Bayern –, gemeinsam mit der Universität Wismar in der Fakultät Bauwesen eine Akademie für das Sachverständigenwesen zu gründen. Lehr- und Forschungsprogramme waren ausgearbeitet und mit den Lehrstuhlinhabern abgesprochen, jedoch scheiterten alle Bemühungen kurz vor ihrer Vollendung. Es gab politische Veränderungen in der Führung des zuständigen Bildungsministeriums und damit auch eine Veränderung in der Personalstruktur mit der Folge, dass alle Initiativen des Forschungsinstitutes eingestellt werden mussten. Die Idee und das Vorhaben waren gestorben und mussten ad acta gelegt werden.

In den folgenden Jahren waren trotz aller Bemühungen keine Belebungsversuche des Forschungsinstitutes erfolgreich, sodass man sich dazu entschloss, die GmbH aufzulösen.

Der LVS Bayern als Mitgesellschafter zeigte jedoch Interesse, dieses Institut zu übernehmen und selbständig fortzuführen. So kam es im Jahre 2004 zu einer Übernahme des BVS-Forschungsinstituts durch den LVS Bayern e.V. Dort wird die GmbH als Bildungseinrichtung heute weitergeführt.

Die Suche nach Verbündeten

Nach dem Tod des Vizepräsidenten Fritz Hörmann gab es Probleme in der Zusammenarbeit mit dem VBD, dem Verband der Bausachverständigen Deutschlands, mit dem Ergebnis des Austrittes aus den Reihen des BVS. Die korporative Mitgliedschaft wurde zum Ende des Jahres 2004 aufgekündigt. Unabhängig davon wurden die persönlichen Kontakte zu den Führungskräften des VBD dennoch weiterhin gepflegt. Man hat damals einen gegenseitigen Wissensaustausch verabredet und sich darauf geeinigt, bei den Angeboten der Fortbildung sich untereinander abzustimmen. Dennoch ist es zu einer *„Wiedervereinigung"* bis zum heutigen Tage nicht gekommen.

Verbindungen bestehen dennoch im guten Sinne und zum Wohle der Sachverständigen, u. a. beim Deutschen Sachverständigentag und bei den Nordischen Bausachverständigentagen in Wismar. Hier steht man Seite an Seite für das Sachverständigenwesen und zum Wohle aller Mitglieder zusammen. Ein Zusammengehen in Zukunft wird nicht ausgeschlossen sein, nach dem Motto: *„die Zeit heilt Wunden"*.

Immer wiederkehrende Skandalereignisse im Lebensmittelbereich, seien es Gammelfleisch, Futtermittel oder Hormonbehandlungen von Tieren gewesen, haben zu weitreichenden öffentlichen Diskussionen geführt.

Dabei ist deutlich zutage getreten, dass die staatlichen Einrichtungen, die ein Monopol der Lebensmittelkontrolle in Deutschland besitzen, weder personell noch organisatorisch noch fachlich in der Lage sind, das große Feld der Lebensmittelüberwachung selbst zu bestellen und zu kontrollieren.

Da es auf diesem Gebiet eine Vielfalt von öffentlich bestellten und vereidigten Sachverständigen gibt, lag es nahe, dass sich der BVS darum bemüht, dieses staatliche Monopol der Lebensmittelüberwachung zu knacken. Warum sollte man sich darum auch nicht bemühen, es ist bereits mehrfach gelungen, hier Veränderungen zu bewirken.

Die wichtigste und auch spektakulärste Maßnahme war in den 80er Jahren die Schaffung der Möglichkeit für freie Sachverständige, im Rahmen des § 29 Straßenverkehrszulassungsordnung (StVZO) wiederkehrende Hauptuntersuchungen an Fahrzeugen durchführen zu können, was bis dahin den klassischen Organisationen TÜV und DEKRA vorbehalten war. Zwischenzeitlich ist es eine Selbstverständlichkeit, dass freie unabhängige Sachverständige als Prüfingenieure diese Aufgabe der immer wiederkehrenden Überprüfung von Fahrzeugen im Rahmen der Straßenverkehrszulassungsordnung (StVZO) wahrnehmen. Auf Initiative des BVS wurde dazu Ende der 70er Jahre die GTÜ – Gesellschaft für Technische Überwachung – mit Sitz in Stuttgart gegründet. Die Gesellschaft tragen nunmehr der BVS, der BVSK und die AGS jeweils mit gleichen Anteilen als Partner.

Die politischen Bemühungen um Öffnung des Monopols der Lebensmittelüberwachung haben sich sehr schwierig gestaltet, denn die Hoheit liegt hier nicht beim Bund, sondern bei den Ländern.

Unter Mitwirkung des Verbandes VUP (Verband unabhängiger Prüflaboratorien) wurde unter Führung von Dietrich Rollmann der Versuch unternommen, die zuständigen Länderministerien dazu zu bewegen, dass sie ihre Möglichkeiten prüfen, ob Sachverständige, also Freiberufler, d. h. öffentlich bestellte und vereidigte Sachverständige, an dieser großen Aufgabe mitwirken könnten. Mit dem Hinweis, dass Sachverständige aufgrund ihrer Unabhängigkeit und Qualifikation bereits in vielfältiger Form öffentliche Aufgaben übernommen hätten, so z. B. bei der Justiz, wurde bei dem zuständigen Landesministerium vorgesprochen. Die Ergebnisse und schriftlichen Stellungnahmen waren größtenteils ernüchternd, denn man war sich dort der Bedeutung von öbuv Sachverständigen nicht bewusst und hat deshalb mit vielen ausweichenden Darlegungen geantwortet und die Bemühungen des BVS abgelehnt. Das hat dazu geführt, dass man in verantwortlichen Kreisen etwas den Mut verloren hat und die Intensität der Bemühungen zurückgefahren wurde, zumal die Unterstützung der unmittelbar Betroffenen nicht in ausreichender Weise gegeben war und auch die finanziellen Mittel knapp wurden.

Dennoch bleibt diese Aufgabe für den BVS bestehen, denn Lebensmittelskandale sind nicht weniger geworden, sie werden nicht immer so spektakulär verkauft, dass die Öffentlichkeit aufgerüttelt wird, existieren aber in vielfältiger Form eigentlich tagtäglich.

Der Blick in die Zukunft

Ein Meilenstein in der Amtszeit des BVS-Präsidiums war die Delegiertenversammlung im Juni 2004 in Bamberg. In einer vorgeschalteten öffentlichen Veranstaltung konnten wesentliche Partner und Verantwortliche gewonnen werden, die allen durch ihr Erscheinen dieser Veranstaltung Gewicht gegeben haben und die Verbundenheit mit dem BVS und ihren Mitgliedern zum Ausdruck gebracht haben.

Anwesend waren der Oberbürgermeister der Stadt Bamberg, Herr Lauer, der Vizepräsident des OLG Bamberg, Herr Adler, der Präsident der IHK Oberfranken – Bayreuth, Herr Dr. Wagner und der Präsident der Handwerkskammer Oberfranken, Herr Seelmann.

Die Bedeutung und Wichtigkeit, die damit den delegierten Sachverständigen vermittelt wurde, hat zu einer Beflügelung geführt, die sich am Ende der Veranstaltung darin äußerte, dass auf Initiative des Ehrenpräsidenten Emil A. Kolb ein Antrag und ein Auftrag an das BVS-Präsidium gestellt wurde, der die Einberufung eines Arbeitskreises und ein Überdenken der Strukturen des Verbandes zum Ziel hatte. Das geschäftsführende Präsidium wurde aufgefordert, einen *„Arbeitskreis Zukunft"* einzurichten und entsprechende Mitarbeiter nach einem gewissen Proporz zu benennen und mit der Aufgabe des Nachdenkens über zukünftige Verbandsarbeit zu betrauen.

Zwei LVS-Mitglieder, zwei Vertreter der korporativen Verbände, zwei Vertreter der Fachbereiche und ein Vertreter des BVS-Präsidiums sollten die Aufgaben übernehmen. Im Herbst 2004 wurden entsprechende Mitglieder aus den Vorschlägen der jeweiligen Gruppierungen benannt, sodass im Frühjahr 2005 dieser AK Zukunft erstmals aktiv werden konnte. Im Frühjahr 2006 hat der Arbeitskreis seinen Bericht vorgelegt, aus dem das Präsidium dann ein Thesenpapier zur Neuordnung und Strukturveränderung des Verbandes erstellt und dem BVS-Vorstand im Herbst 2006 zur Abstimmung vorgelegt hat.

Wesentliche Punkte dieser Neuorientierung sind die Stärkung der Mitgliederbasis unter Einbeziehung anderer Sachverständigenkreise, sowie die Aus- und Weiterbildung durch Unterstützung seitens der GTÜ und des IfS mit der Zielsetzung, die Schaffung einer eigenen Bildungsakademie zu schaffen.

Weiter will man Ausbildungsangebote für den Sachverständigennachwuchs erarbeiten. Langfristiges Ziel ist die Mitwirkung an der Ausbildung und dem Prüfen bei der Sachverständigenbestellung im Sinne der DIN EN ISO/IEC 17024.

In naher Zukunft möchte man einen Technischen Geschäftsführer beim BVS installieren, der sich insbesondere um die Bundesfachbereiche und deren Arbeit kümmert und Veranstaltungen bundesweit organisiert.

Voraussetzung für eine Stärkung des Verbandes ist auch die Vermarktung des Verbandsnamens BVS, möglichst in allen Kreisen, die mit dem Sachverständigenwesen zu tun haben. Weiterhin will man sich auf die Möglichkeit vorbereiten, dass die EU-Kommission die Institutionen der Industrie- und Handelskammern sowie der Handwerkskammern und der berufsständischen Kammern in Frage stellt und die Zwangsmitgliedschaften aufhebt und damit in eine neue Rechtsposition schafft, wobei auch die hoheitlichen Aufgaben der Bestallungskörperschaften entfallen werden. Für diesen Zeitpunkt will man gerüstet sein, um selbst ggf. diese Aufgaben im BVS übernehmen zu können.

Eine wesentliche Rolle beim Zustandekommen des AK Zukunft und der Ergebnisse hatte der LVS Bayern mit seinem Präsidenten Hans Czapka übernommen. Er hat nach Antritt seiner Vorstandschaft im Jahre 2004 eine Kommunikationsoffensive gestartet, die dem Sachverständigenwesen im Freistaat Bayern und auch darüber hinaus mehr Aufmerksamkeit und Anerkennung in der Öffentlichkeit zuteil lassen werden soll.

Diesem Umstand ist es zu verdanken, dass im Herbst 2004 die Fachbereichsarbeit geregelt und gestärkt werden konnte, sodass den einzelnen Gruppierungen eine größere Eigenständigkeit und Eigenverantwortlichkeit zukommt mit der Möglichkeit, besser agieren zu können und sich auch besser und erfolgreicher in der Mitgliedschaft und auch in der Außenwirkung darstellen zu können.

Vom Präsidium und der Geschäftsführung wurde eine Mustergeschäftsordnung vorgelegt und einstimmig vom Vorstand zur Annahme beschlossen, die eine wichtige Grundlage für die Arbeit der Bundesfachbereiche bildet. Jürgen Schreiber, LVS Bayern, hat spontan nach der Abstimmung und dem Inkrafttreten der GO vom Erreichen eines *„Meilensteins"* in der Geschichte des BVS gesprochen. Ein langjähriger Zankapfel zwischen Präsidium, Vorstand und den Fachbereichen wurde damals *„beerdigt"*. Kompetenz, Eigenständigkeit und Aktivitäten der Bundesfachbereiche wurden so langfristig gestärkt und gesichert.

Im Jahre 2005 wurde anlässlich der Bundesdelegiertenversammlung in Frankfurt a. M. beschlossen, dass man ein neues Mitgliederverzeichnis, das letzte stammte aus dem Jahre 1999, auflegen muss. Es wurde lange darüber diskutiert, ob dieses in schriftlicher oder in moderner digitaler Form erscheinen soll. Im Ergebnis lautete die Entscheidung, dass man „sowohl als auch" verfahren müsse. Pünktlich zur Delegiertenversammlung im Jahre 2006 in Hamburg lag dann das neue Mitgliederverzeichnis in digitaler Form vor und wurde über das Verbandsorgan an alle Mitglieder verschickt.

Neue Plattformen öffnen sich für die öbuv SV

Im Jahre 2005 wurde der Deutsche Baugerichtstag e.V. gegründet mit Sitz in Hamm (NRW). Der Gründer und Initiator, Prof. Dr. Rolf Kniffka, Richter am BGH, hat uns nach einem kurzen Gespräch für eine Mitgliedschaft gewonnen und uns in den Deutschen Baugerichtstag mit einem Programmteil und einem eigenen Arbeitskreis aufgenommen. Beim 1. Deutschen Baugerichtstag im Mai 2006 in Hamm stand im Mittelpunkt die Frage, ob das Sachverständigenwesen ein eigenes Gesetz oder eine eigene Verordnung braucht, um Bestand zu haben.

Nach gegensätzlichen Referaten von Dr. Peter Bleutge und mir als dem amtierenden Präsidenten des BVS kam es zu heftigen und gewaltigen Wortbeiträgen und in Folge zu einer allgemeinen Abstimmung mit dem Ergebnis, dass es einer solchen Regelung nicht bedürfe. Dabei ist anzumerken, dass der überwiegende Teil der Zuhörer und Diskutanten aus den Kreisen der Richterschaft, der Anwaltschaft und den Vertretern der Bestallungskörperschaften kam. Sachverständige waren in der Minderheit. So sind aus meiner Sicht nach wie vor Gesetze oder eine zuständige Regelung für das Sachverständigenwesen in Deutschland notwendig.

Im Jahre 2005 ist es auch gelungen, eine Reaktivierung des Landesverbandes Mecklenburg-Vorpommern zu erreichen, die im Jahre 2006 mit Unterstützung des zuständigen Sachverständigenreferenten bei der IHK Schwerin, Siegbert Eisenach, zu einer Neugründung vollendet wurde. Hier gibt es auch erstmals eine weibliche Führung, die von den Frauen Karin Harms und Gabriele Bunge wahrgenommen wird.

Eine interessante Entwicklung hat sich im ebenfalls im Jahre 2005 ergeben, denn im Deutschen Kunstsachverständigentag ist die Frage der Bewertung von Gegenständen im Kunst- und Antiquitätenbereich heftig diskutiert worden. Nachdem man dort keine einheitlichen Definitionen gefunden hat, auch Außenstehende nicht helfen konnten, wurde der Einsatz einer Wertekommission beschlossen und installiert. Unter Leitung des BVS-Vizepräsidenten Roland Vogel und unter Mitwirkung des BVS-Geschäftsführers RA Wolfgang Jacobs konnten in einem Gremium kompetenter Kunstsachverständiger die Diskussion geführt und Ergebnisse anlässlich des KST 2006 präsentiert werden.

Die Arbeiten sind noch nicht abgeschlossen und sollen weitergeführt werden, um hier für die Fachwelt und insbesondere auch für Gerichte einheitliche Definitionen zu finden, d.h. unmissverständliche Kriterien zu schaffen, an

denen sich alle orientieren können und die das babylonische Sprachengewirr beenden sollen.

Die Aktivitäten bei der GTÜ

Viel Zeit und viel Energie hat die Wahrnehmung der Aufgaben in der Gesellschafterversammlung der GTÜ von mir als Präsident, aber auch von dem Gesellschaftsvertreter, Peter Engels und dem Syndikus Dr. Wolf Grill gefordert. Es waren bereits bewegte Zeiten, als das Amt im Jahre 2000 übernommen wurde. Es gab einen offenen Streit mit dem damaligen Geschäftsführer Dr. Henner Hörl über die Frage der Einrichtung einer sog. *„Sachverständigenorganisation"* innerhalb der GTÜ, die neben der allgemeinen Kfz-Prüftätigkeit auch Gutachten über Unfallschäden, Unfallrekonstruktion und Kfz-Bewertungen für die GTÜ-Partner ermöglichen und dem Kfz-Markt anbieten sollte. Das Marktprodukt, so im Wesentlichen durch den BVSK gefordert, sollte die Existenz vieler Kfz-Sachverständiger absichern und auch den Marktanforderungen und Marktbedürfnissen entsprechen und diese befriedigen.

Die Auseinandersetzungen in der GTÜ eskalierten und im Februar 2003 haben sich die Gesellschafter von ihrem Geschäftsführer getrennt. Es wurden zwei im Unternehmen beschäftigte Mitarbeiter, Herr Schneider und Herr Herget, zu neuen Geschäftsführern der GTÜ-Gesellschaft bestellt. Bereits nach kurzer Zeit stellte sich heraus, dass die Umstrukturierung der GTÜ und die Erweiterung der Geschäftsfelder nicht vorankamen, sodass man sich dazu entschlossen hat, einen Hauptgeschäftsführer zu finden, der die Befähigung besitzt, das Unternehmen wieder auf Kurs zu bringen. Von den Interimsgeschäftsführern hat man sich im Jahre 2004 wieder getrennt.

Mit der Einstellung des Geschäftsführers Rainer de Biasi im Frühjahr 2004 haben sich schlagartig das Klima innerhalb der GTÜ und auch die Geschäftstätigkeit vollständig geändert. Nach kurzer Zeit konnten Personalprobleme und Personalquerelen beigelegt und das Ansehen der Gesellschaft nach außen verbessert werden.

Das Unternehmen hat seine Marktposition verbessert, es arbeitet wieder erfolgreich und gewinnbringend, sodass es zwischenzeitlich auch einen gewissen Rücklauf aus dem wirtschaftlichen Erfolg des Unternehmens an die Gesellschafter gibt.

Die monetären Unterstützungen der Verbandskassen aller Gesellschafter tun diesen gut und eröffnen weitere Möglichkeiten für Aktivitäten der Verbände.

Durch weitere Lockerungen von staatlich monopolisierten Aufgaben, so nach dem Gerätesicherheitsgesetz, ist es möglich geworden, auch andere Berufssparten und Berufsgruppen als Partner der GTÜ zu gewinnen. Es geht hier um die Beurteilung von Aufzugsanlagen, von explosionsgeschützten Abfüllanlagen, die Überprüfung von Druckbehältern und ähnliches. Weiterhin konnte auf Initiative des BVS eine BQÜ-Abteilung in der GTÜ angesiedelt werden, die es den SV-Partnern ermöglicht, unter dem Dach der GTÜ *„Baubegleitende Qualitätsüberwachung"* als eine Sachverständigenaufgabe wahrzunehmen und am Markt als Leistung anzubieten.

Nach zögerlichem Anlauf stellt sich jetzt eine gewisse Konsolidierung ein, die damit vielen Sachverständigen die Möglichkeit bietet, aufgrund völlig veränderter Strukturen bei Bauabläufen nun als Qualitätssicherer oder Qualitätsmanager tätig zu werden.

Hier ergibt sich ein weites Betätigungsfeld für viele Sparten im Bereich der Sachverständigentätigkeit, die im Bauwesen im weitesten Sinn tätig sind.

Ausblick in die Zeit danach

Nach endgültiger Vorlage des Abschlussberichtes aus dem Arbeitskreis Zukunft ist im Verband vieles in Bewegung gekommen. Das Präsidium war gehalten, ein entsprechendes Thesenpapier zu erarbeiten, um die bereits angesprochene Neuordnung und Neustrukturierung des Verbandes vorzubereiten. In der Delegiertenversammlung des Jahres 2007 in Wörlitz soll dann dieses Programm beraten, beschlossen und verabschiedet werden. Es soll mindestens für die nächsten 5 bis 8 Jahre die Grundlage für alle Struktur- und Organisationsaufgaben des Verbandes sein und dazu beitragen, dass man für die Zukunft gut aufgestellt, sich auch am Markt behaupten und auf Dauer im eigenen Beruf überleben kann.

Die Ausarbeitung des Thesenpapiers und die Begründung für die Veränderungsbedürfnisse ist sozusagen mein Vermächtnis, da ich nach Ankündigung bei der Delegiertenversammlung in Hamburg im Jahre 2006 bereits das Ende meiner Präsidentschaft für das Jahr 2007 angekündigt habe und auch fest gewillt bin, diese Tätigkeit zu beenden. 7 Jahre Präsidentschaft im BVS und 5 Jahre Präsidentschaft im LVS Bayern sind eine lange Zeit, in der man ehrenamtlich, d. h. neben der täglichen beruflichen Arbeit tätig gewesen ist. Viele Reisen, viele Konferenzen und viele Gespräche liegen hinter mir, aus denen sich für mich zahlreiche bewegte Erinnerungen ableiten, in vielen Fällen natürlich positiv, aber auch genau so gut negative Dinge, die zurückbleiben.

Meine Zeit als Präsident des BVS hat mir sicherlich viel an Lebenserfahrung gebracht und es wurde manche Einsicht dabei gewonnen. Gleichermaßen hoffe ich, dass auch die von mir vertretenen Sachverständigen in ähnlicher Form über diese 7 Jahre Positives berichten können. Erfahrung und Fortbildung standen immer im Focus der Tätigkeiten im Verband und werden auch zukünftig im Mittelpunkt aller Bemühungen stehen müssen.

Die Beendigung meiner verantwortlichen Aufgabe im BVS ist sicherlich mit etwas Wehmut verbunden, aber auch gleichzeitig mit einer gewissen Zufriedenheit, denn es wurde mit Unterstützung aller viel bewegt und erreicht. Der BVS kann in das nächste Jahrzehnt gestärkt und finanziell gut abgesichert gehen, denn das gesamte Geschäftsführende Präsidium wie auch der Vorstand des BVS haben gut gewirtschaftet und kluge Entscheidungen für die Zukunft getroffen.

Es bleibt mir der Wunsch, dass der BVS ein längeres Dasein haben möge, als es den Menschen im Allgemeinen vergönnt ist.

Hollfeld, im März 2007   Michael Staudt

DIHK, Kammern und BVS

– Vergangenheit, Gegenwart und Zukunft –

von Rechtsanwalt Dr. Peter Bleutge, Wachtberg

1. Einführung

Sachverständige gab es in allen Kulturen mit Gesetzen und Recht sprechenden Strukturen. Urkundliche Nachweise der Inanspruchnahme von Gutachtern gibt es bei Hammurabi, den Griechen, den Römern und im frühen Mittelalter bei den Gilden und Zünften. Die öffentliche Bestellung von Sachverständigen durch die Industrie- und Handelskammern (IHKn) geht auf die Gewerbeordnung von 1873 zurück.

Verbände, Vereinigungen oder Berufsvertretungen der Sachverständigen sind jedoch nachweisbar erst im 20. Jahrhundert entstanden und im heutigen Wirtschaftsleben nicht mehr wegzudenken. Je mehr Sachgebiete für Gutachtertätigkeit erschlossen werden, desto mehr Sachverständigenverbände werden gegründet. Es kann derzeit bereits von einer Inflation von Interessenverbänden auch im Sachverständigenbereich gesprochen werden, zumal es für ein einziges Sachgebiet oft mehrere Verbände gibt, die untereinander in Konkurrenz stehen und sich gegenseitig die Mitglieder abjagen. Sie finanzieren sich nicht nur über die Mitgliedsbeiträge, sondern hauptsächlich von dem äußerst lukrativen Seminargeschäft. Von der Zielsetzung und Struktur her gibt es Verbände, die nur ein einziges Sachgebiet abdecken, wie beispielsweise in den Sachbereichen der Kfz-Sachverständigen, Hausratssachverständigen oder Sachverständigen für Schießstandsanlagen im nicht militärischen Bereich, und Verbände, die eine Vielzahl von Sachgebieten abdecken, wie den Bundesverband der öffentlich bestellten und vereidigten sowie qualifizierten Sachverständigen (BVS). Mitglieder des BVS sind 12 Landesverbände und 11 Verbände als korporative Mitglieder.

Die Aufgabenstellung der einzelnen Verbände ist meist identisch. Ihre Leistungspalette umfasst die Berufsvertretung, Lobbyarbeit, Stellungnahmen zu Gesetzgebungsvorhaben auf Bundes- und Länderebene, Aus- und Weiterbildung, Erfahrungsaustausch, Hilfestellung bei der täglichen Gutachtenarbeit, insbesondere der Akquisition und Werbung, Herausgabe von Büchern, Broschüren und Zeitschriften u. ä. Einige Verbände gehen über diese Aufgabenstellung hinaus, indem sie ihre Mitglieder vor der Erteilung der Mitgliedschaft auf besondere Sachkunde und persönliche Integrität prüfen und sie dann der Öffentlichkeit als „vom X-Verband anerkannte, zertifizierte oder geprüfte Sachverständige" präsentieren; dazu hat der BGH in seinem Urteil vom 23.5.1984[142] strenge Vorgaben gemacht. Der BVS spricht keine Verbandsanerkennungen aus, weil er von seinen Mitgliedern die öffentliche Bestellung oder eine vergleichbare Qualifikation voraussetzt.

Der nachstehende Beitrag beschäftigt sich mit der Sachverständigenpolitik und Bestellungspraxis der Industrie- und Handelskammern und der sie begleitenden Verbandspolitik des BVS in den letzten 35 Jahren. Dabei werden jedoch nur einige Themen beispielhaft und schwerpunktmäßig angesprochen, die sowohl aus Sicht der Bestellungskörperschaften als auch unter dem Gesichtspunkt beruflicher Interessen der öffentlich bestellten Sachverständigen von Interesse waren. Die Themenfelder sind sowohl der Vergangenheit als auch der Gegenwart entnommen. Abschließend werden Ausblicke in die Zukunft gewagt.

2. Interessensunterschiede aufgrund gesetzlicher Vorgaben

Vorauszuschicken ist, dass die Kammern und die Verbände der Sachverständigen nicht immer im Gleichschritt marschieren konnten und können, weil die Bestellungskörperschaften eine andere, nämlich eine vom Gesetz vorgegebene und eingeschränkte Aufgabenstellung haben. Die Industrie- und Handelskammern müssen nach dem Industrie- und Handelskammergesetz (IHK-G) „das Gesamtinteresse der ihnen zugehörigen Gewerbetreibenden wahrnehmen und für die Förderung der gewerblichen Wirtschaft wirken". In Verbindung mit § 36 GewO dür-

---

142 NJW 84, 2365.

fen sie Sachverständigenpolitik nur mit der Zielsetzung betreiben, für Gerichte, Behörden, Wirtschaft und private Endverbraucher eine ausreichende Zahl an fachlich kompetenten und persönlich integeren Sachverständigen zur Verfügung zu stellen. Die öffentliche Bestellung erfolgt nun einmal im Interesse der Nachfragerseite, nicht aber im beruflichen Interesse der Sachverständigen. Berufliche Interessen der Sachverständigen müssen daher grundsätzlich von den Verbänden und Organisationen der Sachverständigen, nicht aber von den Kammern wahrgenommen werden.

Mithin können Stellungnahmen von Kammern und solche von Verbänden zu neuen Gesetzen oder Verordnungen in diesem Bereich nicht immer dieselbe Zielrichtung und dieselben Inhalte haben. Um es an einem Beispiel festzumachen: Die Berufsverbände der Sachverständigen können vom Gesetzgeber eine eigene Berufskammer oder eine eigene Gebührenordnung für den privaten Auftrag fordern; diese Forderung könnten die IHKn nur dann unterstützen, wenn das gesamtwirtschaftliche Interesse, zu dem auch die Qualitätssteigerung des Fachwissens der Sachverständigen und ein fairer Wettbewerb gehören, dies rechtfertigten würde. Hinzu kommt, dass viele öffentlich bestellte Sachverständige keine Pflichtmitglieder der IHKn sind, sodass auch von daher die Verfolgung ihrer beruflichen Interessen nicht Aufgabe der Kammern sein kann. Die IHKn können aber auf der anderen Seite eine Verbesserung der vergütungsrechtlichen Situation der Sachverständigen im gerichtlichen Bereich fordern, wenn sie merken, dass aufgrund zu niedriger Stundensätze immer weniger Sachverständige bereit sind, für gerichtliche Aufträge zur Verfügung zu stehen und sich zu diesem Zweck öffentlich bestellen und vereidigen zu lassen. Sie können auch gesetzliche Regulierungen fordern, wenn Nachfragerschutz und fairer Wettbewerb das Fernhalten unseriöser und unqualifizierter Sachverständiger vom Gutachtenmarkt erfordern. Und sie können im gesamtwirtschaftlichen Interesse Deregulierungsvorschläge machen, um Gerichte zu entlasten, die Rechtspflege, insbesondere die fachliche Qualität der Sachverständigen, zu verbessern und den privaten Gutachtenmarkt transparent zu gestalten. In diesem Zusammenhang können sie zur Förderung und Erforschung des Sachverständigenwesens und zur Aus- und Weiterbildung von Sachverständigen Institutionen gründen oder sich an solchen beteiligen, die diese Aufgaben übernehmen oder selbst in Eigenregie diese Aufgaben erledigen. Hervorzuheben ist in diesem Zusammenhang das Institut für Sachverständigenwesen in Köln, das von den IHKn gegründet wurde und in dem inzwischen fast alle Bestellungskörperschaften, Sachverständigenverbände, Prüforganisationen, Versicherungen und andere am Sachverständigenwesen interessierte Organisationen Mitglieder sind. Hier findet eine Bündelung und Fokussierung der unterschiedlichen Anstrengungen mit dem Ziel statt, die Qualität der Sachverständigen durch Aus- und Fortbildung zu verbessern und den Bestellungskörperschaften Hilfestellung bei der Erfüllung ihrer gesetzlichen Aufgaben im Sachverständigenbereich zu geben.

3. Vergangenheit

In der Vergangenheit – überblickt wird vom Autor der Zeitraum ab 1970 – haben nachstehende Themen- und Problemfelder Geschichte im Sachverständigenbereich gemacht:

3.1 Bedürfnisprüfung

Eine einschneidende Änderung der Rechtslage bei der öffentlichen Bestellung war die Entscheidung des Bundesverfassungsgerichts (BVerfG) vom 25.3.1992 (GewA 92,272) zur Verfassungswidrigkeit der konkreten Bedürfnisprüfung. Bis zu diesem Zeitpunk hatten alle Bestellungskörperschaften nur dann weitere Sachverständige auf einem bestimmten Sachgebiet bestellt, wenn ein Bedürfnis dafür erkennbar war. Konkret bedeutete dies, dass ein Bewerber überhaupt nicht in das Bestellungsverfahren gelangen konnte, wenn die bereits vorhandenen, bestellten Sachverständigen ausreichten, um die an sie herangetragenen Aufträge innerhalb angemessener Zeit zu erledigen. Nur wenn die Nachfrage nach Sachverständigen anstieg, sodass die bereits bestellten Sachverständigen die Aufträge nicht mehr fristgerecht erledigen konnten, oder wenn Sachverständige ihren Geschäftssitz in einen anderen Kammerbezirk verlegten, wurden neue Bewerber zugelassen; eine Warteliste regelte die Reihenfolge der Berücksichtigung.

Das BVerfG hielt diese Bestellungspraxis für verfassungswidrig und hob ein entsprechendes positives Urteil des BVerwG auf. Zuvor waren auch der DIHT und der BVS vom BVerfG um eine Stellungnahme gebeten worden. Wie die zuständigen Bundesministerien haben beide Organisationen die Fahne der Bedürfnisprüfung hoch gehalten, was aber nichts brachte. Die Befürchtung, dass nun ein Run auf die öffentliche Bestellung stattfinden würde, hat sich nicht bestätigt. Die Zahl der öffentlich bestellten Sachverständigen hat sich seit dem Jahre 1992 nicht wesentlich erhöht. Erstaunlich ist, dass das BVerfG die konkrete Bedürfnisprüfung in anderen Berufsbereichen bis heute nicht beanstandet hat. Beispielhaft wird auf die Notare, Taxikonzessionen und Schornsteinfeger verwiesen. Hier dürfte wohl bald die EU-Kommission für eine Öffnung des Marktes zum Zwecke des Wettbewerbs eingreifen.

Übrigens hat das BVerfG die sog. abstrakte Bedürfnisprüfung zugelassen. Darunter versteht man die Befugnis der Bestellungskörperschaften, neue Sachgebiete nur dann für bestellungsfähig zu erklären, wenn eine nachhaltige Nachfrage von Gerichten, Behörden, gewerblichen sowie privaten Nachfragern nach öffentlich bestellten Sachverständigen auf einem bestimmten Sachgebiet erkennbar wird.

3.2 Nachweis der besonderen Sachkunde

Bei der Überprüfung der besonderen Sachkunde wurden früher, soweit von den Kammern Fachgremien eingerichtet waren, alle Bewerber, ob Quereinsteiger oder Fachhochschulprofessoren, unter Berücksichtigung des Grundsatzes der Gleichbehandlung dem jeweils zuständigen Fachgremium zur Überprüfung vorgestellt. Aufgrund der Klage eines Sachverständigen hat das BVerwG (26.6.1990, GewA 90, 355) die Beachtung des Grundsatzes der Verhältnismäßigkeit verlangt, der besagt, dass ein Bewerber dann nicht mehr dem Fachgremium vorgestellt werden darf, wenn er aufgrund seiner beruflichen Werdegangs, seiner Weiterbildung, erstatteter Gutachten und anderer Qualifikationen bereits die erforderliche besondere Sachkunde nachgewiesen hat. Diese nicht gerade praxisnahe Entscheidung verursacht vermehrt Auseinandersetzungen der Kammern mit Bewerbern, die gerne die Überprüfung durch ein Fachgremium vermeiden wollen und behaupten, ihre vorgelegten Nachweise reichten bereits aus, die besondere Sachkunde zu begründen. Seit der Einführung der Personenzertifizierung im Rahmen der DIN EN ISO/IEC 17024 in zwei bedeutenden Sachbereichen des Sachverständigenwesens wird von zertifizierten Sachverständigen immer wieder verlangt, ohne eine weitere Überprüfung öffentlich bestellt zu werden. Die bisher dazu ergangenen Gerichtsentscheidungen haben jedoch die Auffassung vertreten, dass es keinen Automatismus dahingehend gibt, dass jede Zertifizierung als Nachweis der besonderen Sachkunde anerkannt werden muss. Eine Entscheidung des BVerwG steht noch aus. Kammern und BVS sind hier einer Meinung, dass eine Zertifizierung nur dann die erneute Prüfung durch ein Fachgremium ersetzen kann, wenn Ablauf und Inhalte der Zertifizierungsprüfung weitgehend mit den entsprechenden Vorgaben einer Bestellungsprüfung identisch sind.

3.3 Werbung

Früher war in den Sachverständigenordnungen der Bestellungskörperschaften ein Werbeverbot normiert. Man orientierte sich in diesem Punk an den vergleichbaren Werberverboten der verkammerten Freiberufler wie Rechtsanwälte, Ärzte, Wirtschaftsprüfer und Steuerberater. Aufgrund zahlreicher Entscheidungen des Bundesverfassungsgerichts im Bereich der Rechtsanwälte, das einer Lockerung, wenn nicht gar einer Freigabe der Werbung das Wort redete, haben im Bereich der Zuständigkeit der Bestellungskörperschaften zuerst die IHKn das Werbeverbot ersatzlos gestrichen und nur noch eine Aufforderung zur sachlichen Informationswerbung in die Muster-Sachverständigenordnung (Muster-SVO) hineingeschrieben. Andere Bestellungskörperschaften sind dem Beispiel der IHKn gefolgt und haben ebenfalls auf ein Werbeverbot verzichtet. Mithin muss sich der Sachverständige wie andere Freiberufler an der Rechtsprechung zum UWG orientieren, will er wissen, wo die Grenzen der von ihm beabsichtigen Werbung liegen.

Die Lockerung und Aufhebung des Werbeverbots bei den öffentlich bestellten IHK-Sachverständigen geschah übrigens gegen den Widerstand des Bundesverbandes der Freien Berufe und des BVS. Begründung: Man wollte nicht am vorgegebenen Berufsbild des Freiberuflers rütteln, der gerade nicht wie ein Kaufmann seine Ware lauthals am Markt anpreist. Inzwischen hat man sich aber auch beim BVS mit der Aufhebung des Werbeverbots abgefunden. Bei einigen Kammern und auch in Gerichtsentscheidungen gibt es leider immer noch ein Werbeverbot in den Fällen, in welchen bei der Werbung für sonstige berufliche Tätigkeit gleichzeitig auch auf die öffentliche Bestellung und die Sachverständigentätigkeit hingewiesen wird. Auch dieses Verbot der sog. Vorspannwerbung dürfte bald der Vergangenheit angehören, weil nicht einzusehen ist, weshalb ein gewerblicher oder freiberuflicher Sachverständiger nicht gleichzeitig auch auf seine sonstigen Qualifikationen hinweisen darf, wie das beispielsweise für den Hinweis auf seinen Doktortitel, sein Diplom oder seine sonstige berufliche Qualifikation erlaubt ist. Aufgrund der Internetwerbung kann ein Gewerbetreibender oder Freiberufler in seiner Homepage schon heute durch einen Link sofort auf eine weitere Seite verweisen, auf der dann seine Sachverständigentätigkeit dargestellt wird, sodass das Gebot zur Trennung formal erfüllt, praktisch jedoch durch die Homepage eine Einheit aller beruflichen Tätigkeiten erreicht wird. Diese Art der Werbung wird von Kammern und Gerichten als zulässig beurteilt. Es bleibt zu hoffen, dass ein derartiger Formalismus bald der Vergangenheit angehört.

Inzwischen favorisiert auch der BVS eine sachliche Informationswerbung seiner Mitglieder und hat sogar ein Verzeichnis herausgegeben, in dem die Sachverständigen auf einer Seite zusammen mit Foto, sonstigem Beruf und Sachverständigentätigkeit dargestellt sind. BVS und Kammern sind nach wie vor übereinstimmend der Auffassung, dass marktschreierische und irreführende Werbung von öffentlich bestellten Sachverständigen untersagt bleiben muss, weil dies dem Ansehen des Sachverständigen nur schaden kann. Um den öffentlich bestellten Sachverständigen einen größeren Bekanntheitsgrad in der Öffentlichkeit zu verschaffen, haben sie gemeinsam unter dem Dach des Instituts für Sachverständigenwesen (IfS) ein Logo entwickelt, das gegen Entgelt beim IfS erworben werden kann. Bedauerlich in diesem Zusammenhang ist, dass dann immer noch einige Sachverständige und Verbände hingehen und ein weiteres, eigenes verbandsspezifisches Logo entwickeln. Mit dieser Werbepraxis dürfte man wohl kaum den Bekanntheitsgrad des öffentlich bestellten Sachverständigen steigern, sondern vielmehr das gemeinsam beschlossene, bundesweite Logo durch die Verwendung weiterer, eigener Logos verwässern und ad absurdum führen; eine Logoinflation ist die Folge. Diese Ausführungen gelten übrigens auch für die Nutzung von Rundstempeln. Ursprünglich war der Rundstempel ein Erkennungszeichen für den öffentlich bestellten Sachverständigen. Inzwischen hat die Rechtsprechung dem Kammerrundstempel die Monopolstellung abgesprochen, was letztlich zu einer Inflation unterschiedlich gestalteter Rundstempel geführt hat. Nicht nur der Verbraucher, auch der Insider blickt da nicht mehr durch. Mithin hat der Rundstempel seine Funktion als „Gütesiegel" für den qualifizierten Sachverständigen verloren.

3.4 Reizthema Altersgrenze

Beim Thema Altersgrenze haben BVS und Kammern nie eine einheitliche Meinung gehabt. Dass kein Sachverständiger vor dem 30. Lebensjahr öffentlich bestellt werden kann, war kein Streitpunkt, weil man hier einer Auffassung war, dass Sachverständige zunächst einmal Berufserfahrung sammeln müssen, um dann später öffentlich bestellt werden zu können. Es gab auch keine Diskrepanzen, dass nach dem 62. Lebensjahr keine erstmalige Bestellung erfolgen sollte, weil die Sachverständigentätigkeit keine Altersbetätigung für Rentner und Pensionäre sein sollte. Auseinandersetzungen gab es jedoch wegen der Altersgrenze beim 68. Lebensjahr, obwohl hier eine einmalige Verlängerung vorgesehen wird, deren Zeitraum im Ermessen jeder Kammer steht; die meisten Kammern üben eine Verwaltungspraxis von drei Jahren. Bis zum 71. Lebensjahr kann also jeder Sachverständige öffentlich bestellt werden; das sollte reichen. Es bleibt abzuwarten, ob bei Anwendung der EU-Diskriminierungsrichtlinie und des deutschen Umsetzungsgesetzes (Gleichbehandlungsgesetz) die Altersgrenze ersatzlos gestrichen werden muss. Es wird wohl nicht so weit kommen, weil die Altersgrenze bei den öffentlich bestellten Sachverständigen keine Berufszulassung ist; der Beruf des Sachverständigen kann auch ohne Bestellung bis zum Lebensende ausgeübt werden. Die Altersgrenze wurde bis heute von 20 Gerichten geprüft und aus diesem Grund für verfassungsgemäß beurteilt; in zwei Fällen musste sogar das BVerfG entscheiden, zu Ungunsten des Sachverständigen.

3.5 Qualifikationsnachweis

Öffentlich bestellte Sachverständige und Bestellungskörperschaften sind immer wieder von nicht bestellten Sachverständigen und deren Verbänden kritisiert worden, dass besondere Sachkunde und persönliche Eignung nur einmal und zwar vor der ersten Bestellung geprüft würden, dann aber bis zum 68. Lebensjahr nicht mehr. Es fehle mithin an einem Qualitätsmanagement. Die IHKn haben diese Kritik ernst genommen, weil es in der Tat in jedem Beruf erforderlich ist, sich ständig auf dem aktuellen Stand von Praxis, Wissenschaft und Technik zu halten. Paradebeispiel sind die Fachanwälte, die jedes Jahr nachweisen müssen, wie, wo und mit welcher Intensität sie sich weitergebildet haben, um die Bezeichnung Fachanwalt für ein weiteres Jahr zu behalten. Dementsprechend wurde in die Muster-SVO eine Bestimmung aufgenommen, dass jede öffentliche Bestellung auf 5 Jahre befristet wird. Strebt der Sachverständige eine Verlängerung seiner öffentlichen Bestellung an, muss er nachweisen, dass er sich in der erforderlichen Weise weitergebildet hat, und zusätzlich einige Gutachten einreichen, die von Fachleuten überprüft werden. Diese Praxis wurde auch vom BVS begrüßt.

3.6 Sozietäten

Immer häufiger bilden komplexe Sachverhalte Gegenstand von Gutachten, sodass mehrere Sachverständige unterschiedlicher Disziplinen den konkreten Gutachtenauftrag erledigen müssen. Es gibt weiter Gutachtenaufträge, an denen mehrere Sachverständige derselben Disziplin arbeiten müssen, um die vereinbarte Erledigungsfrist einzuhalten. Und es gibt wirtschaftliche Notwendigkeiten, die den Einzelkämpfer dazu zwingen, eine Sozietät mit Sachverständigen derselben Fachdisziplin einzugehen. In allen Fällen stellt sich die Frage, in welcher Rechtsform die Sozietät am Gutachtenmarkt ihre Dienste anbieten soll. Dabei spielen steuerrechtliche, haftungsrechtliche und gesellschaftsrechtliche Fragen eine Rolle.

Wie bei der Werbung, so waren auch bei der Frage der Sozietät die Regelungen für Freiberufler Vorbilder für die öffentlich bestellten Sachverständigen. Mithin war in den siebziger und achtziger Jahren die Nutzung von kaufmännischen Gesellschaftsformen wie GmbH, KG und AG untersagt. Die Freiberuflichkeit sollte erhalten bleiben, nicht zuletzt auch deshalb, um der Gewerbesteuerpflicht zu entgehen. Aus diesem Grunde wurde für Freiberufler die Partnerschaftsgesellschaft vom Gesetzgeber als Angebot für freiberufliche Sozietäten geschaffen. Der DIHT hatte sich bereits sehr früh für ein Umdenken in Richtung Zulässigkeit der GmbH eingesetzt und dies in seinen Vorschlägen für die Deregulierungskommission gegen den Widerstand des Bundesverbandes der Freien Berufe, bei dem auch der BVS Mitglied ist, zum Ausdruck gebracht.

Inzwischen hat sich aber auch die Nutzung von Kapitalgesellschaften wie die GmbH und AG als Gesellschaftsform für Freiberufler durchgesetzt, sodass auch die IHKn in ihre Sachverständigenordnungen keine Einschränkungen mehr vorgeben. Vielmehr lautet der entsprechende § 22: „Der Sachverständige darf sich zur Ausübung seiner Sachverständigentätigkeit mit anderen Personen in jeder Rechtsform zusammenschließen". Mithin können auch bestellte und nicht bestellte Sachverständige in einer Sachverständigengesellschaft tätig werden.

3.7 Angestellte Sachverständige

Bis zu den 90-er Jahren wurden nur solche Sachverständige öffentlich bestellt und vereidigt, die selbständige Freiberufler oder Gewerbetreibende waren, also im eigenen Namen, in eigener Verantwortung und auf eigene Rechnung Gutachten erstattet haben. Angestellte Sachverständige konnten nur dann für eine öffentliche Bestellung berücksichtigt werden, wenn sie nachgewiesen haben, dass sie die Gutachtenerstattung in Form einer genehmigten Nebentätigkeit im eigenen Namen, in eigener Verantwortung und auf eigene Rechnung durchführten. Es war also nicht möglich, als öffentlich bestellter Sachverständiger Angestellter eines anderen Sachverständigen, einer Prüforganisation oder eines Unternehmens zu sein und auf deren Briefbögen die Gutachten zu erstatten.

Das hat sich durch die Novelle der Gewerbeordnung vom 23.11.1994 (BGBl. I S. 3475) geändert. Der Gesetzgeber war der Meinung, dass auch die Sachkunde von angestellten Fachleuten für Gerichte, Behörden und private Nachfrager nutzbar und durch eine öffentliche Bestellung und Vereidigung kenntlich gemacht werden müsse. Über diese Entwicklung war der BVS weniger erfreut, konnte aber den Gesetzgeber von seinem Vorhaben nicht abbringen.

Die IHKn haben daraufhin einige Pflöcke eingeschlagen, um die Einhaltung der Pflichten zur Unabhängigkeit, Unparteilichkeit, Weisungsfreiheit und persönlicher Gutachtenerstattung auch bei angestellten Sachverständigen zu gewährleisten. Sie müssen von ihren Arbeitgebern ein schriftliches Einverständnis beibringen, dass sie ihre Gutachten weisungsfrei erstellen und sie mit ihrer Unterschrift und ihrem Rundstempel zeichnen dürfen. Außerdem müssen sie auf dem Deckblatt der Gutachten Name, Bestellung, Bestellungsgebiet und bestellende Kammer angeben. Darüber hinaus muss der Arbeitgeber eine Freistellungsbescheinigung ausstellen, aus der sich ergibt, dass der angestellte Sachverständige jederzeit – auch während seiner Arbeitszeit – für Gerichte und Privatpersonen Gutachtenaufträge übernehmen kann. Die öffentliche Bestellung erfolgt nun einmal im öffentlichen, nicht im privaten Berufsinteresse des Sachverständigen. Daher sind öffentlich bestellte Sachverständige nicht nur in Gerichtsverfahren, sondern auch bei Privatauftrag grundsätzlich zur Übernahme der an sie gerichteten Gutachtenaufträge verpflichtet.

3.8 Sachverständige in den Neuen Bundesländern

Eine erstaunliche Leistung der IHKn war die schnelle Einführung des Anerkennungssystems der öffentlichen Bestellung und Vereidigung in den NBL, nachdem dort zuvor die Gewerbeordnung eingeführt worden war. Hier haben Kammern und BVS an einem Strang gezogen und sich gegenseitig durch Informationsveranstaltungen, Einführung- und Weiterbildungsseminaren und Vorbereitung auf die fachlichen Überprüfungen unterstützt. Heute gibt es zwischen öffentlich bestellten Sachverständigen der alten und neuen Bundesländer keine Unterschiede mehr.

Bedauerlich ist in diesem Zusammenhang, dass der BVS nach der Wiedervereinigung den Vereinsnamen geändert hat. Der Verband wurde für die sog. „qualifizierten" Sachverständigen geöffnet. Hintergrund war die durchaus löbliche Zielsetzung, auch die noch nicht öffentlich bestellten Sachverständigen der NBL in den Verband zu integrieren. Dazu hätte man aber nicht den Namen mit dem völlig nichts sagenden Eigenschaftswort „qualifiziert" ergänzen müssen, zumal alle Sachverständigen, ob bestellt oder nicht, qualifiziert sein müssen. Inzwischen hat sich die öffentliche Bestellung in den NBL durchgesetzt und verfestigt, sodass man nun zum alten Verbandsnamen wieder zurückkehren sollte. Am besten wäre es, das Eigenschaftswort „qualifiziert" durch das Wort „zertifiziert" zu ersetzen, da dieses Qualifikationsmerkmal durch eine Europanorm angesichert ist und europaweit die Anerkennungsform für Sachverständigentätigkeit sein wird, weil die öffentliche Bestellung in allen anderen EU-Mitgliedstaaten nicht bekannt ist. Inzwischen gibt es für die Sachgebiete „Immobilienbewertung" und „Kraftfahrzeugschäden und -bewertung" auch in Deutschland ein breites Angebot zertifizierter Sachverständiger. Dies wäre eine Rechtfertigung, den Vereinsnamen der europäischen Entwicklung anzupassen.

3.9 Akkreditierung und Zertifizierung

Eine auf der europäischen Normenebene stattgefundene neue Form der Anerkennung von Sachverständigen darf wegen ihrer Bedeutung und Ausstrahlung auf das gesamte Sachverständigenwesen in Deutschland und Europa nicht unerwähnt bleiben. Die Europäische Normeninstitution hat einheitlich für alle EU-Mitgliedstaaten die Normenreihe 45000 beschlossen, die inzwischen in Deutschland als DIN-Norm übernommen wurde. In der EN Norm 45.013 (neue Bezeichnung: DIN EN ISO/IEC 17024) wird bestimmt, dass akkreditierte Stellen auch Personen zertifizieren können, die dann als Prüfer oder Sachverständige unter bestimmten Voraussetzungen und nach bestimmten Vorgaben tätig werden dürfen. Ihre Tätigkeit können sie dann entweder auf gesetzlicher Grundlage im hoheitlichen Prüfbereich (sog. regulierter Bereich) oder ohne gesetzliche Grundlage im privaten Gutachtenbereich (sog. nicht regulierter Bereich) ausüben. Im regulierten Bereich sind für die Zulassung und Überwachung dieser zertifizierten Personen staatliche Stellen zuständig. Im nicht regulierten Bereich sind privatrechtlich akkreditierte Zertifizierungsstellen zuständig.

Es kann durchaus sein, dass sich langfristig auch im privaten Gutachtenbereich die Systeme der Akkreditierung und Zertifizierung durchsetzen und die Systeme der öffentlichen Bestellung, amtlichen Anerkennung oder privaten Verbandsanerkennung verdrängen. Sachlich wird sich aber nichts ändern, weil ein zertifizierter Sachverständiger oder ein akkreditiertes Laboratorium hinsichtlich der fachlichen Kompetenz und der persönlichen Integrität inhaltlich keine

Unterschiede zu entsprechend öffentlich bestellten Sachverständigen in vergleichbaren Bereichen aufweisen sollte. Es fehlen allerdings die öffentlich-rechtlichen Kontrollen und das verwaltungsgerichtliche Überprüfungsverfahren, denen das Rechtsinstitut der öffentlichen Bestellung unterliegt. Die Zertifizierungsstellen haben sich daher privatrechtlich Kontrollfunktionen und Sanktionsmaßnahmen einräumen lassen.

Die Kammern haben hier keine gesetzlichen Zuständigkeiten. Mithin sind die Verbände gefragt. Das Institut für Sachverständigenwesen, in dem sich Verbände und Kammern mit der Zielsetzung der Förderung des Sachverständigenwesens zusammengeschlossen haben, hat rechtzeitig diese Entwicklung erkannt und in Abstimmung mit den IHKn eine Zertifizierungs-GmbH gegründet. Inzwischen bietet diese Zertifizierungs-GmbH die Personen-Zertifizierung für die Sachgebiete „Kfz-Schäden und -bewertung" und „Bewertung von bebauten und unbebauten Grundstücken" an. Andere Verbände haben nachgezogen; auf die Zertifizierungsmöglichkeiten durch WF-Zert und die Hyp-Zert GmbH wird beispielhaft verwiesen.

Leider ist es Kammern und BVS bis heute nicht gelungen, die Zertifizierung von Sachverständigen in § 36 GewO nach dem Vorbild in Österreich zu integrieren. Der deutsche Gesetzgeber hat entsprechende Eingaben des DIHK und des BVS unverständlicherweise bis heute nicht realisiert. In Deutschland gibt es noch nicht einmal ein Akkreditierungs- und Zertifizierungsgesetz, sodass Akkreditierung und Zertifizierung von jedermann nach eigenen Vorstellungen benutzt werden können. Unterlassungsklagen können nur mit Hilfe des UWG zum Erfolg führen; dazu muss sich jedoch immer ein Kläger finden, der bereits ist, das Prozessrisiko zu übernehmen.

3.10 Haftung

Das Problem der Haftung des Sachverständigen im gerichtlichen und außergerichtlichen Bereich war und ist ein Dauerbrenner. Bei Gerichtsaufträgen gibt es bis heute mit Ausnahme von Zwangsversteigerungsverfahren so gut wie keine Urteile zum Nachteil von Sachverständigen. Bei Privataufträgen häufen sich veröffentlichte Gerichtsurteile, nach welchen der Sachverständige Schadensersatz leisten muss, weil er ein unrichtiges Gutachten erstattet hat.

Bei Gerichtsauftrag galten bis zum 1.8.2002 die Anspruchsgrundlagen der §§ 823 und 826 BGB. Wegen der einschränkenden Voraussetzungen dieser Anspruchsgrundlagen war eine Durchsetzung von Schadensersatzfällen selten erfolgreich. Deshalb meinte der Gesetzgeber, eine neue Anspruchsgrundlage schaffen zu müssen, um durch fehlerhafte Urteile geschädigten Prozessparteien zu ihrem Recht zu verhelfen, indem sie nach Rechtskraft eines Urteils gegen den Sachverständigen auf Schadensersatz klagen können. Die neue Anspruchsgrundlage findet sich in § 839 a BGB und gilt seit dem 1.8.2002. Erfolgreich soll eine solche Klage aber nur dann sein, wenn dem Sachverständigen nachgewiesen wird, dass sein Gutachten fehlerhaft war, dass das Urteil auf diesem fehlerhaften Gutachten beruht, dass er grob fahrlässig oder vorsätzlich gehandelt hat und dass der Geschädigte zuvor alle ihm zustehenden Rechtsmittel eingelegt hat.

Gegen diese neue Anspruchsgrundlage haben die IHKn und der BVS erfolglos Einwände erhoben. Ein Sachverständiger, so die ablehnenden Begründungen, könne als Helfer des Gerichts nicht strenger haften als ein Richter. Im Übrigen fehle eine Rechtstatsachenforschung, die einen Handlungsbedarf wegen zahlreicher Fehlurteile aufgrund fehlerhafter Gutachten nachweisbar bestätige. Und schließlich müsse bei einer strengen Haftung zumindest ein Ausgleich durch eine angemessene Vergütung bei Gerichtsauftrag gesorgt werden, was bis heute nicht realisiert wurde. Das neue JVEG, das das ZSEG abgelöst hat, gewährt dem Sachverständigen lediglich eine Entschädigung und keine leistungsgerechte Vergütung; die Stundensätze liegen 25 %–35 % unter den Sätzen bei Privatauftrag.

Bei Privatauftrag sieht die Sach- und Rechtslage anders aus. Hier haftet jeder Sachverständige für fehlerhafte Gutachten bereits bei Nachweis leichter Fahrlässigkeit. Deshalb schließen Sachverständige in ihren Verträgen die Haftung für leichte Fahrlässigkeit aus und schließen für das Restrisiko eine Berufshaftpflichtversicherung ab. Oder sie bieten ihre Dienste zusammen mit Kollegen in der Rechtsform der GmbH an, um auf diese Weise ihr Haftungsrisiko zu minimieren. In den Sachverständigenordnungen der Kammern wird hierzu vorgeschrieben, dass der öffentlich bestellte Sachverständige für die Fälle von Vorsatz und grober Fahrlässigkeit die Haftung weder ausschließen noch einschränken darf. Außerdem soll er eine Berufshaftpflichtversicherung abgeschlossen haben. Es ist nicht nachvollziehbar, wieso in den Sachverständigenordnungen der IHKn der Abschluss einer Haftpflichtversicherung nicht zwingend vorgeschrieben wird, was sowohl im eignen Interesse jedes Sachverständigen liegen dürfte als auch zu einem angemessenen Verbraucherschutz gehört. Eine Pflicht zum Abschluss und zur Aufrechterhaltung einer Berufshaftpflichtversicherung für öffentlich bestellte IHK-Sachverständige hat auch der BVS immer gefordert, wie das bei vergleichbaren Berufen wie der Rechtsanwälte, Steuerberater, Wirtschaftsprüfer u. a. vom Gesetzgeber von jeher zwingend vorgeschrieben wird. Die von den Handwerkskammern bestellten Sachverständigen unterliegen einer solchen Versicherungspflicht. Die IHKn sollten hier nachziehen, zumal auch der Gesetzgeber für die Sachverständigen und Prüfer im regulierten Bereich in allen Fällen den Abschluss einer Berufshaftpflichtversicherung zwingend vorschreibt.

3.11 ZSEG und JVEG

Im Mittelpunkt der Zusammenarbeit der Kammern mit dem BVS stand von jeher die Vergütung der Sachverständigen bei Gerichtsauftrag. Es war nicht nachvollziehbar, dass ein Sachverständiger nach dem Gesetz über die Entschädigung von Zeugen und Sachverständigen (ZSEG) wie ein Zeuge oder ehrenamtlicher Richter nur entschädigt wurde, obwohl er doch in zunehmenden Umfang hauptberuflich tätig war und seinen Lebensunterhalt überwiegend aus gerichtlichen Aufträgen verdiente. Das BVerfG hat in zwei Entscheidungen die Verfassungsmäßigkeit des Entschädigungsprinzips bejaht, was von den betroffenen Sachverständigen nicht verstanden wurde. Aus diesem Grund hat das IfS ein Gutachten an Prof. Ronellenfitsch vergeben, der nachvollziehbar begründet hat, dass die Entschädigung nach dem ZSEG verfassungswidrig ist. Daraufhin hat der Gesetzgeber reagiert und das Vergütungsprinzip im Justizvergütungs- und -entschädigungsgesetz (JVEG) favorisiert, aber leider nicht realisiert. Im JVEG ist er nämlich seiner eigenen Vorgabe in der Gesetzesbegründung nicht gerecht geworden. Anstatt konsequent den gerichtlichen Sachverständigen dieselben Stundensätze und Auslagenpauschalen wie im außergerichtlichen Bereich zuzusprechen, hat er bei den Stundensätzen 25 bis 35 % abgezogen und es bei den Auslagen beim Entschädigungsprinzip belassen. Einige Kommentatoren haben das JVEG deshalb mit Recht als „Mogelpackung" bezeichnet: Was draufsteht, ist nicht drin. Man kann es auch so ausdrücken: „Der Berg kreißte und gebar eine lächerliche Maus". Aus diesem Grunde war auch die zunächst beim BVS festzustellende euphorische Stimmung schnell verflogen. Man vertröstete die Sachverständigen auf eine baldige Novellierung, die aber bei den zahlreichen Änderungen und Nachbesserungen in den letzten drei Jahren nicht erfolgte. Ende letzten Jahres hat das BMJ eine Überprüfung der Feststundensätze durch eine erneute Befragung der Sachverständigen zugesagt. Es zeigt sich also ein Silberstreif am Horizont.

3.12 Sicherheit verträgt Wettbewerb

Eine wichtige Zielsetzung von Kammern und BVS war es immer, zwischen den Sachverständigen Wettbewerb stattfinden zu lassen. Konsequent haben sie daraufhin gearbeitet, auch im hoheitlichen Prüfbereich Monopole abzubauen und Wettbewerb einzuführen. Die jahrelang von der Vereinigung der Technischen Überwachungsorganisationen (VdTÜV) verbreitete These „Sicherheit verträgt keinen Wettbewerb" wurde inzwischen zu den Akten gelegt. Auf diese Weise ist in einigen hoheitlichen Prüfbereichen der Zugang für öffentlich bestellte Sachverständige erreicht worden. Allerdings wurden neue Hürden dadurch aufgebaut, dass der Gesetzgeber nur Organisationen die hoheitliche Prüfzuständigkeit erteilt hat, sodass sich die öffentlich bestellten Sachverständigen in Organisationen zusammenschließen mussten, um diese Prüfaufgaben übernehmen zu können. Außerdem musste in jedem einzelnen Bundesland um eine Genehmigung nachgesucht werden, wobei die Genehmigungen noch dazu an unterschiedliche Voraussetzungen geknüpft wurden. Bei dieser Überregulierung, die als eine staatliche Abwehrfunktion gegen einen Wettbewerb im hoheitlichen Prüf- und Überwachungsbereich gewertet werden kann, ist es leider bis heute geblieben.

Die Forderung des DIHK an den Gesetzgeber, in § 36 GewO hineinzuschreiben, dass öffentlich bestellte Sachverständige „geborene" Prüfer im hoheitlichen Prüf- und Überwachungsreich sein sollten, wenn sie die fachlichen Voraussetzungen erfüllen, wurde leider nur in wenigen Einzelfällen realisiert. Hätte der Gesetzgeber diesen sinnvollen Vorschlag übernommen, brauchte er nicht für jeden Sachbereich einen Sachverständigen neuen Typs mit eigenen Zulassungsvoraussetzungen und fachlichen Anforderungen zu erfinden. Beispielsweise hätte er sich auf diese Weise das Öko-Audit-Gesetz mit dem Umweltgutachter ersparen können. Öffentlich bestellte Sachverständige für verschiedene Bereiche der Umwelt gab es schon vorher. Ein weiteres Negativbeispiel ist das Bundesbodenschutzgesetz, das von den Bundesländern umgesetzt werden muss, was in diesem Sachverständigenbereich zur Überregulierung und Zersplitterung des Sachverständigensystems geführt hat.

3.13 Berufsgesetz, Berufskammer, Berufsgebührenordnung

Diese drei Themen standen schon immer auf der Agenda des BVS, unabhängig davon, welche Präsidenten an der Spitze standen. Man wollte bundeseinheitliche Mindeststandards für alle Sachverständigen, um schwarze Schafe auszugrenzen und einen angemessenen Verbraucherschutz herbeizuführen. In der Tat wissen nur wenige Verbraucher und Gutachtennachfrager, dass die Bezeichnungen Sachverständiger, Gutachter und Experte nicht gesetzlich geschützt sind, dass sie von jedermann ohne Zulassung benutzt werden können und dass zur Aufnahme einer Sachverständigentätigkeit weder die fachliche Qualifikation noch die persönliche Integrität nachgewiesen werden muss. Mithin wäre Handlungsbedarf für den Gesetzgeber nachgewiesen.

Die Kammern haben diese Forderung des BVS aber deshalb nicht unterstützt, weil sie die Meinung vertreten haben, dass allein der Wettbewerb Qualität erzeuge und dass der Gesetzgeber für den gerichtlichen Bereich und für den privaten Nachfrager den öffentlich bestellten und vereidigten Sachverständigen zur Verfügung gestellt habe. Verbraucherschutz sei daher gewährleistet. Eine Berufskammer führe zur Überregulierung und eine staatliche Gebührenordnung sei in der heutigen Zeit, insbesondere im Hinblick auf europäisches Recht, nicht mehr machbar. Allenfalls, so der DIHK, könne daran gedacht werden, die Berufsbezeichnungen Sachverständige, Gutachter und Experte gesetzlich zu schützen und ihre Nutzung vom Nachweis fachlicher Qualifikation und persönlicher Eignung abhängig zu machen. Auf keinen Fall dürfe dabei aber den regulierten Berufen wie Architekten, Ingenieuren und Ärzten die Möglichkeit genommen werden, unter ihren Berufsbezeichnungen die Erstattung von Gutachten anzubieten.

Die Bundesregierung hat dem BVS in den Antworten auf eine parlamentarische Anfrage im Jahre 2000 eine klare Absage seiner Vorschläge zu einem Berufsgesetz erteilt. Weiter hat sie 2004 in einer anderen parlamentarischen Anfrage ein Berufsgesetz für Immobiliensachverständige abgelehnt (vl. IfS-Informationen 2005 Heft 5, S. 3). Ebenso hat der Erste Deutsche Baugerichtstag in Hamm 2006 ein Berufsgesetz für Bausachverständige abgelehnt und stattdessen eine Stärkung und Vereinheitlichung der öffentlichen Bestellung gefordert (vgl. BauR 2006, Heft 9a, S. 1632 ff.). Dagegen hat sich der 41. Deutsche Verkehrsgerichtstag für die Einführung eines Berufsgesetzes für Kfz-Sachverständige ausgesprochen.

4. Gegenwart

In den letzten Jahren dümpelte das Sachverständigenwesen so dahin, ohne dass kreative Ideen, Visionen und Initiativen zur Verbesserung der Qualifikation, Erweiterung der Leistungspalette und Aktivitäten zur Verhinderung des Zugangs unqualifizierter Personen zum Sachverständigenberuf sichtbar wurden. Dabei wäre so viel zu tun, wie einige Beispiele im nachfolgenden Kapitel „Zukunft" (unter Nr. 5) zeigen. Es gab zwar Diskussionen um die Einführung von Berufsgesetzen für Kfz-Sachverständige (Verkehrsgerichtstag) und Bausachverständige (Baugerichtstag), die jedoch bei den gesetzgebenden Körperschaften kein Echo fanden, zumal die Ergebnisse dieser Diskussionen in der Öffentlichkeit nicht nachhaltig weiter verfolgt wurden. Es gab umfangreiche Vorschläge des IfS für eine Überarbeitung des JVEG, die kaum Beachtung fanden. Bedauerlich ist auch, dass zu wichtigen Gesetzgebungsvorhaben, die auch die Sachverständigen betreffen, in den verschiedenen Gesetzgebungsstationen (Referentenentwurf, Regierungsentwurf, Bundesrat, Rechtsausschuss des Bundestages) kaum Stellungnahmen aus Kreisen der betroffenen Sachverständigen und ihrer Verbände kommen.

Man beschäftigte sich mehr mit Verbandsinterna, mit der Vermehrung von Seminarangeboten, mit den kaum mehr überschaubaren Sachverständigentagen auf Bundes- und auf Länderebene, mit punktuellen ZPO-Problemen und mit juristischen Nebenkriegsschauplätzen. Beispielhaft wird auf so „wichtige" Themen wie die Kostenpflicht des Gutachtenexemplars für die Handakten oder die Streitverkündung an Sachverständige verwiesen; die Beiträge in Fachzeitschriften allein zu diesen beiden Themen sind Legion, weil jeder „Experte" glaubte, seinen „Senf" dazu geben zu müssen. Was fehlte und fehlt, ist der rote Faden und eine präzise Zielvorstellung zur Neugestaltung des Sachverständigenwesens und des Sachverständigenberufs und zur Anhebung der Qualifikation und des Bekanntheitsgrades der öffentlich bestellten Sachverständigen. Es wird von den Verbänden versucht, das Rad immer wieder neu zu erfinden; das ist jedenfalls der subjektive Eindruck des Autors. Ein Blick auf Verbandszeitschriften und die Tagesordnungen von Jahresveranstaltungen zeigt, dass dort Themen abgehandelt werden, die schon vor 30 Jahren auf der Agenda standen. Auch der Autor dieses Beitrags kann sich leider von dieser „Hamster-im-Laufrad-Situtation" nicht frei zeichnen; aber Selbsterkenntnis ist der erste Weg zur Besserung.

Bedauerlich ist nach wie vor die Rechtszersplitterung und Intransparenz im Sachverständigenwesen, die dadurch intensiviert werden, dass der Gesetzgeber, die Verbände und teilweise auch die Kammern neben den öffentlich bestellten und vereidigten Sachverständigen neue Typen von zugelassenen, geprüften, anerkannten, zertifizierten und diplomierten Sachverständigen erfinden und propagieren. Eine ähnlich nicht nachvollziehbare und daher zu kritisierende Entwicklung ist bei den Weiterbildungsmaßnahmen und Qualitätsnachweisen (Logos) festzustellen. Kammern und Verbände haben zu diesem Zweck das Institut für Sachverständigenwesen gegründet, das in den Bereichen der Aus- und Weiterbildung, der Überprüfung der Sachkunde, der Forschung und der Information ausgezeichnet arbeitet. Es wurde sogar einvernehmlich ein bundeseinheitliches Logo entwickelt. Dennoch werden von Verbänden und Kammern daneben eigene Weiterbildungsveranstaltungen, eigene Logos und eigene Zeitschriften entwickelt und verbreitet. Man macht sich also quasi selbst Konkurrenz nach dem Motto: In der Spitze

Gemeinsamkeit beschließen, an der Basis Eigenständigkeit praktizieren.

Erwähnenswert sind aus der Gegenwart und jüngsten Vergangenheit folgende Sachverhalte und Gesetzgebungsvorhaben; die Reihenfolge ist willkürlich gewählt und setzt keine Prioritäten:

4.1 Die Bestellungskörperschaften haben im Jahre 1987 **„Gemeinsame Grundsätze für die öffentliche Bestellung von Sachverständigen"** erarbeitet. Eine Aktualisierung wäre notwendig. Seit fünf Jahren gibt es eine überarbeitete Fassung des Autors, die immer noch beraten wird. Hier sollten sich auch einmal der BVS einschalten, der im Interesse seiner Mitglieder an einer bundeseinheitlichen Bestellungspraxis aller Bestellungskörperschaften interessiert sein dürfte. Auch der Deutsche Baugerichtstag hat in seiner Beschlussfassung eine Einheitlichkeit und Qualitätsverbesserung in allen Bereichen der öffentlichen Bestellung gefordert (Ulrich, DS 2006, 208 und BauR 2006 Heft 9 S. 1632 ff.).

4.2 Ein **Gebäudeenergiepass** soll für alle Gebäude und Wohnungen geschaffen werden, die neu erstellt oder neu vermietet werden (vgl. IfS-Informationen 2005 Heft 5, S. 3). Es ist leider trotz entsprechender Eingaben des IfS nicht gelungen, diese Aufgabe für die öffentlich bestellten Sachverständigen zu reservieren. Auch der Handlungsbedarf einer solchen gesetzlichen Regelung wurde nie wirklich hinterfragt.

4.3 Die Novellierung des **Rechtsberatungsgesetzes** steht zur Diskussion. Die Möglichkeiten der Rechtsbratung soll mit Einschränkungen auch für Angehörige anderer Berufe als der Rechtsanwälte ermöglicht werden (vgl. Franz, IfS-Informationen 2005 Heft 3, S. 2). Danach könnten auch die Sachverständigen im Rahmen ihrer gutachterlichen Tätigkeit rechtsberatende Dienstleistungen erbringen. Die erste Fassung eines neuen Rechtsdienstleistungsgesetzes war durchaus akzeptabel; der Regierungsentwurf vom 23.8.2006 und die Stellungnahme des Bundesrats zeigten schon wieder einschränkende Tendenzen. Es fehlen leider Eingaben und Lobbyarbeit der Verbände. Der DIHK hat in seiner Stellungnahme zum ersten Entwurf die Erweiterung der rechtsberatenden Dienstleistung auch für Sachverständige begrüßt (vgl. IfS-Informationen 2005, Heft 2, S. 2).

Der BVS hat sich dazu bisher nicht geäußert. Eine Stellungnahme aus Sachverständigensicht ist aber notwendig, um zum einen die geplante Öffnung des Rechtsdienstleistungsmarktes für Verbände, Freiberufler und Gewerbetreibende in Grenzen zu öffnen und zum andern die herausragende Stellung der öffentlich bestellten Sachverständigen dabei nicht außer Acht zu lassen. Die Entwurfsbegründung enthält einige Passagen zur Einschränkung der Tätigkeiten von Kfz-Sachverständigen und technischen Sachverständigen, die unter keinem Gesichtspunkt akzeptiert werden können.

4.4 Das **Deutsche Institut für Normung (DIN)** will sich nun auch dem Sachverständigenwesen widmen. Ein neuer Stern am Himmel der Einflussnahme erscheint, um die gutachterliche Tätigkeit von Sachverständigen in eine bestimmte Richtung zu steuern. Hier haben der BVS, der DIHK, der Zentralverband des Deutschen Handwerks (ZdH) und andere Organisationen erheblichen Widerstand geleistet. Auf die begrüßenswerten, weil kritischen Beiträge von Jacobs (DS 2002, 202) und Ulrich (IBR 2006, 180) wird beispielhaft verwiesen.

4.5 Der Gesetzgeber beabsichtigt eine Novellierung des § 915 a EG-ZPO, in dem die **obligatorische Streitschlichtung** geregelt ist; im vorprozessualen Raum sollen verstärkt Schlichtungspotenziale genutzt werden, um die Gerichte zu entlasten. Die Justizministerkonferenz hat dazu Eckpunkte beschlossen und Verbände und Organisationen aufgefordert, dazu Stellung zu nehmen. Dem Autor ist nur eine Stellungnahme des DIHK bekannt, der sich darin auch für die Berücksichtigung der Sachverständigen einsetzt. Von den Sachverständigenverbänden ist dazu keine Reaktion bekannt, obwohl sie doch auf die Barrikaden gehen müssten, wenn sie in den Eckpunkten lesen, dass in Bausachen vermehrt Notare und Rechtsanwälte zur Streitschlichtung eingesetzt werden sollen (Vgl. Darstellung in den IfS-Informationen 2005 Heft 5, S.2).

4.6 Das **JVEG** sollte das Vergütungsprinzip einführen, hat es aber in letzter Konsequenz nicht realisiert. Hier haben die Kammern und BVS am selben Strang gezogen und sogar gemeinsam im Auftrag des BMJ die Stundensätze der Sachverständigen der verschiedenen Fachdisziplinen im außergerichtlichen Bereich in zwei Umfragen 2000 und 2003 ermittelt. Die Hoffnung, dass die so ermittelten

Stundensätze eins-zu-eins in das neue JVEG übernommen würden, wurde enttäuscht. Bei sämtlichen Stundensätzen wurden Abschläge zwischen 25 % und 35 % vorgenommen. Außerdem wurden die Auslagenpauschalen und der notwendige Aufwendungsersatz mit wenigen Ausnahmen nicht erhöht, teilweise sogar gestrichen; auch hier stand das Entschädigungsprinzip Pate. Das Gesetz wurde in den letzten drei Jahren sechsmal an zahlreichen Stellen geändert. Erstaunlich ist, dass die Sachverständigenverbände keines dieser Änderungsgesetze zum Anlass genommen haben, Nachbesserungen bei den Stundensätzen zu verlangen und entsprechende Vorschläge in die Gesetzgebungsverfahren einzubringen. Es bleibt zu hoffen, dass die Vorschläge von Bleutge (50 Seiten, veröffentlicht auf der Homepage des IfS – www.ifsforum.de) zum Anlass genommen werden, nun endlich die unbedingt erforderliche Nachbesserung des JVEG beim Gesetzgeber einzufordern. Das BMJ hat eine erneute Befragung der Sachverständigen angeboten. Diese Umfrage sollten die Verbände oder das IfS durchführen: man darf eine solches berufsspezifisches Projekt nicht anderen Institutionen überlassen, die zum Sachverständigenberuf keinen Bezug haben. Vielleicht kann man ja auch völlig auf ein Vergütungsgesetz im gerichtlichen Bereich verzichten. Dadurch würde bei Gerichten und Sachverständigen ein großes Zeit- und Kostenpotenzial freigesetzt, was nutzbringender eingesetzt werden könnte. Das Nachsehen hätten allerdings die Kommentatoren.

4.7 Vorbildlich war die Zusammenarbeit zwischen BVS, dem IfS und den Bestellungskörperschaften in der Formulierung der Stellungnahmen zum **Zweiten Justizmodernisierungsgesetz** (JuMoG). Darin wird die Streitverkündung an Sachverständige unmöglich gemacht, die Möglichkeit zur Fristsetzung bei der Erstattung von Gutachten eröffnet, der Ersatz der Kosten für die Handakten nach dem JVEG versagt und die Anwendung des § 13 auf die Fälle der Prozesskostenhilfe ausgedehnt. Abzulehnen ist die Erweiterung der ohnehin schon für die Sachverständigen nachteiligen Regelung des § 411 a ZPO, wonach ein für ein bestimmtes Gerichtsverfahren erstattetes Gutachten in anderen Verfahren verwendet werden kann; eine Zustimmung des Sachverständigen ist nicht erforderlich, eine erneute Vergütung fällt nicht an und die Haftung nach § 839 a BGB erstreckt sich auch auf die spätere Verwendung. Auf die Darstellung in den IfS-Informationen 2006 Heft 3, S. 2 ff. und die Beiträge von Jacobs (DS 2006, 204) und Bleutge (DS 2007, 91) wird verwiesen. Hier haben die Verbände bereits die Einführung des § 411 a ZPO im Jahre 2004 verschlafen. Leider haben Kammern und Verbände ihre Stellungnahmen an das BMJ gegenüber der Bundesregierung und dem Bundesrat nicht wiederholt, sodass den berechtigten Bedenken in Punkten, die das Sachverständigenwesen betreffen, vom Gesetzgeber aufgrund fehlender Information nicht Rechnung getragen werden konnte. Das Gesetz wurde, was die Sachverständigen angeht, ohne jede Änderung am Entwurf verabschiedet.

4.8 Der Entwurf eines **Forderungssicherungsgesetzes** ist erneut eingebracht worden. Die Sachverständigen sind insoweit davon betroffen, als § 641 a BGB (Fertigstellungsbescheinigung) gestrichen und stattdessen eine vergleichbare Vorschrift in § 756 ZPO eingefügt werden soll. Der DIHK hat sich dazu geäußert, die Sachverständigenverbände leider nicht, obwohl doch hier Vorschläge zur Einschaltung von Sachverständigen neue Betätigungsfelder hätten erschließen können.

4.9 Bei der Gestaltung der **Föderalismusreform** hätte für Kammern und Verbände die einmalige Chance bestanden, das Sachverständigenwesen bundeseinheitlich zu gestalten, indem an den Bund die ausschließliche Zuständigkeit gegeben worden wäre (vgl. IfS-Informationen 2006 Heft 3, S. 13). Im hoheitlichen Prüf- und Überwachungsbereich hätte dann nicht mehr in jedem einzelnen Bundesland eine Zulassung beantragt werden müssen, zumal es dabei auch noch unterschiedliche Zulassungsbestimmungen gibt. Weitere Vereinheitlichungseffekte wären mit einer Bundeszuständigkeit verbunden gewesen. Hierzu haben Kammern und Verbände leider keinen Vorschlag zur Verbesserung des Sachverständigenwesens in die Diskussionen eingebracht.

5. Zukunft

Für die Zukunft haben die Verbände, insbesondere der BVS, ein umfangreiches Betätigungsfeld, wollen sie die Leistungspalette der öffentlich bestellten Sachverständigen erweitern und die Zahl der öffentlich bestellten Sachverständigen und deren Stellenwert auf der Nachfragerseite erhöhen. Soweit die Kammern hier gesetzliche Zuständigkeiten aufgrund der Wahrnehmung des gesamtwirtschaftlichen Interesses haben – wie oben ausgeführt, sind sie keine beruflichen Interessenvertreter der Sachverständigen –, werden sie dabei wie in der Vergangenheit und Gegenwart die Sachverständigen und ihre Verbände unterstützen.

Nachstehend werden einige Problemfelder angesprochen und Vorschläge zusammengetragen, die sowohl kurzfristiger als auch langfristiger Natur sind und vom BVS in Angriff genommen werden sollten. Ergänzend wird auf meine Vorschläge in den Zeitschriften „Der Bausachverständige" (2006, Heft 5, S. 39) und „Baurecht" (2006, Heft 9a, S. 1632) verwiesen.

5.1 Gesetzlicher Schutz der Bezeichnungen Gutachter, Sachverständiger, Experte u.ä.

Es kann nicht länger hingenommen werden, dass sich im geschäftlichen Verkehr jedermann als Sachverständiger, Gutachter und Experte bezeichnen kann, ohne die dazu erforderliche fachliche Qualifikation und persönliche Integrität vor einer neutralen Institution nachweisen zu müssen. Bei der Nachfragerseite ist diese Rechtslage nicht bekannt. Mithin sollte ein gesetzlicher Schutz dieser Bezeichnungen eingeführt werden.

Die Berechtigung zur Führung einer solchen Bezeichnung im geschäftlichen Verkehr sollte nur derjenige haben, der zuvor seine fachliche Kompetenz und persönliche Integrität nachgewiesen hat. Selbstverständlich bleibt es allen Berufen wie Ingenieuren, Architekten, Ärzten und Rechtsanwälten weiterhin möglich, unter ihrer Berufsbezeichnung Gutachten im geschäftlichen Verkehr anzubieten. Auch in den Medien sollten selbst ernannte Experten sich nach wie vor präsentieren dürfen, zumal wir hier bereits eine inflationäre Entwicklung des Expertenunwesens feststellen können. Die Strafvorschrift des § 132 a StGB (Bezeichnungsschutz für öffentlich bestellte Sachverständige) sollte auf Bezeichnungen wie Sachverständiger, Gutachter und Experte ausgedehnt werden. Leider hat der Deutsche Baugerichtstag entsprechende Vorschläge nicht zur Abstimmung gestellt.

5.2 Verbreiterung der sachlichen und personellen Zuständigkeit des § 36 GewO

Das Rechtsinstitut der öffentlichen Bestellung muss in zwei Richtungen weiterentwickelt werden. Zum einen sollten alle Bestellungskörperschaften deckungsgleiche Sachverständigenordnungen, Durchführungsrichtlinien, Sachgebietseinteilungen, fachliche Zugangsvoraussetzungen und fachliche Überprüfungen einführen, wie das der Baugerichtstag bereits empfohlen hat (vgl. BauR, Heft 9a, S. 1632). Zwecks Arbeitserleichterung und Vereinheitlichung sollten die Bestellungskörperschaften die Bereiche fachliche Überprüfung und Weiterbildung dem IfS übertragen, was in Teilbereichen heute schon geschieht. Zum anderen sollte § 36 GewO dahingehend erweitert werden, dass öffentlich bestellte Sachverständige nicht nur für Gutachten, sondern auch für hoheitliche Prüf- und Überwachungstätigkeit zuständig sind. Die Personenzertifizierung sollte in § 36 GewO integriert werden. Und es sollten Sozietäten öffentlich bestellt werden können, um die zunehmende Nachfrage nach Gutachten, die mehrere Sachbereiche umfassen, aus einer Hand erstatten zu können. Schließlich sollte bei allen Bestellungskörperschaften ein zertifiziertes Beschwerdemanagement eingeführt werden, in das auch die Gerichte einzubinden sind. Landesrechtliche Sondergesetze wie beispielsweise das Bayerische Sachverständigengesetz sind ersatzlos zu streichen. Ein bundesweites Sachverständigenregister im Internet für alle öffentlich bestellten und vereidigten Sachverständigen mit Zugang für jeden Nachfrager nach dem Vorbild der IHKn ist einzuführen; dabei wird dem einzelnen Sachverständigen das Recht eingeräumt, durch einen Link auf seine Homepage zu gelangen. Es ist kontraproduktiv und verwirrt die Verbraucher, wenn jeder Spitzenverband von Bestellungskörperschaften eine eigene Sachverständigenliste ins Internet einstellt.

Das System der öffentlichen Bestellung und Vereidigung ist auch im medizinischen Bereich einzuführen. Die Ärztekammern könnten die Bestellungszuständigkeit übernehmen.

5.3 Abschaffung des Gutachtenzwangs bei Gerichtsauftrag

Zurzeit muss ein vom Gericht beauftragter Sachverständiger das von ihm verlangte Gutachten erstatten (§ 407 ZPO). Es spielt dabei keine Rolle, ob er öffentlich bestellt ist oder nicht. Diese Pflicht sollte ersatzlos entfallen. Jeder Bürger, also auch ein Sachverständiger, sollte frei entscheiden können, ob er einen gerichtlichen Gutachtenauftrag annimmt und, wenn ja, zu welchem Honorar. Insbesondere wenn die Parteien den Sachverständigen stellen und Privatgutachten als vollwertige Gutachten anerkannt werden, benötigt man den Gutachtenzwang in § 407 ZPO nicht mehr.

5.4 Gleichstellung von Privatgutachten und Gerichtsgutachten

Auf die Bestellung von Sachverständigen durch das Gericht könnte verzichtet werden. Stattdessen sollten die von den Prozessparteien eingereichten Gutachten als gleichwertige Beweismittel anerkannt werden. Schon nach derzeitiger Rechtslage werden die Verfasser dieser Gutachten in der Regel als sachverständige Zeugen geladen und bei ihrer Vernehmung im Verhandlungstermin dann oft auch zu Sachverständigen ernannt. Voraussetzung ist natürlich, dass die Gutachten von öffentlich bestellten und vereidigen, zertifizierten oder gleichwertigen Sachverständigen erstattet wurden. Nach den hier gemachten Vorschlägen kämen nur die Sachverständigen neuen Typs mit gesetzlich geschützter Berufsbezeichnung infrage. Unabhängigkeit, Unparteilichkeit und gewissenhafte Gutachtenerstellung wären insoweit gewährleistet.

5.5 Steuerliche Behandlung des Sachverständigen

Leider haben Kammern und BVS es bis heute nicht geschafft, den öffentlich bestellten und vereidigten Sachverständigen in den Katalog der Freiberufler nach § 18 EinkStG eingestellt zu bekommen. Handlungsbedarf wäre gegeben, weil es eine große Zahl von Abgrenzungsstreitigkeiten gibt, welche Sachverständigen eine freiberufliche und welche eine gewerbliche Tätigkeit ausüben. Hier sollte der BVS am Ball bleiben. Das Thema entfällt jedoch, wenn die Gewerbesteuer durch eine Bürgersteuer für alle Berufstätigen ersetzt wird oder Freiberufler ebenfalls mit der Gewerbesteuer belegt werden, was zurzeit diskutiert wird.

5.6 Gesetzliche Regelung der Zertifizierung und Akkreditierung

Es ist durchaus denkbar, dass in Deutschland aufgrund der Entwicklung in Europa die öffentliche Bestellung durch das Normensystem der Akkreditierung und Zertifizierung abgelöst wird. In allen anderen EU-Mitgliedstaaten ist eine öffentliche Bestellung und Vereidigung von Sachverständigen nicht bekannt; dagegen gilt das Normensystem der Akkreditierung und Zertifizierung europaweit. Auch innerhalb Deutschlands werden die entsprechenden Normen bereits praktiziert, sowohl im nicht regulierten als auch im regulierten Bereich.

Um hier Rechtssicherheit und Einheitlichkeit in der praktischen Anwendung zu gewährleisten, ist eine gesetzliche Regelung unbedingt erforderlich. Zumindest müssen die Bezeichnungen Akkreditierung und Zertifizierung definiert und ihre Nutzung gesetzlich geschützt werden. Eine Regulierungsbehörde muss die einzelnen Zertifizierungsstellen akkreditieren und die Einhaltung der jeweils in Betracht kommenden Norm mit Mindeststandards garantieren; die Zertifizierungsstellen können dann im gegenseitigen Wettbewerb die Standards im fachlichen Niveau erhöhen (vgl. Bleutge, GuG 2/97, S. 72).

5.7 Berücksichtigung der öffentlich bestellten Sachverständigen bei neuen hoheitlichen Prüf- und Überwachungsaufgaben

DIHT und BVS haben in der Vergangenheit immer wieder versucht, Wettbewerb bei hoheitlichen Prüftätigkeiten zu erreichen und dabei die öffentlich bestellten Sachverständigen neben den TÜVs und anderen als gleichwertig anerkannten Prüfern als zuständige Prüfer zu installieren. Das ist leider nur in wenigen Prüfbereichen gelungen. Hier gibt es für die Zukunft noch erheblichen Handlungsbedarf. Insbesondere müssen zwei Ziele erreicht werden: Zum einem muss in § 36 GewO eingefügt werden, dass öffentlich bestellte Sachverständige bei jeder neuen hoheitlichen Prüf- oder Überwachungstätigkeit automatisch eine geborene Zuständigkeit haben. Zum andern muss bei Zuständigkeiten von Organisationen erreicht werden, dass nicht in jedem einzelnen Bundesland eine besondere Zulassung beantragt werden muss, sondern dass eine einmalige Zulassung in einem Bundesland automatisch im gesamten Bundesgebiet gilt.

5.8 Ablehnung wegen Besorgnis der Befangenheit einschränken

Die ausufernde Rechtsprechung zur Befangenheit von Sachverständigen erlaubt es inzwischen einer Prozesspartei, den Sachverständigen bei jedem kleinen Missgriff im Ton oder einer überzogenen Ausdrucksweise in der Schreibe erfolgreich wegen Besorgnis der Befangenheit abzulehnen. Bekanntlich genügt der Anschein der Parteilichkeit. Bei Nachweis von Verschulden verliert der Sachverständige sogar seinen Vergütungsanspruch. Oft werden Befangenheitsgründe von den Prozessparteien und ihren Prozessvertretern provoziert, um einen missliebigen Sachverständigen „abzuschießen". Hier sollte der Gesetzgeber die Hürden für eine erfolgreiche Ablehnung eines Sachverständigen erhöhen. Dass eine Ablehnung eines Sachverständigen wegen Parteilichkeit auch künftig möglich sein muss, ist unbestritten.

5.9 Entlastung der Gerichte durch vorgeschaltete Sachverständigenentscheidungen

Zur Vermeidung von kosten- und zeitaufwändigen gerichtlichen Auseinandersetzungen und zwecks Entlastung der Gerichte sollte für bestimmte fachliche Streitigkeiten die Inanspruchnahme von Schiedsgutachtern, Schlichtungsstellen, Mediatoren und Schiedsgerichten verpflichtend vorgeschrieben werden. Deren Entscheidungen müssen verbindlich sein und dürfen nach dem Vorbild des Schiedsgutachtenrechts nur eingeschränkt gerichtlich überprüfbar sein. Voraussetzung muss sein, dass die genannten Schieds- und Schlichtungsgremien gesetzliche Verfahrensvorgaben erhalten, mit fachlich kompetenten Sachverständigen besetzt sind und ihre Entscheidungen für vollstreckbar erklärt werden können. Diese Neuerung wäre gerade zum jetzigen Zeitpunkt umsetzbar, weil § 15 a EG ZPO im Rahmen der Großen Justizreform überarbeitet werden soll; es wird auf den Fragebogen der Justizministerkonferenz aus dem Jahre 2005 verwiesen, der ein eigenes Kapitel V (Bausachen) beinhaltet und darin Rechtsanwälte und Notare als Schlichter in Bausachen favorisiert. Die Berufsverbände der Sachverständigen haben dazu noch keine Vorschläge eingebracht, obwohl sich doch hier Möglichkeiten zur Erweiterung der beruflichen Angebotspalette geradezu aufdrängen.

5.10 Abschaffung des JVEG

Das JVEG sollte ersatzlos gestrichen werden. Stattdessen sollte der Sachverständige mit dem Gericht, Justizbehörden oder den Parteien vor Auftragsübernahme eine Vergütungsvereinbarung treffen können, wie es das in §§ 13 und 14 JVEG bereits gibt. Das alte ZSEG und das neue JVEG haben sich in der täglichen Praxis nicht bewährt; sie sind zu tief reguliert, zu personalintensiv und zu teuer, weil sie Kostenbeamte und Richter mit überflüssigen Kostenstreitigkeiten binden. Eine Kostenvereinbarung des Gerichts mit dem Sachverständigen vor Übernahme eines gerichtlichen Gutachtenauftrags wäre die Ideallösung und auch marktwirtschaftlich geboten. Auf meine Vorschläge in der Zeitschrift „Der Sachverständige" (2006, Heft 11, S. 345) wird ergänzend verwiesen.

Hilfsweise wird vorgeschlagen, nur einen einzigen Stundensatz für alle Sachverständigen einzuführen, damit die überflüssigen, zeitaufwändigen und kostenintensiven Auseinandersetzungen zwischen Kostenbeamten, Gerichten und Sachverständigen bezüglich der Zuordnung zu einer der 10 Honorarstufen des § 9 Abs. 1 JVEG im Keim erstickt werden.

5.11 Streichung des § 641 a BGB

§ 641 a BGB sollte ersatzlos gestrichen werden, wie das bereits im Entwurf eines Forderungssicherungsgesetzes[143] vorgeschlagen wird. Die darin geregelte Fertigstellungsbescheinigung hat sich nicht bewährt, weil sie von vornherein als stumpfes Schwert konstruiert war. Dieser Regelung fehlen u. a. die Verbindlichkeit der Fertigstellungsbescheinigung, klare tatsächliche Prüfvorgaben und eine eingeschränkte gerichtliche Überprüfung. Außerdem ist einem Sachverständigen und seinem Auftraggeber nicht zumutbar, dass ein Laie (der Sachverständige) juristische Vorfragen wie solche der Vertragsauslegung, der Leistungsbestimmung und des daraus zu konkretisierenden Gutachtenauftrags beantworten muss.

---

143 Bundestagsdrucksache 16/511.

Stattdessen sollte man die bestehenden Möglichkeiten zur Schiedsgutachtenvereinbarung, zur Mediation und zum Beweiserhebungsverfahren vermehrt nutzen. Allerdings müssten für die Erstattung von Schiedsgutachten einige wenige Verfahrensvorschriften geschaffen werden, die den vorhandenen Regelungen des Schiedsgerichtsverfahrens (§§ 1024 ZPO) entnommen werden könnten, indem man auf sie verweist; aus dem Ergebnis eines Schiedsgutachtens müsste beispielsweise auch die Zwangsvollstreckung möglich sein. Nach geltender Rechtslage ist das Schiedsgutachten nur rudimentär in den §§ 317–319 BGB geregelt; ein unbefriedigender Zustand.

6. Zusammenfassung

BVS und Bestellungskörperschaften sollten auch künftig zusammen überlegen, wie die fachlichen Potenziale von öffentlich bestellten und vereidigten Sachverständigen für Gerichte, Behörden und private Nachfrager besser genutzt und ausgenutzt werden können. Klare Zielvorgaben und Zielvorstellungen sind dafür Voraussetzung. Nachhaltigkeit der Ausführung von Beschlüssen und bei der Verfolgung von Zielvorgaben, innovative Ideen, Zukunftsvisionen, Erschließung neuer Tätigkeitsbereiche auch in der EU insbesondere bei hoheitliche Prüf- und Überwachungstätigkeit, Mediation, Schlichtung, Schiedsgerichten, Schaffung eines funktionierenden Beschwerdemanagements, Sammlung und Archivierung der Gutachten in einem Wissenspool, systematische Aus- und Weiterbildung sind nur einige Vorschläge. Im Mittelpunkt muss aber bei allen Sachverständigen die Einhaltung der sechs unverrückbaren Gebote stehen: Unabhängigkeit, Unparteilichkeit, Weisungsfreiheit, Gewissenhaftigkeit, Eigenverantwortlichkeit und fachliche Kompetenz. Dieser Pflichtenkatalog sollte allen Sachverständigen vorgegeben werden, um Transparenz, Verbraucherschutz und einen fairen Wettbewerb zu garantieren und unqualifizierte Sachverständige vom Gutachtenmarkt fernzuhalten.

Der Sachverständige des Handwerks

von Rechtsanwalt Hans-Joachim Heck, Königswinter

Die Entwicklung des Sachverständigenwesens im Handwerk

Schon in den Keilschriften der Sumerer, dem ältesten Volk in Südbabylon, wird der Sachverständige erstmals erwähnt. Auch in den Gerichtsbarkeiten späterer Kulturnationen wie denen der Griechen und Römer bis hin zu den Gilden und Zünften im Mittelalter gab es Regeln für Sachverständige und ihre Betätigungsbereiche.

Zünfte und „Schaumeister"

Bevor das Zunftwesen seine Blütezeit erreichte, hatten die Handwerker unter schweren Polizeistrafen für von ihnen begangene Fehler – sei es in der Leistung, sei es in der Preisberechnung – sehr zu leiden. Diesem unhaltbaren Zustand machten die Zünfte dadurch ein Ende, dass sie von sich aus sog. „Schaumeister" mit weitestgehenden Befugnissen bestellten. Fehlerhafte Arbeit durfte nicht verkauft werden; sie wurde vernichtet, wobei der „Stadtbüttel" dem Schaumeister Hilfe leistete. Die Überwachung der Handwerker und ihrer Arbeiten diente in erster Linie dem Handwerk, um es vor Strafe und deren Folgen zu schützen, wirkte sich aber auch gleichzeitig zu Gunsten der Verbraucher aus, in dem es diese vor Übervorteilung bewahrte. Mit Recht wird deshalb von der Wissenschaft die Tätigkeit der Zünfte in ihrer besten Zeit als die eines „Wahrers der Rechtlichkeit" im gewerblichen Verkehr bezeichnet.

Die „Kontrolle guter Arbeit" konnte kaum ohne die Handwerker selbst ausgeübt werden, denn nur sie waren imstande, aufgrund ihres fachlichen Wissens und Könnens mit Sicherheit zu beurteilen, ob die ihnen vorgelegte Arbeit in Ordnung war, z. B., ob bei den Geweben die vorgeschriebene Fadenzahl eingehalten, ob der vorgeschriebene Gold-, Silber- und Zinngehalt vorhanden war, oder ob die Gebäude nach den „Regeln der Baukunst" ausgeführt waren. Bewertungsmaßstab waren zahlreiche Vorschriften der jeweiligen Zünfte zur Feststellung der Güte der von Handwerkern gefertigten Arbeiten. An dem schon damals für Sachverständige bewährten Prinzip „aus der Praxis – für die Praxis" hat das Handwerk bei der Bestellung seiner Sachverständigen bis heute festgehalten.

Die Entwicklung im 18. Jahrhundert

Im 18. Jahrhundert wurden die „Schaumeister" des Handwerks fast überall in den Dienst des Staates gestellt und auf die gewissenhafte Erfüllung ihres Amtes verpflichtet. Sie waren quasi die Vorläufer der öffentlich bestellten und vereidigten Sachverständigen.

Die Entwicklung im 19. bis zum Beginn des 20. Jahrhunderts

Im 19. Jahrhundert traten in die Funktion der „Schaumeister" – wenn auch in anderer Weise – von den Gerichten allgemein vereidigte gewerbliche Sachverständige. Die weitere Entwicklung zeigte immer deutlicher einen Mangel im gerichtlichen Sachverständigenwesen, dessen Ursachen im Wesentlichen im Unvermögen der Richter, die geeigneten Personen für das Sachverständigenamt zu finden, begründet war. Zu diesen Klagen gesellten sich solche der Handwerker über eine kostspielige und zeitraubende Prozessführung bei gewerblichen Streitigkeiten von den ordentlichen Gerichten. Damit war der Boden für Reformen auf dem Gebiet des gewerblichen Sachverständigenwesens bereitet. Bis zu einer gesetzlichen Lösung dauerte es jedoch noch einige Zeit. Ursache war die nicht einfache Klärung von Sachverständigenbestellungszuständigkeiten zwischen den Handwerkskammern (HwK) und Industrie- und Handelskammern (IHK). Letztere hatten bereits mit der Gewerbeordnung von 1873 eine allgemeine Zuständigkeit zur Bestellung von Sachverständigen erhalten.

Bestellungszuständigkeit der Handwerkskammer seit 1929

Erst 1929 fand man eine Lösung, die der technischen Entwicklung sowie der immer stärkeren Arbeitsteilung Rechnung trug und die den praktischen Bedürfnissen nach branchenrnternen Sachverständigen entsprach. Das Gesetz zur Änderung der Gewerbeordnung (Handwerksnovelle) vom 09.02.1929 hat durch seinen Artikel III die der

Handwerkskammer im Einzelnen obliegenden Aufgaben wie folgt erweitert:

„Sie ist ferner befugt, Sachverständige zur Erstattung von Gutachten über die Güte der von Handwerkern gelieferten Waren und bewirkten Leistungen und über die Angemessenheit der von ihnen dafür geforderten Preise zu beeidigen und öffentlich anzustellen. Vorschriften, welche die Handwerkskammer für die hiernach angestellten Personen erlässt, bedürfen der Genehmigung der Landeszentralbehörde."

Dem deutschen Handwerk wurde mit dieser längst überfälligen Ergänzung der Befugnisse der Handwerkskammer eine lange Zeit vergebens an die gesetzgebenden Körperschaften gerichtete Forderung endlich erfüllt.

Aktuelle Rechtsgrundlagen für den Sachverständigen des Handwerks

Nach Kriegsende und anschließenden Jahren der Unklarheit und Rechtszersplitterung in den verschiedenen Besatzungszonen wurde mit dem Inkrafttreten der Handwerksordnung am 24.09.1953 wieder eine einheitliche gesetzliche Grundlage für das Handwerk geschaffen. Der große Befähigungsnachweis (Meisterprüfung) wurde in der Handwerksordnung verankert. In einem Gewerbeverzeichnis in Form der Anlage A zur Handwerksordnung wurden seinerzeit 93 Gewerbe mit den dazu gehörigen Zweigen (insgesamt 125 Berufe) aufgezählt, die handwerklich betrieben werden können. Die handwerkliche Berufsaus- und -fortbildung wurde als geschlossenes System anerkannt. Die Handwerkskammern erhielten den Status einer Körperschaft des öffentlichen Rechts und hatten u. a. die hoheitliche Aufgabe, für ihren Wirtschaftsbereich Sachverständige zur Begutachtung von „Waren, Leistungen und Preisen von Handwerkern" öffentlich zu bestellen und zu vereidigen.

Ihren jetzigen Wortlaut erhielt die Bestellungsvorschrift des § 91 Abs. 1 Nr. 8 HwO mit der Neufassung vom 28.06.1990. Darin wurde sprachlich klargestellt, dass auch Kostenvoranschläge, Kostenkalkulationen und Sanierungskonzepte im Zuständigkeitsbereich der öffentlich bestellten und vereidigten Sachverständigen des Handwerks liegen. Mit dieser Klarstellung wurde nicht nur mehr Rechtssicherheit für die Zuständigkeit von Sachverständigen des Handwerks geschaffen, sondern es war gleichzeitig auch den Bedürfnissen der Praxis Rechnung getragen worden. In der Regel kann gerade der Sachverständige des Handwerks wirklichkeitsnah beurteilen, ob eine handwerkliche Werkleistung tatsächlich den behaupteten Fehler hat, worauf er zurückzuführen ist und wie (Sanierungskonzept) und mit welchem Kostenaufwand (Kostenvoranschlag) der Mangel beseitigt werden kann.

Brancheninterne Streitbeilegung durch Vermittlungstätigkeit der Handwerkskammern und die Schlichtungsstellen der Innungen

Übrigens wird bis heute im Handwerk mit Erfolg die brancheninterne Streitbeilegung, die sich – wie bereits erwähnt – schon in den Zeiten der Zünfte und Gilden entwickelt hatte, praktiziert. Sie ist in der Handwerksordnung (HwO) gesetzlich verankert.

Die Handwerkskammer ist nach § 91 Abs. 1 Nr. 11 HwO zur Vermittlung bei Streitigkeiten zwischen Handwerkern und ihren Auftraggebern verpflichtet. Die Vermittlungstätigkeit ist meist den Rechtsabteilungen der Handwerkskammern zugeordnet. Es gibt kein formalisiertes Verfahren, insbesondere keine Verfahrensordnung. Müssen zur Lösung eines Streitfalls neben Rechtsfragen auch Fachfragen beantwortet werden, werden von den Handwerkskammern häufig Sachverständige hinzugezogen.

Die Innungen können nach § 54 Abs. 1 Ziff. 3 HwO bei Streitigkeiten zwischen den Innungsmitgliedern und ihren Auftraggebern auf Antrag vermitteln. Am bekanntesten sind die Schiedsstellen des Kraftfahrzeuggewerbes. Nach der vom Zentralverband des Deutschen Kraftfahrzeuggewerbes gemeinsam mit dem ADAC empfohlenen Muster-Geschäfts- und Verfahrensordnung der Schiedsstellen für das Kraftfahrzeuggewerbe ist ein öffentlich bestellter und vereidigter Kraftfahrzeugsachverständiger Mitglied in der Schiedskommission der Schlichtungsstelle. Die Jahresbilanz 2004 der Kfz-Schiedsstellen kann sich sehen lassen. So gab es im handwerklichen Bereich insgesamt 10.127 Anträge auf Durchführung eines Schiedsstellenverfahrens, von denen im Vorverfahren 8.348 Anträge erledigt werden konnten. 670 Verfahren konnten im Vergleichswege beigelegt werden. Die Schiedskommission selbst entschied über 741 Anträge. 332 Verfahren konnten im Berichtszeitraum nicht abgeschlossen werden.

Handwerkskammern und Industrie- und Handelskammern stellen größtes Sachverständigenkontingent

Im Jahr 2004 hatten die 55 Handwerkskammern 6.817 Sachverständige für 41 Handwerksberufe, 53 zulassungsfreie Handwerke sowie 57 handwerksähnliche Gewerbe öffentlich bestellt und vereidigt. Die meisten Sachverständigen kommen aus den Bau- und Ausbauhandwerken. Die Industrie- und Handelskammern haben – mal etwas mehr, mal etwas weniger – eine etwa gleich große Zahl von Sachverständigen öffentlich bestellt und vereidigt. Damit haben beide Kammerorganisationen mit Abstand die meisten Sachverständigen öffentlich bestellt und vereidigt.

Gemeinsame Bestellungsgrundsätze

Mit der öffentlichen Bestellung von Sachverständigen ist – vereinfacht ausgedrückt – von Anfang an der Zweck verfolgt worden, eine ausreichende Zahl an überprüften, persönlich und fachlich qualifizierten Sachverständigen für die Gerichte, Behörden und auch privaten Auftraggeber zur Verfügung zu haben. Ein solcher Personenkreis muss ganz bestimmte Voraussetzungen erfüllen und die Gewähr für die Einhaltung ganz bestimmter Pflichten bieten. Um zu gewährleisten, dass diese Anforderungen bei öffentlich bestellten und vereidigten Sachverständigen aus den verschiedenen Wirtschaftsbereichen gleichbleibend vorhanden sind, haben die im Institut für Sachverständigenwesen (IfS) zusammengeschlossenen Spitzenorganisationen aller Bestellungskörperschaften – dies sind neben den HwK und IHK insbesondere die Architekten-, Landwirtschafts- und Ingenieurkammern – bereits vor Jahren vereinbart, bei der öffentlichen Bestellung ganz bestimmte Grundsätze zu beachten. Im Wesentlichen sind dies: besondere Sachkunde (überdurchschnittliche Fachkenntnisse) und persönliche Eignung, Verpflichtung zur Gutachtenerstattung, Objektivität, Unabhängigkeit, persönliche Zuverlässigkeit und Integrität, Verschwiegenheit, Höchstpersönlichkeit der Leistung sowie die Verpflichtung zur Fortbildung.

Mustersachverständigenordnung (MSVO) des Deutschen Handwerkskammertages (DHKT)

Die vorerwähnten Grundsätze sind auch in der aktualisierten Mustersachverständigenordnung (MSVO) des Deutschen Handwerkskammertages (DHKT) aus dem Jahr 2005 und den dazu ergangenen Auslegungsrichtlinien (RL) enthalten.

Anlass für die nach 1998 erneute Überarbeitung der MSVO und der RL war die Schuldrechtsreform von 2001, die Einführung des neuen Haftungstatbestandes für die gerichtliche Sachverständigentätigkeit (§ 839a BGB) sowie insbesondere die Novellierung der Handwerksordnung vom 01.01.2004. Im Einzelnen wurden die Eintragungen in die Handwerksrolle als Bestellungsvoraussetzung für ein Sachverständigenamt von Inhabern oder Gesellschaftern einer Personengesellschaft bzw. Geschäftsführern oder Vorständen einer juristischen Person konkretisiert. Für die Haftung des Sachverständigen wurde angesichts des neuen Haftungstatbestandes für die gerichtliche Gutachtertätigkeit noch einmal herausgestellt, dass der Sachverständige eine Haftpflichtversicherung in angemessener Höhe abschließen und diese während der Zeit seiner Bestellung aufrecht erhalten soll. Die Werbung des Sachverständigen für seine Tätigkeit bleibt unverändert gelockert. Nach wie vor ist sie jedoch strikt von der Werbung des Sachverständigen für seine eigentliche berufliche Tätigkeit zu trennen. Schließlich ist noch bei den Gründen für das Erlöschen der Sachverständigenbestellung die Einführung einer absoluten Altersgrenze mit der Vollendung des 68. Lebensjahres in die jeweiligen Sachverständigenordnungen der Kammern empfohlen worden.

Die neue MSVO ist von allen Handwerkskammern übernommen worden und gewährleistet damit eine einheitliche Regelung des Sachverständigenwesens innerhalb des Handwerks. Gleichzeitig ist mit einheitlichen Sachverständigenordnungen der Gleichbehandlungsgrundsatz für alle Sachverständigen des Handwerks gestärkt und darüber hinaus sichergestellt worden, dass die auf langjähriger Erfahrung beruhenden Bestimmungen alle bei der verantwortlichen Betreuung von Sachverständigen auftretenden Probleme erfassen und regeln.

Was kennzeichnet den Sachverständigen des Handwerks?

Handwerksmeister: Spezialist seines Fachs

Im Gegensatz zu anderen Wirtschaftsbereichen verfügt das Handwerk mit der Handwerksordnung und der darin verankerten Meisterprüfung als Berufszulassungsvoraussetzung über ein geschlossenes Berufszulassungssystem. Der Handwerksmeister, der eine Lehre, Gesellenprüfung, Gesellenzeit und eine Meisterprüfung abgelegt hat, ist bereits durch seine Berufsausbildung und seinen Berufsabschluss sowohl von seinen fachlichen Kenntnissen als auch von seinen handwerklichen Fertigkeiten und seiner praktischen Erfahrung her ein Spezialist seines Fachs. Die Eintragung in die Handwerksrolle, deren Voraussetzung in der Regel die Meisterprüfung oder ein gleichwertiger Abschluss ist, ist deshalb eine zentrale Voraussetzung für die öffentliche Bestellung zum Sachverständigen des Handwerks, von der nur eng umgrenzte Ausnahmen zulässig sind. Mit dem Eintragungserfordernis in die Handwerksrolle wird eine erste Mindestvoraussetzung an die zu fordernde Sachkunde des Bewerbers aufgestellt. Die gutachterliche Beurteilung von Leistungen eines Handwerksmeisters würde von diesem kaum akzeptiert, wenn der Gutachter nicht selbst im Besitz zumindest der gleichen beruflichen Qualifikation ist wie derjenige, dessen Leistung beurteilt werden soll.

Bestellung von Sachverständigen in „zulassungsfreien Handwerken"

Durch die Schaffung von 53 „zulassungsfreien Handwerken" mit der HwO-Novelle 2004 hatte das Handwerk mit einem Qualifikationsabbau auf breiter Ebene innerhalb des Handwerks zu kämpfen. Zu befürchten war, dass dies nicht ohne Auswirkungen auf die Auswahl und die Bestellung von qualifizierten Sachverständigen in diesen Handwerken bleiben würde. Gleichzeitig musste man sich wegen fehlender fachlicher Qualifikation und daraus resultierendem fehlerhaften Arbeiten bei der Erbringung von Handwerksleistungen in den nunmehr zulassungsfreien Handwerken auf eine vermehrte Anfrage nach Sachverständigenleistungen gerade in diesen Handwerken einrichten. Deshalb bestand von vornherein Einigkeit darin, dass das Verfahren zur Bestellung von Sachverständigen auch in den zulassungsfreien Handwerken besonders sorgfältig und lückenlos betrieben werden muss. Dazu gehört insbesondere, dass kein Bewerber um ein Sachverständigenamt in diesen Handwerken im Unklaren darüber gelassen wird, dass die Überprüfung der besonderen Sachkunde unverändert deutlich über dem Niveau der in diesen Handwerken nach wie vor möglichen Meisterprüfungen angesiedelt ist. In den zulassungsfreien Handwerken erfolgt die Meisterprüfung auf der Basis der unverändert geltenden jeweiligen Berufsbilder, in denen die Anforderungen an die fachlichen Kenntnisse und praktischen Fertigkeiten für meistergleiches Können festgelegt sind. Die Anforderungsprofile für die Überprüfung der besonderen Sachkunde von Bewerbern um ein Sachverständigenamt liegen deutlich über dem Niveau dieser Berufsbilder.

Handwerksmeister – ausgewiesener Praktiker

Mit dem Eintragungserfordernis in die Handwerksrolle wird gleichzeitig dem in der Mustersachverständigenordnung (MSVO) des Deutschen Handwerkskammertages (DHKT) aufgestellten Leitbild von der „nebenberuflichen" Gutachtertätigkeit des handwerklichen Sachverständigen entsprochen. Die Handwerkskammern gehen beim Regelbild der Sachverständigen von Personen aus, die als aktive Unternehmer bei der Gutachtenanfertigung auf die Fülle ihrer praktischen Berufserfahrung, insbesondere auf technische Neuerungen und aktuelle Preisentwicklungen, zurückgreifen können.

Dieser traditionelle Praxisbezug des Sachverständigen im Handwerk trägt wesentlich zur Akzeptanz der Gutachten, insbesondere bei den betroffenen Berufskollegen, bei. Er bewahrt gleichzeitig vor einer generalisierenden Betrachtungsweise etwa eines akademischen „Bausachverständigen", dem manchmal die für eine überzeugende Begutachtung notwendige fachlich-technische Tiefe in der Vielfalt der Technik und beruflichen Fachregeln von allein 15 Bau- und Ausbauhandwerken fehlt und bei dessen Gutachten die Gefahr besteht, dass dem „theoretischen Überbau" zuviel Platz eingeräumt wird. Mit dem Praxisbezug des Sachverständigen im Handwerk wird gleichzeitig erreicht, dass dieser auf dem neuesten Stand der technischen Entwicklung in seinem Handwerk steht. Diesen Erwartungen muss der Sachverständige des Handwerks gerecht werden. Er muss sich stets vor Augen halten, dass von der Qualität seiner Gutachtertätigkeit nicht nur sein persönliches Ansehen, sondern auch das Ansehen der Sachverständigen des Handwerks in der Öffentlichkeit insgesamt abhängt.

Nach den Sachverständigenordnungen der Kammern ist der Sachverständige dementsprechend verpflichtet, sich nachweisbar regelmäßig fortzubilden. U. a. aus diesem Grund hatten die Handwerkskammern – anders als die inzwischen „nachgezogenen" Industrie- und Handelskammern – die Bestellung von Sachverständigen von Anfang an zeitlich (in der Regel auf drei Jahre) befristet. So kann vor der Wiederbestellung überprüft werden, ob der Sachverständige seiner Fortbildungsverpflichtung nachgekommen ist oder ob noch Nachholbedarf besteht, bevor eine Weiterbestellung erfolgen kann.

Ständig steigende Anforderungen an Wissen und Können

Selbstverständlich ist die „Nebenberuflichkeit" des Sachverständigen des Handwerks nicht in einem abwertenden Sinne zu verstehen, etwa so, dass der Handwerksunternehmer im Dienst des Wirtschaftsbereichs Handwerk nebenher mit einem – wegen der schlechten Bezahlung – möglichst geringen Arbeitsaufwand auch Sachverständigengutachten anfertigt. Vielmehr hat man bewusst auf den mit beiden Beinen im aktiven Erwerbsleben stehenden Handwerksunternehmer zurückgegriffen. Die weiterhin rapide steigende Zahl von Rechtsstreitigkeiten, die zum Teil – verkürzt ausgedrückt – mit der zunehmenden Zahl von Anwälten und Rechtsschutzversicherungen sowie in den Medien gefördertem aggressivem Verbraucherverhalten erklärt werden können, hat auch im Handwerk dazu geführt, dass die „Restfinanzierung von Werkleistungen durch Mängelrüge" fast volkssportartigen Charakter angenommen hat. Diese Entwicklung verlangt auch vom Sachverständigen des Handwerks ganzes Können, insbesondere absolute Objektivität und Standhaftigkeit sowie überzeugende Souveränität.

Besondere Sachkunde verlangt mehr als Meisterprüfung

Damit kein Missverständnis aufkommt: Die Meisterprüfung im Handwerk oder ein vergleichbarer Abschluss allein reicht zur Sachverständigenbestellung nicht aus. Vielmehr muss sich der Bewerber um ein Sachverständigenamt darüber hinaus der Überprüfung seiner persönlichen Eignung und seiner besonderen Fachkunde stellen. Nur derjenige, der diese Hürde nimmt, wird von der Handwerkskammer zum Sachverständigen öffentlich bestellt und vereidigt. Die öffentliche Bestellung gibt deshalb Gewähr dafür, dass es sich bei diesen Sachverständigen um besonders qualifizierte Fachleute mit überprüftem Wissen und Können auf ihrem Bestellungsgebiet handelt.

Aus- und Fortbildung straff geregelt

Klare Aufgabenverteilung

Im Rahmen der Aufgabenverteilung zwischen den Handwerksorganisationen haben die Handwerkskammern als verantwortliche Bestellungsbehörden die juristische Ausbildung für ihre Bewerber um ein Sachverständigenamt sowie die juristische Fortbildung für die von ihnen bereits bestellten Sachverständigen übernommen. Das Bestellungsverfahren wird einheitlich nach einem vom Zentralverband des Deutschen Handwerks (ZDH) empfohlenen Ablaufplan, der auf langjährigen Erfahrungen basiert, durchgeführt. Die fachliche Aus- und Fortbildung obliegt den handwerklichen Fachverbänden insbesondere bei der von ihnen im Rahmen des Bestellungsverfahrens kraft ihrer Fachkompetenz für die Handwerkskammern durchgeführte Überprüfung der besonderen Sachkunde von Bewerbern um ein Sachverständigenamt. Diese Aufgabenverteilung hat sich bewährt. Sie ist mit Grund dafür, dass Rücknahmen und Widerrufe von Sachverständigenbestellungen sowie Gerichtsverfahren gegen Sachverständige wegen Pflichtverletzungen kaum vorkommen.

Das handwerkliche Sachverständigenwesen in den neuen Bundesländern

Noch vor dem Beitritt der Deutschen Demokratischen Republik zur Bundesrepublik Deutschland am 03.10.1990 war die bundesdeutsche Handwerksordnung und damit auch die Vorschrift zur Bestellung von Sachverständigen durch DDR-Gesetz vom 12.07.1990 übernommen worden. Seit diesem Zeitpunkt haben sich noch die alten DDR-Handwerkskammern intensiv und mit Erfolg um die Schulung ihrer Sachverständigen nach der neuen Rechtslage bemüht. Die Handwerkskammern der neuen

Bundesländer wurden bei ihren zahlreichen Schulungsveranstaltungen sowohl von ihren Partnerkammern aus den alten Bundesländern als auch durch die handwerkliche Spitzenorganisation, den ZDH, tatkräftig unterstützt.

Schulungsseminare der Akademie des Handwerks Schloss Raesfeld und des Instituts für Sachverständigenwesen IfS

Besondere Verdienste haben sich bei der Anpassung des DDR-Sachverständigenwesens an die bundesdeutschen Verhältnisse auch die Akademie des Handwerks Schloss Raesfeld und das Institut für Sachverständigenwesen (IfS) mit ihren inhaltlich abgestimmten Sachverständigen-Schulungsseminaren in den neuen Bundesländern erworben. Die Akademie des Handwerks, eine überregionale Bildungseinrichtung der nordrhein-westfälischen Handwerkskammern im Münsterland, bietet bereits seit Jahrzehnten bundesweit mit Erfolg juristische Grund- und Aufbauseminare sowie auch einige fachspezifische Schulungsseminare vorwiegend im Ausbau- und Kfz-Bereich an. Aufgrund der unverändert großen Nachfrage hat die Akademie des Handwerks inzwischen „Dependancen" in den neuen Bundesländern (Potsdam) und in Norddeutschland eingerichtet. Der Schwerpunkt der Seminarangebote des IfS für Sachverständige des Handwerks liegt in Süddeutschland, sodass beide Bildungseinrichtungen mit ihren Seminarangeboten das Bundesgebiet flächendeckend abdecken. Immer mehr Handwerkskammern machen die mit einem Abschlusstest überprüfte erfolgreiche Teilnahme an den Schulungsseminaren der Akademie des Handwerks oder des IfS zur Eingangsvoraussetzung für eine Bewerbung um ein Sachverständigenamt.

Mitgliedschaft von ZDH und Handwerkskammern im Institut für Sachverständigenwesen

Seit 1981 ist der ZDH zusammen mit über 30 Handwerkskammern Mitglied im IfS. Damit repräsentiert das Handwerk im Institut die zweitstärkste Gruppe von Sachverständigen. Durch seine Verankerung im Vorstand des Instituts kann das Handwerk den ihm zustehenden Einfluss auf die Bündelung der Interessenwahrnehmung für das Sachverständigenwesen bei Parlament und Regierung, die Förderung der Zusammenarbeit und den Meinungsaustausch mit anderen Sachverständigen-Organisationen wahrnehmen. Ebenso wichtig für das Handwerk ist das IfS als Plattform für den Interessenausgleich unter den Bestellungskörperschaften der verschiedenen Wirtschaftszweige und ihrer Spitzenorganisationen sowie den Sachverständigen selbst. Bei der Vermittlung von Lehr- und Lerninhalten nimmt das Handwerk über das Seminarprogramm des IfS für Sachverständige des Handwerks eine wichtige koordinierende Aufgabe wahr und trägt damit nicht nur zur Sicherung eines einheitlichen Wissensstandes, sondern auch zu einer kontinuierlich steigenden Professionalität der Sachverständigen des Handwerks bei.

Zusammenarbeit mit dem BVS

Die Mitgliedszahl von Handwerkssachverständigen im BVS ist leider nicht so hoch, wie der BVS sich das wünscht. Eine der Ursachen dafür ist das enge organisatorische Geflecht des Handwerks, in das – intensiver als in anderen Wirtschaftsbereichen – auch die Sachverständigen eingebunden sind. Neben der Handwerkskammer sind – je nach Verbandsgröße – die Sachverständigen in den meisten Fällen entweder auf Landes- oder auf Bundesebene ihres Fachverbandes zusammengeschlossen und erhalten von dort aus ihre berufsspezifische Sachverständigenaus- und -fortbildung. Diese fachliche Aus- und Weiterbildung der Sachverständigen erfolgt auf einem Niveau, das eine „branchenfremde" Organisation nicht zu bieten vermag. Einige der fachlichen Zusammenschlüsse von Handwerkssachverständigen sind Mitglied im vom BVS getragenen Deutschen Sachverständigentag (DST), in den sie ihre sachgebietsspezifischen Interessen einbringen. Ein weiterer Grund für die Zurückhaltung von Handwerkssachverständigen bei einer Mitgliedschaft beim BVS mag darin liegen, dass dem BVS in weit überwiegender Mehrzahl hauptberuflich als Sachverständige tätige Ingenieure und Freiberufler angehören, deren Interessen sich nicht immer mit denen der in der Regel nebenberuflich als Sachverständige tätigen Handwerksunternehmern decken.

Einen wesentlichen Impuls erfährt die Zusammenarbeit zwischen Handwerk und BVS über die inzwischen seit mehr als zwei Jahrzehnten anhaltende gute Zusammenarbeit im Vorstand des IfS. Seit dieser Zeit unterstützen sich Handwerk und BVS gegenseitig bei der Verbesserung der Position der Sachverständigen und der Weiterentwicklung des Sachverständigenwesens im europäischen Kontext. An gemeinsamen Interessen gab und gibt es nicht wenig. Beispielhaft hinzuweisen ist auf die Unterstützung des BVS durch das Handwerk bei der gegen große Widerstände erreichten und inzwischen erfolgreichen Öffnung der Kfz-Regelüberwachung für Kfz-Sachverständige. Zu erwähnen sind weiter die über Jahre andauernden gemeinsamen Bemühungen gegen die drohende weitere Zersplitterung des Sachverständigenwesens bei der Einführung neuer Zulassungs-, Prüf- und Überwachungsmöglichkeiten durch den Gesetzgeber. Gemeinsam befürwortet werden auch Bemühungen zu einer griffigen gesetzlichen Definition und einem entsprechenden Schutz der Bezeichnungen der „Gutachter", „Sachverständiger" und „Experte", um die qualifizierten Sachverständigen von den „selbsternannten" besser abgrenzen zu können. Zu erinnern ist auch an die gemeinsamen intensiven Bemühungen, den Haftungstatbestand für die gerichtliche Gutachtertätigkeit (§ 839a BGB) zu verhindern, denen leider kein Erfolg beschieden war.

Ausdrücklich zu danken ist dem BVS für die Unterstützung der Position des Handwerks beim neuen JVEG, die Vergütung für die gerichtliche Gutachtertätigkeit nicht am allgemeinen Bildungsabschluss des Sachverständigen, sondern am Gutachtenthema auszurichten. Im Vorfeld des neuen JVEG hatten DIHK, DHKT und BVS Anfang 2003 für das im Gesetzgebungsverfahren federführende Bundesjustizministerium die außergerichtlichen Stundensätze ihrer Sachverständigen ermittelt. Die Hoffnung, dass diese Stundensätze ungekürzt in das neue JVEG übernommen werden, hat sich leider nicht erfüllt. Trotzdem hat sich die Bezahlung der Handwerkssachverständigen für ihre gerichtliche Gutachtertätigkeit nach dem neuen Gesetz deutlich verbessert.

Blick in die Zukunft

Die gemeinsamen Ziele von Handwerk und BVS bei der Verbesserung von Positionen der Sachverständigen, die bisher nicht erreicht werden konnten – Stichworte z. B.: Schutz der Bezeichnungen „Gutachter", „Sachverständiger", „Experte"; bessere Berücksichtigung von öffentlich bestellten Sachverständigen bei hoheitlichen Prüf- und

Überwachungsaufgaben –, sollten nachhaltig weiter verfolgt werden.

Gemeinsam sollten die Kräfte gebündelt werden, um weitere Ziele, wie z. B. die Entlastung der Gerichte durch den Ausbau außergerichtlicher obligatorischer Streitbeilegungen mit Hilfe von Sachverständigen, eine klare Definition von rechtsberatenden Dienstleistungen von Sachverständigen im Rahmen der Reform des Rechtsberatungsgesetzes zu erreichen. Ein gemeinsames Dauerbetätigungsfeld bleibt auch die Weiterentwicklung einer angemessenen Vergütung sowohl der gerichtlichen, als auch der außergerichtlichen Gutachtertätigkeit.

Für die Verwirklichung dieser Zukunftsziele bleibt zu wünschen, dass die gute Zusammenarbeit zwischen Handwerk und BVS weiter gefestigt und ausgebaut wird.

IfS: „ Institut für Sachverständigenwesen "

Das Institut für Sachverständigenwesen und der BVS

von Rechtsanwältin Katharina Bleutge,
Institut für Sachverständigenwesen IfS

Das Institut für Sachverständigenwesen (IfS) ist eine der bedeutendsten Einrichtungen im deutschen und europäischen Sachverständigenwesen.

In den vergangenen 30 Jahren hat sich das IfS fest etabliert – als Anbieter von Aus- und Weiterbildung für Sachverständige, als anerkanntes Forum für die Entwicklung von Qualitätsstandards im Sachverständigenwesen und als kompetenter Ansprechpartner der Politik in Sachverständigenfragen. Träger des Vereins sind ca. 180 Organisationen der Wirtschaft, unter ihnen auch der BVS sowie der Deutsche Industrie- und Handelskammertag, die Bundesarchitektenkammer, die Bundesingenieurkammer und der Zentralverband des Deutschen Handwerks. Auch Bestellungskörperschaften – also Architektenkammern, Handwerkskammern, Industrie- und Handelskammern, Ingenieurkammern und Landwirtschaftskammern – sowie weitere maßgebliche Sachverständigenverbände, die Versicherungswirtschaft und die Sachverständigenorganisationen DEKRA, GTÜ und TÜV unterstützen die Arbeit des IfS.

Die Arbeit des IfS zielt darauf ab, die unterschiedlichen Bewegungen im Sachverständigenwesen so zu bündeln, dass der hohe Qualitätsanspruch an Sachverständige ständig neu beleuchtet und weiter entwickelt wird.

Der BVS im IfS-Vorstand

Das IfS und den BVS verbindet eine langjährige, fruchtbare Zusammenarbeit. Begonnen hat diese Zusammenarbeit, als der BVS Anfang der 80er Jahre ordentliches Mitglied des IfS wurde und die Arbeit des IfS in der ständigen Arbeitsgruppe des Vorstandes unterstützte.

Doch nicht nur als Mitglied konnte der BVS unter dem Dach des IfS aktiv Einfluss auf das Sachverständigenwesen nehmen. In der Satzung des Instituts ist seit 1993 der BVS im Vorstand manifestiert. Hier heißt es in § 7: „Dem Vorstand gehören außer dem geschäftsführenden Vorstand […] je ein Vertreter des Bundesverbandes öffentlich bestellter und vereidigter sowie qualifizierter Sachverständiger e. V. (BVS) […] an."

Damit hat der BVS einen „ständigen Sitz" in der Entscheidungsebene des IfS – neben den Kammern, Prüforganisationen und Vertretern der Auftraggeberseite.

Als IfS-Mitglied und als Teil des Vorstandes wird der BVS, der seit 1994 jährlich den DST als Schirmherr durchführt, vom IfS schon viele Jahre bei dieser wichtigen Sachverständigenveranstaltung unterstützt.

Das „Zeichen für Sachverstand"

Diese enge Verbindung hat sich in vielen Bereichen ausgesprochen produktiv ausgewirkt.

So haben IfS und BVS zusammen mit den Kammern ein Logo für öffentlich bestellte und vereidigte Sachverständige entwickelt, um den öffentlich bestellten Sachverständigen einen größeren Bekanntheitsgrad in der Öffentlichkeit zu verschaffen.

Für potenzielle Auftraggeber war und ist es nicht immer leicht, in der Flut von Anbietern im Sachverständigenwesen den richtig qualifizierten Sachverständigen zu finden. Mit dem Logo, dem „Zeichen für Sachverstand", haben öffentlich bestellte und vereidigte Sachverständige die Möglichkeit erhalten, sich entsprechend ihrer Qualität auf dem Markt zu präsentieren – im eigenen wirtschaftlichen wie auch im Interesse potenzieller Kunden.

Das Logo hat sich bis heute gut verbreitet und gewinnt mit jedem Nutzer einen höheren Wiedererkennungswert. Allein bis 2006 haben bereits etwa 4 000 Sachverständige das Logo als werbliches Mittel auf Geschäftsbriefen, Visitenkarten und Internetauftritten benutzt.

Auch die Bestellungskörperschaften nutzen dieses „Zeichen für Sachverstand", um visuell auf ihre öffentlich rechtliche Aufgabe – die öffentliche Bestellung und Vereidigung – deutlich hinzuweisen.

Sachverständige sind nur dann nutzungsberechtigt, wenn sie öffentlich bestellt und vereidigt sind – dies wird vom IfS überprüft und überwacht.

Der BVS und die Personenzertifizierung

Besonders intensiv war und ist die Zusammenarbeit zwischen BVS und IfS auch im Bereich der Zertifizierung.

1993 hat die Mitgliederversammlung dem Institut die Aufgabe übertragen, eine Zertifizierungsstelle zur Zertifizierung von Sachverständigen einzurichten. Damit agiert das Institut schon heute im europäischen Umfeld und eröffnet internationale Perspektiven für das deutsche Sachverständigenwesen.

Aufgabe dieser Zertifizierungsstelle ist es, Sachverständige auf den Gebieten „Kfz-Schäden und -bewertung" und „Immobilienwertermittlung" zu zertifizieren. Grundlage für die Zertifizierungsstelle ist die Norm DIN EN ISO/IEC 17024, auf deren Einhaltung das IfS von der Akkreditierungsstelle „Trägergemeinschaft für Akkreditierung, TGA" geprüft und überwacht wird.

Zusammen mit dem IfS ist der BVS seit langem auch an der Qualitätsentwicklung des Sachverständigenwesens auf dem Gebiet der Personenzertifizierung beteiligt – insbesondere durch die gemeinsame Arbeit in den Sektorkomitees der TGA und die Durchführung der Zertifizierungen durch das IfS.

BVS und IfS beeinflussen Gesetzesvorhaben

Im Zuge der Novellierung des ZSEG hat der BVS zusammen mit dem DIHK und dem ZDH im Jahre 2003 Umfragen durchgeführt, um die außergerichtlichen Stundensätze der Sachverständigen für das neue Justizvergütungs-

und -entschädigungsgesetz (JVEG) auszuwerten. An anderer Stelle wird über die aktive Beteiligung des BVS an der Novellierung dieses Entschädigungsgesetzes ausführlich berichtet.

Der BVS und das IfS haben auch bei anderen wichtigen Gesetzesvorhaben ihren Sachverstand eingebracht. Genannt seien an dieser Stelle beispielhaft die abgestimmten Eingaben an das Bundesjustizministerium zum Entwurf eines 2. Justizmodernisierungsgesetzes (2. JuMoG).

Dieser Gesetzesentwurf sah vor, die Streitverkündung an Sachverständige unmöglich zu machen, die Möglichkeit zur Fristsetzung bei der Erstattung von Gutachten zwingend vorzuschreiben und den Ersatz der Kosten für die Handakten nach dem JVEG zu versagen. Zudem sollte § 13 JVEG auf die Fälle der Prozesskostenhilfe ausgedehnt und die Voraussetzungen für eine von den Honoraren des JVEG abweichende Vergütung modifiziert werden. Außerdem regelte der Entwurf, dass bereits in einem anderen Verfahren erstattete Gutachten auch in einem nachfolgenden Verfahren verwendet werden können.

Hier haben BVS und IfS – gleichfalls auch die Bundesingenieurkammer, ZDH und DIHK – wichtige Änderungspunkte vorgebracht:

Abgelehnt wurde unter anderem die Erweiterung der ohnehin schon für die Sachverständigen nachteiligen Regelung des § 411 a ZPO, wonach ein für ein bestimmtes Gerichtsverfahren erstattetes Gutachten in anderen Verfahren verwendet werden kann. Kritisiert wurde vor allem, dass eine Zustimmung des Sachverständigen für diese weitere Verwendung nicht erforderlich ist, eine erneute Vergütung nicht anfällt und die Haftung nach § 839 a BGB sich auch auf die spätere Verwendung erstreckt.

Seit langem kritisiert wurde auch die Praxis, dem gerichtlichen Sachverständigen im laufenden Verfahren den Streit zu verkünden, sodass dieser im Falle des Beitritts automatisch befangen wurde und damit abgelehnt werden konnte.

Ein Erfolg, den der BVS durch intensive Intervention beim Gesetzgeber erreicht hat: die Streitverkündung an Sachverständige ist durch das am 01.01.2007 in Kraft getretene 2. JuMoG in der ZPO als unzulässig manifestiert worden. Unterstützt wurde der BVS bei diesem Vorhaben durch das IfS und die Dachorganisationen der Bestellungskörperschaften. Hier hat man im Sinne des Sachverständigenwesens „an einem Strang" gezogen – in diesem Falle mit bemerkenswertem Erfolg.

Der BVS in der Weiterbildung

Doch nicht nur im politischen Bereich funktionierte und funktioniert die Zusammenarbeit reibungslos. Seit vielen Jahren unterstützen Geschäftsführer Jacobs und Präsident Staudt sowie weitere Mitglieder der Landesverbände das IfS auf dem Weiterbildungssektor. Als Referenten „aus der Praxis – für die Praxis" haben sie sich über viele Jahre der Dozententätigkeit etabliert und den Sachverständigen Recht und Praxis des Sachverständigenwesens nahegebracht. Mit der Entwicklung neuer Seminarinhalte haben sie ebenso zur qualifizierten Weiterbildung von Sachverständigen beigetragen wie mit ihrer praxisorientierten Vortragsweise.

BVS, IfS und Europa

Zunehmend gewinnt auch der internationale Sektor im Bereich Sachverständigenwesen mehr und mehr an Bedeutung. Der BVS hat diese Entwicklung früh erkannt und sich in die Entwicklung eingeklinkt: so wirkt der Verband auch auf dem internationalen Parkett seit langem aktiv mit.

Der BVS ist als deutscher Vertreter ein Gründungsmitglied von EuroExpert. EuroExpert ist eine gemeinnützige Organisation, die über 50 000 europäische Sachverständige aus allen Fachgebieten repräsentiert und insgesamt das internationale Sachverständigenwesen fördert.

Gegründet wurde EuroExpert 1998 von Sachverständigenorganisationen aus England, Frankreich und Deutschland – „The Academy of Experts" (Großbritannien), der „Fédération Nationale des Compagnies d'Experts Judiciaires" (Frankreich) und dem „Bundesverband öffentlich bestellter und vereidigter sowie qualifizierter Sachverständiger" (Deutschland). Das Generalsekretariat hat seinen Sitz beim IfS in Köln.

Die ordentlichen Mitglieder kommen aus Deutschland, Großbritannien, Frankreich, Spanien, Portugal und Österreich. Erwartungsgemäß werden in absehbarer Zeit weitere EU-Mitgliedstaaten beitreten; Tschechien und Ungarn haben bereits erfolgreich ihre Mitgliedschaft beantragt. Jedes beteiligte Land wird durch ein ordentliches Mitglied bei EuroExpert vertreten. Voraussetzung ist, dass es sich hierbei um eine nationale Organisation handelt, die ein bedeutendes und repräsentatives Organ des Sachverständigenwesens darstellt. Für Deutschland ist das seit der Gründung der BVS.

EuroExpert hat in den letzten Jahren diverse Standards entwickelt und durchgesetzt. Die sogenannten „Association Standards" legen besondere Anforderungen an die Mitgliedsverbände fest:

Um als Mitgliedsorganisation bei EuroExpert aufgenommen zu werden, muss der Verband ein Verfahren verabschiedet haben, das die Vertraulichkeit aller erlangten und relevanten persönlichen Daten sichert und die Einhaltung von aktuellen Standards durch Maßnahmen wie Fortbildung und Erfahrungsaustausch sicherstellt. Geregelt sein muss zudem die Bestellung von Sachverständigen sowie deren Wiederbestellung und der Entzug des zuerkannten Status.

EuroExpert hat auch einheitliche Standards für die Durchführung von Mediations-Seminaren und die Erstattung von Gutachten entwickelt. Zudem ist EuroExpert schon heute eine bekannte Plattform, europäischen Auftraggebern über EuroExpert einen Sachverständigen zu vermitteln. Ein entsprechendes Suchformular auf der Webseite erleichtert das Auffinden eines geeigneten Sachverständigen in den betreffenden Ländern.

Daneben bestehen auch für einzelne Sachverständige Anforderungen an ihre persönliche und fachliche Integrität:

Die Bedingungen für die Aufnahme des einzelnen Sachverständigen in einen „EuroExpert-Verband" sind in dem im Jahr 2000 verabschiedeten „Code of Practice" manifestiert, der die Mindestanforderungen an Sachverständige festlegt. Dieser erstmals in Europa verabschiedete Code enthält Bestimmungen zur besonderen Sachkunde, persönlichen Eignung, Weiterbildung, Werbung und Versicherungspflicht. Daneben werden Eigenschaften wie Unabhängigkeit, Unparteilichkeit, Objektivität und Integrität gefordert. Diese Anforderungen müssen von jedem einzelnen Sachverständigen nachgewiesen werden, um in den nationalen Verband aufgenommen zu werden, der bei EuroExpert den jeweiligen Mitgliedsstaat vertritt.

Der BVS war maßgeblich daran beteiligt, dass inzwischen alle Mitgliedsorganisationen die Vorgaben des „Code of Practice" und die „Association Standards" auf nationaler Ebene umgesetzt haben. Damit kann eine Harmonisierung und Vereinheitlichung der Qualitätsstandards für Sachverständige und deren Organisationen gewährleistet werden. Der BVS agiert damit gemeinsam mit dem IfS in einem der wichtigsten Konvergenzgremien Europas.

Für die Zukunft wird EuroExpert die Entwicklung, Förderung und Harmonisierung von Standards bei der Ausbildung von Sachverständigen in der Europäischen Union unter Berücksichtigung ethischer beruflicher Grundsätze auf der Grundlage eines hohen Qualifikationsstandards weiter fördern. Zusätzlich engagiert sich EuroExpert neben einer verstärkten Annäherung an die einzelnen EU-Institutionen für die Aufnahme weiterer Mitglieder aus den neuen EU-Mitgliedsstaaten und eine Verbesserung der Vernetzung der Sachverständigen in Europa.

Zu diesem Zweck setzt sich EuroExpert mit regelmäßigen Veranstaltungen für die stetige Weiterentwicklung und Durchsetzung seiner Ziele ein. Beispielsweise wird bis zu zweimal im Jahr ein Symposium veranstaltet, das sich mit aktuellen Themen aus Recht, Wirtschaft und Sachverständigenpraxis auf europäischer Ebene beschäftigt. Als Diskussionsforum bieten diese Symposien nicht nur die Möglichkeit des Erfahrungsaustauschs von Sachverständigen aus verschiedenen Ländern, sondern geben auch einen Einblick in neue und interessante Betätigungsfelder für Sachverständige.

Besonders hervorzuheben ist, dass der BVS gemeinsam mit dem IfS und dem Hauptverband der allgemein beeideten und gerichtlich zertifizierten Sachverständigen Österreichs die Broschüre „Das Sachverständigenwesen in Europa – Aktuelle Fragen und Antworten" herausgegeben hat. Diese Broschüre befasst sich mit der interessanten Frage nach den Gemeinsamkeiten und Unterschieden im (verfahrens-)rechtlichen Umfeld des Sachverständigenbeweises in Europa.

Sie ist die Zusammenfassung einer Studie, die im Rahmen von EuroExpert erstellt wurde. Es wird darin die Stellung des Sachverständigen im Prozess, die Qualifikation von Sachverständigen, ihre Vergütung sowie die Frage des Werbeverbots rechtsvergleichend behandelt. Neben den EuroExpert-Mitgliedsländern Deutschland, England, Frankreich, Österreich, Portugal und Spanien haben auch die neuen EU-Mitgliedsstaaten Slowakei, Slowenien, Tschechien und Ungarn zu diesen Fragen Stellung genommen.

Ausblick

Der BVS und das IfS werden auch in Zukunft die bewährte Zusammenarbeit pflegen. Wichtige Ziele sind sicherlich, weiterhin dem Gesetzgeber „mit einer Stimme" im Interesse des Sachverständigenwesens zu begegnen, Vorschläge zur Verbesserung des Sachverständigenrechts zu unterbreiten und Gesetzesvorhaben kritisch zu begleiten.

Auch im Bereich der Zertifizierung wird gemeinsam daran gearbeitet, diese privatrechtliche Qualifizierung zu fördern, zu unterstützen und neben der öffentlichen Bestellung als Qualitätsmerkmal zu verbreiten. Nicht zuletzt angesichts der Tatsache, dass in Europa das System der öffentlichen Bestellung völlig unbekannt ist, ist der Ausbau eines anspruchsvollen und effektiven Zertifizierungssystems ein besonderes Anliegen.

Schließlich sollte man wieder vermehrt Sachverständigen-Belange bei den zuständigen Stellen bündeln, wie z. B. die Fort- und Weiterbildung von Sachverständigen beim IfS. Gemeinsames Ziel und Schwerpunkt sollte hierbei sein, qualifizierte Sachverständige am Markt zu platzieren und unseriöse Gutachtenanbieter vom Markt zu verdrängen.

Bausachverständigenlehrgänge von Dr.-Ing. Hans Eberhard Aurnhammer, Stuttgart

*von Prof. Dr. jur. Carl Soergel,
Vors. Richter am Oberlandesgericht a.D. Stuttgart*

Nachdem ich als Richter bei Amtsgerichten und schließlich auch beim Landgericht schon einen lehrreichen Einblick in das Baugeschehen und insbesondere in die Problematik der Bauprozesse gewonnen hatte, erlebte ich in meiner fast 28 Jahre andauernden Tätigkeit als Richter am Oberlandesgericht Stuttgart den gesamten Baubereich in seiner Vielfalt und in seinen Anforderungen an Recht und Technik in vertiefter Weise. Nur wenige Bauprozesse lassen sich von Juristen allein bewältigen. In weit überwiegendem Maße erfordert die Lösung einer streitigen Auseinandersetzung auf dem Bausektor, insbesondere dann, wenn es um Mängel oder andere Fehlleistungen geht, die Zusammenarbeit von Richtern, Anwälten und Bausachverständigen.

Wenn ich auf meine 37jährige Richtertätigkeit zurückblicke, dann kann ich feststellen, dass diese Zusammenarbeit zwischen den Prozessbeteiligten und dem Sachverständigen insgesamt betrachtet sehr harmonisch und erfolgreich gestaltet gewesen ist, und zwar in einem stetig anwachsenden Maße, was nicht zuletzt auf die immer stärker werdende Ausbildung der Sachverständigen zurückgeführt werden kann.

Nach Kriegsende und auch noch in den folgenden zwei Jahrzehnten danach hat dies noch anders ausgesehen. Ich erinnere mich noch sehr gut an Sachverständige, die in den 60-er Jahren bei ihrem Einsatz als Gerichtssachverständige einen ziemlich hilflosen Eindruck hinterlassen haben. Nicht selten hat ihnen eine Information darüber, welche Funktion sie im Gerichtssaal zu erfüllen haben, welche Bedeutung ihrem Gutachten zukommt, wie deswegen ein solches Gutachten aufgebaut und abgefasst werden

sollte, wie ihre Beziehung zu den Prozessbeteiligten aussieht und vieles anderes mehr, gefehlt. In dieser Situation hat mich ein Baurechtsstreit vor dem Oberlandesgericht in Stuttgart mit dem damals eingesetzten Bausachverständigen Dr.-Ing. Hans Eberhard Aurnhammer aus Stuttgart zusammengeführt. In einem anschließenden privaten Gespräch, in dem ich auch meine Sorge über den z. T. anzutreffenden mangelhaften Kenntnisstand der Sachverständigen im Bereich ihrer gerichtlichen Aufgaben zum Ausdruck brachte, teilte mir Dr. Aurnhammer für mich völlig überraschend mit, dass er Lehrgänge für die Aus- und Weiterbildung für Bausachverständige ins Leben gerufen habe, weil auch er aus der Sicht des Sachverständigen die gleiche Sorge teile, die ich als Richter trage. Aus diesem Gespräch entstand in kurzer Zeit eine sich über Jahrzehnte erstreckende Zusammenarbeit in zahlreichen Lehrgängen für die Aus- und Weiterbildung von Bau- und Immobiliensachverständigen.

Das von Dr. Aurnhammer geschaffene Lehrsystem hat im Jahre 1963 im 1. Bausachverständigenlehrgang seinen Niederschlag gefunden. Sein Leitmotiv, das Bauen stelle eine „Ehe zwischen Recht und Technik" dar, hat er gerade im Aufgabenbereich des Bausachverständigen in die Tat umgesetzt. Kaum jemand hatte bis dahin erkannt, dass der Bausachverständige ein breit gefächertes Aufgabengebiet zu bewältigen hat und dass diese Aufgabe besondere Kenntnisse und auch Fähigkeiten erfordert. Eine praxisbezogene Wissensvermittlung war sein Anliegen.

Die Bausachverständigenlehrgänge von Dr.-Ing. Aurnhammer, bei denen ich selbst den rechtlichen Bereich übernommen hatte, wurden in einer relativ kurzen Zeit bundesweit bekannt, anerkannt und begehrt; einer Werbung hat es nicht bedurft.

Der Grundlehrgang für Bausachverständige – auch als „Speziallehrgang" bezeichnet – musste bei den vielfältigen Sachverständigenproblemen zu einem vierstufigen Lehrsystem ausgebaut werden. Es wurden hierbei den Bausachverständigen über vier Jahrzehnte hinweg die Kenntnisse und das erforderliche Rüstzeug für ihren beruflichen Erfolg vermittelt, so insbesondere Denkund Arbeitsmethoden, Hilfen bei Problemlösungen, Kenntnisse des Schieds- und Versicherungswesens und schließlich auch des Verfahrensrechts, insbesondere zum Problem der Beweissicherung. Die Sachverständigen sind auch in das Bau- und Werkvertragsrecht eingeführt worden.

Ein solch umfassendes Lehrangebot war schließlich für Dr. Aurnhammer und auch für mich als seinem „Referenten der ersten Stunde" nicht mehr zu bewältigen. Der Kreis der Lehrenden wurde erweitert um die Dipl.-Ingenieure Joachim Jaensch, Andreas Kamphausen und Dietmar Warmbrunn. Im Jahre 1986 ist die Arbeitsgemeinschaft Dr. H.-E. Aurnhammer gegründet worden.

Die „Aurnhammer-Lehrgänge" haben sich schon immer auch um schwierige Sachverständigenprobleme gekümmert. Diese Lehrgänge haben sich nicht nur in einer einfachen Anleitung der Sachverständigen erschöpft, wie z.B. in Anleitungen zum Auftreten bei Gericht oder über das Verhalten bei Ortsbesichtigungen; sie haben sich vielmehr auch den schwierigen Problemen der Wertanalyse und der Quotierung der Verantwortlichkeiten mehrerer Baubeteiligter gestellt.

Die Gerichte erhalten seitdem überzeugendere Gutachten. Man denke nur an das täglich auftretende Problem der aus Mängeln herrührenden Wertminderung einer Bauleistung. Noch zu meiner Zeit als Vorsitzender Richter am Oberlandesgericht Stuttgart erhielt ich oftmals von Sachverständigen bei der Klärung der Wertminderung einen Betrag genannt, der durch nichts nachvollziehbar begründet werden konnte. In den Aurnhammer-Lehrgängen ist für diese Problematik ein System entwickelt worden – begründet von Dr. Aurnhammer, fortgeführt und intensiviert von Dipl.-Ing. Kamphausen –, das die Erfassung der Wertminderung aus dem Bereich bloßer Schätzung herausgehoben und die Aussage des Sachverständigen fassbar gemacht hat. Ein juristischer Großkommentar schreibt hierzu, es sei hier der Versuch unternommen worden, das Problem der Wertminderung aus dem Bereich vager, unkontrollierbarer und durch nichts überzeugender Schätzung herauszuheben. Nicht anders verhält es sich bei der Quotierung der Verantwortlichkeiten mehrerer Baubeteiligter.

In den Aurnhammer-Sachverständigenlehrgängen ist der Sachverständige auch aufgerufen worden, stets eine gütliche Erledigung eines Streitfalles anzustreben. Das Lehrsystem ist deswegen um eine 5. Stufe erweitert worden. In einem „Schiedsrichterlehrgang" sind den Sachverständigen die Grundkenntnisse vermittelt worden, die erforderlich sind, um ein Schiedsverfahren als Schiedsrichter durchzuführen.

Um ein Resümee zu ziehen: Das Sachverständigenwesen in der Bundesrepublik ist durch die Aurnhammer-Sachverständigenlehrgänge entscheidend beeinflusst und bereichert worden. Die Pionierarbeit von Dr. Aurnhammer wird heute von der „Arbeitsgemeinschaft Dr. Aurnhammer für die Aus- und Weiterbildung für Bausachverständige" erfolgreich fortgeführt.

Die Partnerschaftsgesellschaft

Die erste wirkliche Rechtsform für den Zusammenschluss freiberuflicher Sachverständiger

von RA Wolfgang Jacobs, Geschäftsführer des Bundesverbandes öffentlich bestellter und vereidigter sowie qualifizierter Sachverständiger – BVS, Berlin

Ähnlich wie bei den anderen Angehörigen der Freien Berufe herrschte und herrscht im Sachverständigenwesen nach wie vor das Einzelkämpfertum vor. Dennoch zeigten sich bereits in den frühen 90er Jahren des 20. Jahrhunderts bei den Sachverständigen wie auch bei vielen Angehörigen anderer Freier Berufe Bestrebungen, sich zu Gesellschaften zusammenzuschließen. Jedoch ließen die damaligen Möglichkeiten des Handels- und Gesellschaftsrechtes echte Zusammenschlüsse so gut wie nicht zu. Während bereits zu diesem Zeitpunkt den Angehörigen der steuerberatenden Berufe in Gestalt der Wirtschaftsprüfer-GmbH eine ursprünglich dem Handelsrecht vorbehaltene Gesellschaftsform zu ihrer Berufsausübung zur Verfügung stand, blieb diese den anderen Angehörigen der Freien Berufe zunächst weiterhin verschlossen. In Ermangelung von Alternativen kam daher als einzige Form eines festen beruflichen Zusammenschlusses nur die Gesellschaft bürgerlichen Rechtes, die so genannten BGB-Gesellschaft, geregelt in den §§ 705 ff. BGB, in Betracht. Auch diese Gesellschaftsform war von ihrer grundsätzlichen Ausgestaltung und Zielrichtung her nicht auf die Freien Berufe, sondern auf zumeist zeitlich befristete Zusammenschlüsse von Einzelpersonen zur Erreichung eines gemeinsamen Geschäftszweckes ausgerichtet, der im Bereich des Handels- und Gewerberechtes lag. Dieser gemeinsame Geschäftszweck war jedoch von seiner Bedeutung als so gering einzustufen, dass sich im Sinne des Wortes die Gründung einer GmbH aus Sicht des Gesetzgebers als zu aufwändig darstellte.

Angehörigen Freier Berufe im Geltungsbereich des angelsächsischen Rechtes war zu diesem Zeitpunkt bereits seit vielen Jahrzehnten ein Zusammenschluss möglich. Der deutsche Gesetzgeber hielt jedoch die Schaffung einer eigenen Rechtsform für den Zusammenschluss von Angehörigen der Freien Berufe für nicht zwingend regelungsbedürftig. Hierbei spielte das vom traditionellen Berufsbild geprägte Verständnis der Freiberufler von einer individuellen, höchstpersönlichen Leistungserbringung eine große Rolle, das der Zwischenschaltung einer „Firma" zwischen Mandanten, Klienten, Auftraggeber oder Patienten einerseits und dem Rechtsanwalt, Steuerberater, Sachverständigen oder Arzt andererseits skeptisch bis ablehnend gegenüberstand.

Ein Umdenken stellte sich als erstes bei den Angehörigen der rechtsberatenden Berufe ein, die mit zunehmender Tätigkeit über die nationalen Grenzen hinaus, insbesondere innerhalb der zusammenwachsenden Europäischen Union, aber auch im Vergleich mit Vertrags- und / oder Verhandlungspartnern aus dem angelsächsischen Rechtsgebiet die Notwendigkeit erkannten, diesen so genannten law-firms auf gleicher Augenhöhe entgegentreten zu müssen. Zwar erschien den deutschen Rechtsanwälten nach wie vor die Aussicht, einer Anwaltsfirma nach amerikanischem Muster mit unter Umständen mehreren hundert Rechtsanwälten als Mitgesellschafter anzugehören, nicht unbedingt verlockend, jedoch wollte man im Einzelfall schon die Möglichkeit für sich in Anspruch nehmen können, in Gestalt einer echten Berufsgesellschaft mit einer nach Möglichkeit eigenständigen Rechtsform als Freiberufler auftreten zu können.

Erste Versuche, ausgehend von einer Initiative des Freistaates Bayern zur Schaffung einer eigenen Gesellschaftsform für Freiberufler, erfolgten daher bereits Ende der 80er Jahre. Sie blieben jedoch zunächst, nachdem der erste Entwurf eines Partnerschaftsgesellschaftsgesetzes als nur den Angehörigen freiberuflicher Zusammenschlüsse vorbehaltene Gesellschaftsform vorlag, erfolglos. Der Freistaat hat seinen eigenen Entwurf daraufhin zurückgezogen.

Zu Beginn der 90er Jahre des 20. Jahrhunderts wurde dieses Thema vom Gesetzgeber erneut aufgegriffen. Ziel sollte sein, „... erstens die Schaffung einer nur den Angehörigen der Freien Berufe vorbehaltenen eigenen Gesellschaftsform, welche ohne die Notwendigkeit einer unverhältnismäßigen Bürokratie begründet und geführt werden konnte, und zweitens dem nach wie vor geltenden Grundsatz der persönlichen und uneingeschränkten Haftung unter mehrerlei Gesichtspunkten eine Erleichterung entgegenzusetzen …" (so die Begründung zum Gesetzesentwurf für eine Partnerschaftsgesellschaft aus dem Jahre 1994).

Aufbauend auf der Basis des ersten Entwurfes zur Schaffung einer Partnerschaftsgesellschaft aus den 80er Jahren wurde dann am 25. Juni 1994 das Gesetz über Partnerschaftsgesellschaften Angehöriger Freier Berufe (Partnerschaftsgesellschaftsgesetz – PartGG) verabschiedet, welches zum 1. Juli 1995 in Kraft trat. Damit war erstmals im ausgehenden 20. Jahrhundert eine neue Gesellschaftsform geschaffen, die, so der Wortlaut der Bundesdrucksache 12/6152, den Angehörigen Freier Berufe mit der Partnerschaft eine „besondere, auf ihre Bedürfnisse zugeschnittene Gesellschaftsform zur gemeinsamen Berufsausübung zur Verfügung" stellt. Vor allem, so führte der Gesetzgeber weiter aus, fehle für größere Zusammenschlüsse Freier Berufe eine adäquate Gesellschaftsform, welche die Lücke zwischen der BGB-Gesellschaft und den Kapitalgesellschaften schließen könne, sowohl für die inner- als auch für die zwischenprofessionelle Zusammenarbeit.

Bei den ersten Entwürfen für das Partnerschaftsgesellschaftsgesetz war in der in § 1 Abs. 2 aufgeführten, allerdings nicht abgeschlossenen Aufzählung von Angehörigen der verschiedenen Freien Berufe der Sachverständige nicht aufgeführt. Erst eine Initiative des Bundesverbandes öffentlich bestellter und vereidigter sowie qualifizierter Sachverständiger – BVS führte in der sprichwörtlich letzten Minute dazu, dass die Sachverständigen in diesen Katalog aufgenommen wurden. Hierbei ist bis heute allerdings nicht zweifelsfrei geklärt, wie aus dem ursprünglichen Ansinnen der Initiatoren auf Aufnahme der „Sachverständigen" die Hereinnahme der „hauptberuflichen Sachverständigen" wurde. Recherchen in den verschiedenen Entwürfen sowie die dazu erfolgten Stellungnahmen in der Vorabstimmung dieses Gesetzentwurfes durch die beteiligten Ressorts der einzelnen Ministerien geben hierzu keinen eindeutigen Aufschluss. Diese Frage war und ist bis zum heutigen Zeitpunkt, auch wenn es sich „nur" um ein Wort handelt, von großer Bedeutung, da hiermit das Erfordernis der hauptberuflichen Ausübung der Sachverständigentätigkeit als Voraussetzung für die Eingehung einer Partnerschaftsgesellschaft zwischen Sachverständigen oder von Sachverständigen mit anderen Angehörigen Freier Berufe durch den Gesetzgeber festgeschrieben wurde, ohne dass bis zum heutigen Tage eindeutig durch diesen geklärt wurde, was einen hauptberuflichen von einem nebenberuflichen Sachverständigen unterscheidet. Für diese Differenzierung kann allenfalls an die Ausführungen im § 3 Abs. 3 b des bis zum 30. Juni 2004 gültigen Gesetzes über die Entschädigung von Zeugen und Sachverständigen – ZSEG angeknüpft werden, wonach ein Sachverständiger, der seine Berufseinkünfte zu mindestens 70 % als gerichtlicher oder außergerichtlicher Sachverständiger erzielt, einen bis zu 50%igen Zuschlag auf die ihm zu gewährende Entschädigung bei der Tätigkeit als Sachverständiger für die Gerichte oder Justizbehörden erhalten konnte.

Ungeachtet dieser Frage stand dennoch seit dem 1. Juli 1995 neben dem „Klassiker" der Gesellschaft bürgerlichen Rechts den Sachverständigen die Partnerschaftsgesellschaft als eigenständige Rechtsform zur Verfügung, soweit es sich hierbei um Sachverständige handelt, die tatsächlich Angehörige eines Freien Berufes sind. Damit wurde eine im Gewerbesteuerrecht bestehende Differenzierung übernommen, die die Berufsgruppe der Sachverständigen in diejenigen teilt, die als nicht der Gewerbesteuer unterworfene Freiberufler die Zugangsmöglichkeit zur Partnerschaftsgesellschaft haben, andererseits den aus dem Handwerk stammenden Sachverständigen jedoch diese Möglichkeit verwehrt.

Die Frage vom „Freiberuflergesellschaften" bekam aus einem anderen Anlass eine noch größere Eigendynamik. Auf Grund einer im Frühjahr 1995 ergangenen Entscheidung des damaligen Bayerischen Obersten Landesgerichtes tat sich völlig unerwartet weiterhin die Möglichkeit der Nutzung der GmbH als gesellschaftsrechtlicher Zusammenschluss von Freiberuflern auf. Dieser Gerichtsentscheidung lag eine Klage von Rechtsanwälten zu Grunde, die zunächst mit der Eintragung einer Rechtsanwalts-GmbH beim Handelsregister gescheitert waren und nun erfolgreich eine Grundsatzentscheidung erstritten.

Die im Februar 1985 überarbeitete Muster-Sachverständigenordnung des Arbeitskreises „Sachverständigenwesen" des damaligen Deutschen Industrie- und Handelstages – DIHT berücksichtigte daher neben der Partnerschaftsgesellschaft nunmehr auch die GmbH, indem sie in ihrem neu geschaffenen § 21 ausdrücklich die Möglichkeit vorsah, dass sich öffentlich bestellter und vereidigte Sachverständige als Angehörige von Zusammenschlüssen ab sofort jeder Rechtsform zur Gutachtenerstattung und Erbringung sonstiger Leistungen bedienen konnten. Dabei musste allerdings gewährleistet sein, dass der jeweilige Sachverständige seine Sachverständigenleistungen gewissenhaft, weisungsfrei, unabhängig, unparteiisch und persönlich erbringen könnte. Weiterhin sah diese Vorschrift vor, dass bei einem Zusammenschluss mit nicht öffentlich bestellten und vereidigten Sachverständigen der öffentlich bestellte und vereidigte Sachverständige sich mit diesen nur dann zusammenschließen dürfe, wenn der Zusammenschluss mit dem Ansehen und den Pflichten eines öffentlich bestellten und vereidigten Sachverständigen einerseits vereinbar und andererseits durch ihn sichergestellt sei, dass die nicht öffentlich bestellten und vereidigten Sachverständigen die Pflichten aus dieser Sachverständigenordnung ebenfalls einhalten.

Mit dieser Regelung war vom Grundsatz her für den hauptberuflich tätigen Sachverständigen nunmehr die Möglichkeit geschaffen, die Partnerschaftsgesellschaft als eigenständige, nur für die Angehörigen Freier Berufe reservierte Gesellschaftsform unter den beschriebenen Voraussetzungen zu nutzen.

Nach einer bereits wenige Jahre später erfolgenden Novellierung des Partnerschaftsgesellschaftsgesetzes, die die Möglichkeiten zur Haftungsbeschränkung auf den jeweiligen Gesellschaftspartner, der tatsächlich mit der freiberuflichen Dienstleistungserbringung befasst war, vereinfachte, hat sich die Partnerschaftsgesellschaft als Erfolgsmodell entwickelt. Von Angehörigen Freier Berufe wurde bis zum Jahre 2006 eine fünfstellige Anzahl von Partnerschaftsgesellschaften gegründet, im Bereich der Sachverständigen dürften es nach vorsichtigen Schätzungen mehrere Hundert sein. Gerade die Kombination von Partnern aus der Gründergeneration eines Sachverständigenbüros mit jüngeren Berufskolleginnen und -kollegen, die in deren Fußstapfen zu treten und das Sachverständigenbüro fortzuführen beabsichtigen, hat sich bewährt. Sie gibt der nachfolgenden Generation die Möglichkeit, vom Wissen und Erfahrungsschatz der Gründer zu profitieren, dem oder den älteren Partnern die Möglichkeit, den Berufsausstieg sukzessive vorzunehmen in dem Wissen, dass ihr „Lebenswerk" fortgeführt wird.

Mit dem Novum einer doppelten Beschränkung der Haftung, nämlich auf denjenigen Partner, der mit der eigentlichen Auftragsbearbeitung befasst war, und der Möglichkeit einer summenmäßigen Haftungsbegrenzung bei Abschluss einer angemessenen Berufshaftpflichtversicherung wurde das für den Einzelsachverständigen wie für jeden anderen Freiberufler bestehende Risiko einer unbeschränkten haftungsmäßigen Inanspruchnahme auf ein den heutigen Erfordernissen angepasstes Maß reduziert. Damit hat die Partnerschaftsgesellschaft wesentlich dazu beigetragen, dass sich das vom freiberuflich tätigen Ingenieur ursprünglich nebenberuflich ausgeübte „Amt" des Sachverständigen im ausgehenden 20. Jahrhundert zu einer hauptberuflich ausgeübten Tätigkeit weiterentwickeln konnte, die den Anforderungen des 21. Jahrhunderts gewachsen ist.

Kurze Geschichte des Deutschen Sachverständigentages DST

von Dietrich Rollmann und Wolfgang Jacobs

Aus der „Arbeitsgemeinschaft befreundeter Sachverständigenverbände" gründen auf Initiative des BVS siebzehn Organisationen freiberuflicher und qualifizierter Sachverständiger 1993/94 den nichteingetragenen Verein „Deutscher Sachverständigentag DST". Präsident des DST wird der Präsident des BVS Emil A. Kolb, Generalsekretär der politische Bevollmächtigte des BVS Dietrich Rollmann. Ziel des DST ist es, Sprachrohr für die gemeinsamen Anliegen aller freiberuflichen Sachverständigen zu werden. Dem soll vor allen Dingen – nach dem Vorbild des Deutschen Ärztetages und des Deutschen Juristentages – die jährliche Veranstaltung von Deutschen Sachverständigentagen dienen. Gründung und Arbeit des DST werden besonders vom Referat „Freie Berufe" des Bundeswirtschaftsministeriums unter der Leitung von Ministerialrat Jörg Bieberstein begrüßt und begleitet.

Erster Deutscher Sachverständigentag 1994

Bereits am 4. Februar 1994 findet unter dem Motto „Qualität und Wettbewerb" in Bonn der erste Deutsche Sachverständigentag statt, an dem rund 400 Sachverständige teilnehmen. Tagungsort ist das Hotel MARITIM, das in den folgenden Jahren die Stätte des DST werden soll. DST-Präsident Kolb erklärt in seiner Eröffnungsrede: „Der Deutsche Sachverständigentag ist als Forum gedacht, um unsere gemeinsamen Aufgaben im weiten Feld des Sachverständigenwesens zu erkennen, zu formulieren und zu vertreten."

Als Hauptredner sagt Bundeswirtschaftsminister Dr. Günter Rexrodt: „Mein Haus wird die Politik der Deregulierung im Bereich des Prüfungs- und Überwachungswesens fortsetzen. Das ist für die Wirtschaftspolitik ein ganz zentraler Punkt." Der Vorsitzende des Rechtsausschusses des Deutschen Bundestages, Horst Eylmann MdB, berichtet über die in seinem Ausschuss zur Beratung anstehende ZSEG-Novelle und stellt deren Verabschiedung noch in der zu Ende gehenden Legislaturperiode des Bundestages in Aussicht.

Der erste Deutsche Sachverständigentag endet mit der Annahme einer Entschließung, in der grundsätzliche Forderungen der Sachverständigen aufgegriffen werden: u. a. Beseitigung des Prüfmonopols der Technischen Überwachungsvereine zugunsten freiberuflicher Sachverständiger, Umsetzung des „Deregulierungsbeschlusses" der Bundesregierung von 1992, anstelle der Sachverständigenentschädigung das Sachverständigenhonorar bereits bei der anstehenden Novellierung des ZSEG.

Mit dem Deutschen Industrie- und Handelstag DIHT und dem Zentralverband des deutschen Handwerks ZDH als den für die öffentliche Bestellung und Vereidigung der Sachverständigen zuständigen Spitzenorganisationen wird eine enge Zusammenarbeit angestrebt und erreicht. Bei der parlamentarischen Beratung der Entwürfe des Partnerschaftsgesellschaftsgesetzes und der Novellen der Gewerbeordnung und des Zeugen- und Sachverständigenentschädigungsgesetzes ZSEG fordern DIHT, ZDH und DST erstmalig in einer gemeinsamen Eingabe an die zuständigen Bundestagsausschüsse mit Erfolg die gesetzliche Verankerung des „hauptberuflichen Sachverständigen" in den Gesetzen. Die ZSEG-Novelle von 1994 bringt aber auch eine wesentliche Verbesserung und Vereinfachung des Sachverständigenrechtes. Die Stundensätze der Gerichtssachverständigen werden beträchtlich angehoben.

Zweiter Deutscher Sachverständigentag 1995

In den Jahren 1994/95/96 trägt der Deutsche Sachverständigentag auf der Grundlage von ihm gefertigter Entwürfe dafür Sorge, dass in den Länderparlamenten aller Bundesländer Große und Kleine Anfragen zur „Situation des Sachverständigenwesens" eingebracht und von den Landesregierungen beantwortet werden. Damit wird aus der Sicht der Länder ein Bild des Sachverständigenwesens geschaffen, wie es in dieser Vollständigkeit noch niemals vorlag. Alle Bundesländer bekunden Interesse und Verständnis für die Bedeutung und die Anliegen der freiberuflichen Sachverständigen.

Der zweite Deutsche Sachverständigentag , an dem 700 Sachverständige teilnehmen, findet unter dem Motto „Der Sachverständige als Beruf" am 21. April 1995 wiederum im Bonner MARITIM statt. Zu dem Motto des DST spricht der Dresdner Ordinarius Professor Dr. Rolf Stober. Der Präsident des Deutschen Akkreditierungsrates, Professor Dr. Hans-Ulrich Mittmann, fordert die Sachverständigen auf, „Europa zu nutzen". Hauptredner ist Bundesbauminister Dr. Klaus Töpfer, der ein beredtes Plädoyer für die Bedeutung der Sachverständigen hält.

In seiner Entschließung wendet sich der 2. DST u. a. gegen die Zersplitterung des Sachverständigenwesens und fordert seine Vereinheitlichung.

Dritter Deutscher Sachverständigentag 1996

Der 3. DST findet am 7./8. März 1996 unter dem Motto „Sachverständigengesetz – Ja oder Nein?" statt. Er wird nun von nahezu dreißig Berufsinstitutionen des Sachverständigenwesens getragen und vereint 500 Sachverständige aus ganz Deutschland. Auf diesem DST übernimmt Werner Steiner das Amt des Schatzmeisters.

Erstmalig finden beim 3. DST auch Fachtagungen statt – vorerst nur der Immobilienbewerter, der Bausachverständigen und der Kfz-Gutachter. Bei den folgenden Sachverständigentagen soll sich die Zahl der Fachtagungen laufend erhöhen. Beim 8. DST 2001 ist die Zahl der Fachtagungen auf acht gestiegen.

Im Mittelpunkt des 3. DST steht die Rede von Frau Christa Thoben, Staatssekretärin im Bundesministerium für Raumordnung, Bauwesen und Städtebau, zu dem Thema „Wie viel Selbstverwaltung braucht oder verträgt das Bauwesen?"

Zu dem Motto des DST „Sachverständigengesetz – Ja oder Nein?" referieren durchaus kontrovers Ministerialdirektor Ulrich Geisendörfer, der Leiter der Mittelstandsabteilung des- Bundeswirtschaftsministeriums, und DST-Generalsekretär Dietrich Rollmann, DIHT-Hauptgeschäftsführer Dr. Franz Schoser und ZDH-Referent Hans-Joachim Heck, Bundesingenieurkammer-Präsident Dr. Werner Meihorst und Dr. Günter Schäffler von der Bundesarchitektenkammer.

In seiner Entschließung beklagt der 3. DST „die zunehmende, den Verbraucher verunsichernde Zersplitterung des deutschen Sachverständigenwesens ... und fordert die Bundesregierung auf, ein Konzept für die Neuordnung des Sachverständigenwesens durch ein eigenständiges Sachverständigengesetz oder eine klarstellende Novellierung von § 36 Gewerbeordnung vorzulegen". Der DST verkündet in seiner Entschließung Grundsätze für ein Sachverständigengesetz oder eine Novellierung von § 36 der Gewerbeordnung.

Vierter Deutscher Sachverständigentag 1997

Der 4. DST findet am 13./14. März 1997 unter dem Motto „Die Sachverständigen auf dem Weg nach Europa" mit 400 Teilnehmern statt. Das wegweisende Referat hält Dr. Werner Hoyer, Staatsminister im Auswärtigen Amt, über das Thema: „Die Europäische Union auf dem Wege zur Währungs-Union – Was wird uns der EURO bringen?" Jürgen Rüttgers, Bundesminister für Bildung, Wissenschaft, Forschung und Technologie, spricht zu dem Thema: „Die Zukunft von Forschung und Technologie in Europa – Ist der Standort Europa in Gefahr?" Dipl.-Ing. Martin Aßmann, Präsident des Verbandes Beratender Ingenieure VBI, beleuchtet „Die Zukunft der deutschen Architekten, Ingenieure und Sachverständigen in Europa".

In seiner Entschließung begrüßt der 4. DST die inzwischen erfolgte „Bildung der Arbeitsgemeinschaft Europäischer Sachverständigenverbände (EuroExpert), um in der Europäischen Union einen gemeinsamen Sachverständigenbegriff zu definieren und gemeinsame Qualitätsanforderungen für Sachverständige (besondere Sachkunde, persönliche Integrität und Unabhängigkeit) durchzusetzen, und fordert die entsprechende Kodifizierung bei der Europäischen Union". DST-Präsident Kolb ist der erste Präsident von EuroExpert, BVS-Geschäftsführer Wolfgang Jacobs deren erster Generalsekretär.

Fünfter Deutscher Sachverständigentag 1998

EuroExpert-Ost wird im Jahre 1998 von Sachverständigenverbänden aus Ost- und Ostmitteleuropa unter Beteiligung und Engagement des DST in Warna/Bulgarien gegründet. Präsident wird Holger Kraft. Zu einem der Vizepräsidenten wird Dietrich Rollmann bestellt.

Der 5. DST findet am 12./13. März 1998 unter dem Motto „Sachverständige und Verbraucher" mit 400 Teilnehmern statt. Staatssekretär Klaus Bünger vom Bundeswirtschaftsministerium und Frau Anne-Lore Köhne, die Geschäftsführerin der Arbeitsgemeinschaft der Verbraucherverbände AgV, legen dar, was die Sachverständigen für die Verbraucher bedeuten können.

In seiner Entschließung weist der 5. DST „auf die Bedeutung qualifizierter und unabhängiger Sachverständiger für die Verbraucher hin. Sachverständige vermögen mit ihren Gutachtern den Verbrauchern gegenüber Produzenten und Leistungserbringern zu ihrem Recht zu verhelfen". Der DST „fordert, die Stellung der Sachverständigen im Rechtswesen zu verstärken. Die Sachverständigen müssen neben Richtern und Rechtsanwälten als dritte Säule der Rechtsprechung anerkannt werden".

Am 11. September findet eine DST-Konferenz bei GERLING in Köln statt, in deren Mittelpunkt Dietrich Rollmanns Thesen zu einem Sachverständigengesetz und zur Neuordnung des Sachverständigenwesens stehen.

1998 ist das Jahr des Regierungswechsels in Bonn. Weder aber im Koalitionsabkommen der neuen Regierungsparteien noch in der Regierungserklärung des neuen Bundeskanzlers sind die Sachverständigen erwähnt. DST-Präsident Kolb und DST-Generalsekretär Rollmann tragen dem Leiter der Mittelstandsabteilung im Bundeswirtschaftsministerium, Ministerialdirektor Ulrich Geisendörfer, mit Schreiben vom 24. Oktober 1998 elementare Anliegen der Sachverständigen vor: Schaffung eines Sachverständigengesetzes, Übergang zur Sachverständigenhonorierung, Öffnung von Prüfmonopolen der Technischen Überwachungsvereine für freiberufliche Sachverständige.

Zum Sachverständigenentgelt schreibt der DST auch an die neue Bundesjustizministerin, Frau Professor Dr. Herta Däubler-Gmelin, und fordert den lange fälligen Übergang von der Sachverständigenentschädigung zur Sachverständigenhonorierung.

Sechster Deutscher Sachverständigentag 1999

Der 6. DST am 11./12. März 1999 steht unter dem Motto „Die Neuordnung des Sachverständigenwesens". Zu ihm versammeln sich 400 Sachverständige. DIHT-Referent Dr.

Peter Bleutge und DST-Generalsekretär Dietrich Rollmann sprechen zum Motto der Veranstaltung. Sie üben Kritik am bestehenden Sachverständigenrecht und tragen Thesen zu einem Sachverständigengesetz vor. Dr. Friedbert Pflüger MdB, der Vorsitzende des Europa-Ausschusses des Bundestages, referiert über „Die Rolle der Sachverständigen in Europa".

Dietrich Rollmann legt die in einer Arbeitsgruppe unter seiner Leitung erarbeiteten „Thesen für ein Sachverständigengesetz" dar. Daraus: „Wir wollen gesetzlich zwei Typen des selbständigen Sachverständigen vorsehen:

- den öffentlich bestellten und vereidigten Sachverständigen nach einem § 36 a der Gewerbeordnung
- den zertifizierten Sachverständigen nach einem § 36 b der Gewerbeordnung, der dem öffentlich bestellten und vereidigten Sachverständigen gleich gestellt werden soll".

Beherrschendes Thema dieses DST aber wird der Arbeitsentwurf eines „Gesetzes über die Entschädigung von ehrenamtlichen Richtern, Zeugen, Sachverständigen, Dolmetschern und Übersetzern" einer Arbeitsgruppe von Landesjustizverwaltungen vom 15. November 1998, der auf dem DST weitgehend auf Ablehnung stößt.

In seiner Entschließung „beklagt der DST, dass in den Überlegungen von Landesjustizverwaltungen der längst fällige Übergang von der Sachverständigenentschädigung zur Sachverständigenhonorierung nicht vorgesehen ist, und sieht in zahlreichen Punkten eine Verschlechterung der Sachverständigenentschädigung gegenüber dem geltenden ZSEG". Der DST „hält die überlegten Stundensätze für die Gerichtssachverständigen zwischen 75 und 90 DM für völlig unzulänglich".

Am 20. August 1999 gibt DST-Präsident Emil A. Kolb eine eingehende Stellungnahme des DST zum Arbeitsentwurf eines Justizentschädigungsgesetzes ab.

Das Jahr 1999 bringt wichtige Veränderungen im DST:

a) die Trägerorganisationen beschließen, den 7. DST 2000 in der Bundeshauptstadt Berlin durchzuführen. Da der DST-Generalsekretär Rollmann nur einen Teilumzug von Bonn nach Berlin vollzieht, muss die praktische Vorbereitung und Durchführung des 7. DST weitgehend von der BVS-Geschäftsstelle in Berlin wahrgenommen werden.

b) DST-Präsident Kolb kandidiert nicht wieder für das Amt des BVS-Präsidenten. Damit geht die Einheit zwischen DST- und BVS-Präsident erst einmal verloren.

Siebter Deutscher Sachverständigentag 2000

Der 7. DST findet am 16./17. März 2000 unter dem Motto „Freier Wettbewerb – Gesicherter Status – Gerechte Vergütung im Sachverständigenwesen" in Berlin im Hotel HILTON statt. Ergänzt wird das Sachprogramm durch ein attraktives Begleitprogramm. Mit sechshundert Teilnehmern knüpft dieser DST damit an die Besucherzahlen früher SACHVERSTÄNDIGENTAGE an. Auf dem DST werden Wolfgang Küssner und Rainer Weiske zu Vizepräsidenten bestellt.

Der Präsident des DEUTSCHEN INDUSTRIE- UND HANDELSTAGES, Hans-Peter Stihl, spricht über aktuelle Fragen der deutschen Wirtschafts- und Gesellschaftspolitik. Da die Industrie- und Handelskammern knapp 8.000 Sachverständige öffentlich bestellt und vereidigt haben, stoßen seine Ausführungen zum Sachverständigenwesen auf besonderes Interesse.

Der Parlamentarische Staatssekretär beim Bundesminister für Verkehr, Bau- und Wohnungswesen, Siegfried Scheffler MdB, erläutert „Die Verkehrspolitik der Bundesregierung" und legt dar, welche Bedeutung den Kfz-Sachverständigen zukommt. Der Vorsitzende des Rechtsausschusses des Deutschen Bundestages, Professor Dr. Rupert Scholz MdB, geht auf „Die Stellung der Sachverständigen im Rechtsleben und ihre Vergütung" ein. In die Kompetenz des Rechtsausschusses fällt wiederum in dieser Legislaturperiode die erhoffte Verbesserung des Sachverständigenentgelts. Speaker beim Mittagessen am 16. März ist Matthias Wissmann, der Vorsitzende des Wirtschaftsausschusses des Bundestages.

Der Leiter der Mittelstandsabteilung des Bundeswirtschaftsministeriums, Dr. Friedrich Homann, referiert über „Aktuelle Mittelstandspolitische Fragen": „Unter dem Slogan ‚Sicherheit verträgt keinen Wettbewerb' haben sich einzelne Prüforganisationen profitable Betätigungsfelder gesichert. Diese Monopole wollen wir öffnen". So berichtet dann die

Die Teilnehmer des 7. Deutschen Sachverständigentages 2000 hatten Gelegenheit, beim Mittagessen einen lebendigen Vortrag von Matthias Wissmann, dem Vorsitzenden des Wirtschaftsausschusses des Bundestages, anzuhören.

Leiterin der Abteilung Arbeitsrecht und Arbeitsschutz im Bundesarbeitsministerium, Ministerialdirektorin Frau Dr. Cornelia Fischer, über den Entwurf eines Gerätesicherheitsgesetzes GSG, der eine Beseitigung des Prüfmonopols der Technischen Überwachungsvereine bei der Prüfung von „überwachungsbedürftigen Anlagen" auch zugunsten der freiberuflichen Sachverständigen vorsieht, die sich zu Überwachungsorganisationen zusammengeschlossen haben und „zugelassene Überwachungsstellen" sind.

Eingaben und persönliche Vorsprachen des DST beim Bundestagsausschuss für Arbeit und Sozialordnung haben im Sommer 2000 bei der Beratung des GSG die angestrebte Öffnung des GSG zugunsten freiberuflicher Sachverständiger sichergestellt. Damit öffnet sich auf mittlere Sicht ein Markt für freiberufliche Sachverständige bei der Prüfung „überwachungsbedürftiger Anlagen", auf dem die Technischen Überwachungsvereine bisher einen jährlichen Umsatz von ca. 300 Mio. DM erzielt haben.

Der 7. DST beschließt eine „Deklaration Sachverständige 2000", in der Grundsätze des freiberuflichen Sachverständigenwesens zusammengefasst werden.

Auf Initiative des DIHT und des DST bringen die Bundestagsfraktionen der CDU/CSU und der FDP im Sommer 2000 detaillierte Kleine Anfragen zum Sachverständigen-

DST 2001: Engagierte Fachgespräche beim Mittagessen

wesen an die Bundesregierung ein, die im Herbst beantwortet werden.[144] In einem Schreiben vom 15. Januar 2001 an Bundeswirtschaftsminister Dr. Müller begrüßt der DST, dass sich die Bundesregierung zur Bedeutung des freiberuflichen Sachverständigenwesens bekannt hat, bedauert jedoch, dass die Bundesregierung die notwendigen Schlussfolgerungen aus diesem Bekenntnis nicht zieht. Der DST hofft, dass in die Sachverständigenpolitik der Bundesregierung endlich Bewegung kommt.

Auf der Sitzung der DST-Trägerorganisationen im Herbst 2000 gibt DST-Präsident Emil A. Kolb sein Amt an den neuen BVS-Präsidenten Michael Staudt ab. Damit wird die Einheit zwischen DST- und BVS-Präsident wieder begründet. Herr Kolb wird auf dem 8. DST 2001 zum Ehrenpräsidenten, Werner Steiner zum Ehrenmitglied des DST berufen.

Achter Deutscher Sachverständigentag 2001

Der 8. DST am 22./23. März 2001 steht unter dem Motto „EXPERTIME – Es ist Zeit für Sachverständige". Der neue DST-Präsident Michael Staudt kann 500 Sachverständige willkommen heißen. Wiederum ist ein umfangreiches Begleitprogramm eine der Attraktionen des Deutsches Sachverständigentages.

---

144 Bundestagsdrucksachen 14/3685 und 14/3719, 14/3986 und 14/3987.

Neben der Rede von Gerling-Vorstandsmitglied Hermann Josef Johanns zum „Private Risk Management" ragt unter den Referenten der Staatssekretär im Bundesministerium für Arbeit und Sozialordnung, Dr. Werner Tegtmeier, hervor, der über die „Modernisierung im Arbeitsschutz" spricht. Dr. Tegtmeier würdigt die Bedeutung des neuen Gerätesicherheitsgesetzes: „Damit eröffnen sich auch für viele Sachverständige neue Betätigungsfelder ... Die Novellierung des Gerätesicherheitsgesetzes ermöglicht ja gerade auch den freien Sachverständigen, sich am Wettbewerb zu beteiligen". Er spricht dann über die neue Betriebssicherheitsverordnung, „die wir gerade vorbereiten". Sie soll die Verordnungen für überwachungsbedürftige Anlagen mit betrieblichen Arbeitsschutzvorschriften zu einer einzigen Betriebssicherheitsverordnung zusammenführen. Damit eröffnen sich weitere Chancen für die freiberuflichen Sachverständigen.

In seiner Entschließung fordert der DST, bei der bevorstehenden Novellierung der Gewerbeordnung „den § 36 zu einer umfassenden Regelung für das Sachverständigenwesen auszubauen" und „vom Prinzip der Entschädigung zum Prinzip der Honorierung der Sachverständigen überzugehen. Außerdem fordert der DST, „die an die Grenzen ihrer Möglichkeiten stoßende amtliche Lebensmittelüberwachung für freiberufliche Lebensmittelsachverständige zu öffnen".

DST-Generalsekretär Dietrich Rollmann scheidet mit dem 30. Juni 2001 aus seinem Amt aus.

Deutsche Sachverständigentage 2002-2007

Der 9. Deutsche Sachverständigentag im Jahre 2002 und der 10. Deutsche Sachverständigentag im Jahre 2003 standen wiederum im Zeichen der sich anbahnenden gesetzlichen Neuregelung der gerichtlichen Sachverständigenhonorierung. Nach dem Vortrag des Präsidenten des Hauptverbandes der allgemein beeideten und gerichtlich zertifizierten Sachverständigen Österreichs, Dr.-Ing. Matthias Rant, zur Vergütung der Gerichtssachverständigen in Österreich konnte der als Gast des 10. Deutschen Sachverständigentages 2003 anwesende Parlamentarische Staatssekretär aus dem Bundesjustizministerium, Alfred Hartenbach, über Stundensätze zwischen 200,00 und 600,00 Euro, die Sachverständigen bei gerichtlicher Tätigkeit in Österreich gezahlt werden, nur staunen. Nachdenklich stimmten ihn auch die Ausführungen von Professor Dr. Michael Ronellenfitsch, Dekan der Juristischen Fakultät der Universität Tübingen, der in seinen Ausführungen die Verfassungswidrigkeit des ZSEG als Grundlage für eine Entschädigung der Gerichtssachverständigen begründete.

Mit Erleichterung, aber auch mit großen Erwartungen hörten die Teilnehmer des Plenums des 11. Deutschen Sachverständigentages am 18. März 2004 den Ausführungen der Bundesjustizministerin Frau Brigitte Zypries zu, die zum neuen, das ZSEG mit Wirkung zum 1. Juli 2004 ablösenden Justizvergütungs- und -entschädigungsgesetz referierte. Zwar, so führte die Bundesjustizministerin aus, könnte in Zeiten knapper Kassen nicht allen Wünschen und Vorstellungen der Gerichtssachverständigen entsprochen werden. Das neue JVEG und der darin für die gerichtliche Gutachtentätigkeit festgeschriebene Vergütungsgrundsatz stärke die Rechtsstellung des Gerichtssachverständigen und erkenne an, dass sich das Sachverständigenwesen zu einem eigenständigen Beruf entwickelt habe.

Mit dem Motto „Deutschland braucht den Sachverstand" leitete der 12. Deutsche Sachverständigentag am 17. und 18. März 2005 die sich abzeichnende regierungspolitische Wende ein. In seiner unter dem Titel „Drehbuch 2006" stehenden Rede malte der Vorsitzende der F.D.P. Dr. Wolfgang Gerhardt das Szenario eines in nächster Zeit erfolgenden Regierungswechsels an den Horizont. Seine Rede erhielt dadurch besondere Aktualität, dass zeitgleich zum DST-Plenum der Landtag von Schleswig-Holstein in drei

Mit minutenlangem Beifall dankte der 10. Deutsche Sachverständigentag 2003 Lothar de Maizière, Rechtsanwalt und letzter Ministerpräsident der DDR, für seinen persönlich geprägten Erfahrungsbericht.

Wahlgängen erfolglos versuchte, die bisher von der SPD unter der Leitung der amtierenden Ministerpräsidentin Frau Heide Simonis gestellte Regierung wieder ins Amt zu bringen.

Das Plenum des 13. Deutschen Sachverständigentages am 16. März 2006 lauschte einer beeindruckenden Rede des Journalisten und ZDF-Moderators Dr. Wolfgang Herles, in dem dieser unter der Überschrift „Sachverstand in der Politik – Anmerkungen zu einem Paradox" kritisch die Frage des Vorhandenseins von Sachverstand und der sich daraus ableitenden Verantwortung in der Politik behandelte.

Der 14. Deutsche Sachverständigentag im Jahre 2007 stand unter dem Motto „Der Sachverständige in Europa - die Zukunft oder das Chaos". Die Wahl dieses Themas wurde inspiriert durch die EU-Ratspräsidentschaft der Bundesrepublik Deutschland in der ersten Hälfte des Jahres 2007. Kritisch, aber optimistisch sah der scheidende Präsident des Deutschen Sachverständigentages Dipl.-Ing. (FH) Michael Staudt über die nationalen Grenzen nach Europa und brachte mit seinen Ausführungen die Sorge und auch den teilweisen Unmut der Sachverständigen über wuchernde Bürokratie und mangelnde Effizienz zum Ausdruck.